互联网金融知识丛书

互联网金融法律制度汇编与案例精选

中国互联网金融协会　编

中国金融出版社

责任编辑：王雪珂
责任校对：刘　明
责任印制：裴　刚

图书在版编目（CIP）数据

互联网金融法律制度汇编与案例精选/中国互联网金融协会编 . —北
京：中国金融出版社，2018.10
互联网金融知识丛书
ISBN 978 - 7 - 5049 - 9467 - 7

Ⅰ.①互… 　Ⅱ.①中… 　Ⅲ.①互联网络—金融法—汇编②互联网
络—金融法—案例—中国 　Ⅳ.①D922.28

中国版本图书馆 CIP 数据核字（2018）第 036330 号

出版
发行
中国金融出版社

社址　北京市丰台区益泽路 2 号
市场开发部　（010）63266347，63805472，63439533（传真）
网 上 书 店　http：//www.chinafph.com
　　　　　　　（010）63286832，63365686（传真）
读者服务部　（010）66070833，62568380
邮编　100071
经销　新华书店
印刷　保利达印务有限公司
尺寸　169 毫米 ×239 毫米
印张　22.5
字数　288 千
版次　2018 年 10 月第 1 版
印次　2018 年 10 月第 1 次印刷
定价　66.00 元
ISBN 978 - 7 - 5049 - 9467 - 7
如出现印装错误本社负责调换　联系电话（010）63263947

《互联网金融法律制度汇编与案例精选》编委会

1

校 对 组：（以名称拼音为序）

爱钱进（北京）信息科技有限公司（爱钱进）

恒大互联网集团有限公司（恒大互联网集团）

校对组成员：（以姓氏拼音为序）

白　柏　陈达伟　高　岑　刘　鑫　任　帅

佘露莎　汪　洋　王元超

编者按

近年来，随着互联网技术、信息通信技术的不断突破与发展，持续推动了互联网与金融的快速融合，促进了金融创新，提高了金融资源配置效率。一方面，围绕去杠杆、防风险的政策措施陆续出台实施，对互联网金融合规经营、防控风险提出了更高要求。另一方面，在消费升级、新兴技术广泛应用等积极因素影响下，互联网金融立足于服务实体经济和发展普惠金融，继续迎来广阔的市场潜力和发展空间。

2016年10月13日，国务院办公厅印发《互联网金融风险专项整治工作实施方案》，明确以"打击非法，保护合法；积极稳妥，有序化解；明确分工，强化协作；远近结合，边整边改"为原则，规范各类互联网金融业态，优化市场竞争环境，扭转互联网金融某些业态偏离正确创新方向的局面，促进行业良性健康发展。而加强法律规范则是防范互联网金融风险、完善互联网金融治理体系的重要手段。

中国互联网金融协会紧紧围绕"服务监管、服务行业、服务社会"的职能定位，积极配合和参与国务院关于互联网金融风险专项整治的工作部署，认真梳理了互联网金融行业的法律规定，帮助互联网金融从业者和投资者知晓法律红线，做好风险防范。同时精选了实践中的典型案例，对照法律规定进行剖析，运用

"以案说法"的形式，更加通俗易懂的供读者学习参考。由于篇幅有限，我们仅收录有关互联网金融领域核心的法律规定和有代表性的的部分案例，并没有涵盖全部的法律规定和案例。另外，因编者水平有限，编排中难免有疏漏，期待广大读者给予批评指正。

　　本汇编得到了京东金融、蚂蚁金服集团、腾讯金融研究中心、抱财网的大力支持，提供了大量案例，并会同我们完成编写事宜，在此表示感谢。同时，我们也十分感谢爱钱进、恒大互联网集团在本汇编修订、校对工作中提出的宝贵意见。由于本汇编具有很强的实用性和可操作性，希望能够为从业者和投资者知悉互联网金融领域的法律风险并控制好该种风险提供参考。最后，在互联网金融市场的大变革时期，我们希望汇编可以抛砖引玉，期待更多的专家参与到互联网金融法律问题的研究活动中来，共同促进行业的规范发展。

目　　录

第五部分　互联网股权融资

第六部分　互联网保险

第七部分　通过互联网开展资产管理业务

第八部分　互联网金融广告

第九部分　行业自律公约

第一部分

总　则

中国人民银行 工业和信息化部 公安部
财政部 工商总局 法制办 银监会 证监会
保监会 国家互联网信息办公室
关于促进互联网金融健康发展的指导意见

银发〔2015〕221号

近年来，互联网技术、信息通信技术不断取得突破，推动互联网与金融快速融合，促进了金融创新，提高了金融资源配置效率，但也存在一些问题和风险隐患。为全面贯彻落实党的十八大和十八届二中、三中、四中全会精神，按照党中央、国务院决策部署，遵循"鼓励创新、防范风险、趋利避害、健康发展"的总体要求，从金融业健康发展全局出发，进一步推进金融改革创新和对外开放，促进互联网金融健康发展，经党中央、国务院同意，现提出以下意见。

一、鼓励创新，支持互联网金融稳步发展

互联网金融是传统金融机构与互联网企业（以下统称从业机构）利用互联网技术和信息通信技术实现资金融通、支付、投资和信息中介服务的新型金融业务模式。互联网与金融深度融合是大势所趋，将对金融产品、业务、组织和服务等方面产生更加深刻的影响。互联网金融对促进小微企业发展和扩大就业发挥了现有金融机构难以替代的积极作用，为大众创业、万众创新打开了大门。促进互联网金融健康发展，有利于提升金融服务质量和效率，深化金融改革，促进金融创新发展，扩大金融业对内对外开放，构建多层次金融体系。作为新生事物，互联网金融既需要市场驱动，鼓励创新，也需要政策助力，促

进发展。

（一）积极鼓励互联网金融平台、产品和服务创新，激发市场活力

鼓励银行、证券、保险、基金、信托和消费金融等金融机构依托互联网技术，实现传统金融业务与服务转型升级，积极开发基于互联网技术的新产品和新服务。支持有条件的金融机构建设创新型互联网平台开展网络银行、网络证券、网络保险、网络基金销售和网络消费金融等业务。支持互联网企业依法合规设立互联网支付机构、网络借贷平台、股权众筹融资平台、网络金融产品销售平台，建立服务实体经济的多层次金融服务体系，更好地满足中小微企业和个人投融资需求，进一步拓展普惠金融的广度和深度。鼓励电子商务企业在符合金融法律法规规定的条件下自建和完善线上金融服务体系，有效拓展电商供应链业务。鼓励从业机构积极开展产品、服务、技术和管理创新，提升从业机构核心竞争力。

（二）鼓励从业机构相互合作，实现优势互补

支持各类金融机构与互联网企业开展合作，建立良好的互联网金融生态环境和产业链。鼓励银行业金融机构开展业务创新，为第三方支付机构和网络贷款平台等提供资金存管、支付清算等配套服务。支持小微金融服务机构与互联网企业开展业务合作，实现商业模式创新。支持证券、基金、信托、消费金融、期货机构与互联网企业开展合作，拓宽金融产品销售渠道，创新财富管理模式。鼓励保险公司与互联网企业合作，提升互联网金融企业风险抵御能力。

（三）拓宽从业机构融资渠道，改善融资环境

支持社会资本发起设立互联网金融产业投资基金，推动从业机构与创业投资机构、产业投资基金深度合作。鼓励符合条件的优质从业机构在主板、创业板等境内资本市场上市融资。鼓励银行业金融机构按照支

持小微企业发展的各项金融政策，对处于初创期的从业机构予以支持。针对互联网企业特点，创新金融产品和服务。

（四）坚持简政放权，提供优质服务

各金融监管部门要积极支持金融机构开展互联网金融业务。按照法律法规规定，对符合条件的互联网企业开展相关金融业务实施高效管理。工商行政管理部门要支持互联网企业依法办理工商注册登记。电信主管部门、国家互联网信息管理部门要积极支持互联网金融业务，电信主管部门对互联网金融业务涉及的电信业务进行监管，国家互联网信息管理部门负责对金融信息服务、互联网信息内容等业务进行监管。积极开展互联网金融领域立法研究，适时出台相关管理规章，营造有利于互联网金融发展的良好制度环境。加大对从业机构专利、商标等知识产权的保护力度。鼓励省级人民政府加大对互联网金融的政策支持。支持设立专业化互联网金融研究机构，鼓励建设互联网金融信息交流平台，积极开展互联网金融研究。

（五）落实和完善有关财税政策

按照税收公平原则，对于业务规模较小、处于初创期的从业机构，符合我国现行对中小企业特别是小微企业税收政策条件的，可按规定享受税收优惠政策。结合金融业营业税改征增值税改革，统筹完善互联网金融税收政策。落实从业机构新技术、新产品研发费用税前加计扣除政策。

（六）推动信用基础设施建设，培育互联网金融配套服务体系

支持大数据存储、网络与信息安全维护等技术领域基础设施建设。鼓励从业机构依法建立信用信息共享平台。推动符合条件的相关从业机构接入金融信用信息基础数据库。允许有条件的从业机构依法申请征信业务许可。支持具备资质的信用中介组织开展互联网企业信用评级，增

强市场信息透明度。鼓励会计、审计、法律、咨询等中介服务机构为互联网企业提供相关专业服务。

二、分类指导，明确互联网金融监管责任

互联网金融本质仍属于金融，没有改变金融风险隐蔽性、传染性、广泛性和突发性的特点。加强互联网金融监管，是促进互联网金融健康发展的内在要求。同时，互联网金融是新生事物和新兴业态，要制定适度宽松的监管政策，为互联网金融创新留有余地和空间。通过鼓励创新和加强监管相互支撑，促进互联网金融健康发展，更好地服务实体经济。互联网金融监管应遵循"依法监管、适度监管、分类监管、协同监管、创新监管"的原则，科学合理界定各业态的业务边界及准入条件，落实监管责任，明确风险底线，保护合法经营，坚决打击违法和违规行为。

（七）互联网支付

互联网支付是指通过计算机、手机等设备，依托互联网发起支付指令、转移货币资金的服务。互联网支付应始终坚持服务电子商务发展和为社会提供小额、快捷、便民小微支付服务的宗旨。银行业金融机构和第三方支付机构从事互联网支付，应遵守现行法律法规和监管规定。第三方支付机构与其他机构开展合作的，应清晰界定各方的权利义务关系，建立有效的风险隔离机制和客户权益保障机制。要向客户充分披露服务信息，清晰地提示业务风险，不得夸大支付服务中介的性质和职能。互联网支付业务由人民银行负责监管。

（八）网络借贷

网络借贷包括个体网络借贷（即 P2P 网络借贷）和网络小额贷款。个体网络借贷是指个体和个体之间通过互联网平台实现的直接借贷。在个体网络借贷平台上发生的直接借贷行为属于民间借贷范畴，受合同法、民法通则等法律法规以及最高人民法院相关司法解释规范。个体网络借

贷要坚持平台功能，为投资方和融资方提供信息交互、撮合、资信评估等中介服务。个体网络借贷机构要明确信息中介性质，主要为借贷双方的直接借贷提供信息服务，不得提供增信服务，不得非法集资。网络小额贷款是指互联网企业通过其控制的小额贷款公司，利用互联网向客户提供的小额贷款。网络小额贷款应遵守现有小额贷款公司监管规定，发挥网络贷款优势，努力降低客户融资成本。网络借贷业务由银监会负责监管。

（九）股权众筹融资

股权众筹融资主要是指通过互联网形式进行公开小额股权融资的活动。股权众筹融资必须通过股权众筹融资中介机构平台（互联网网站或其他类似的电子媒介）进行。股权众筹融资中介机构可以在符合法律法规规定前提下，对业务模式进行创新探索，发挥股权众筹融资作为多层次资本市场有机组成部分的作用，更好服务创新创业企业。股权众筹融资方应为小微企业，应通过股权众筹融资中介机构向投资人如实披露企业的商业模式、经营管理、财务、资金使用等关键信息，不得误导或欺诈投资者。投资者应当充分了解股权众筹融资活动风险，具备相应风险承受能力，进行小额投资。股权众筹融资业务由证监会负责监管。

（十）互联网基金销售

基金销售机构与其他机构通过互联网合作销售基金等理财产品的，要切实履行风险披露义务，不得通过违规承诺收益方式吸引客户；基金管理人应当采取有效措施防范资产配置中的期限错配和流动性风险；基金销售机构及其合作机构通过其他活动为投资人提供收益的，应当对收益构成、先决条件、适用情形等进行全面、真实、准确表述和列示，不得与基金产品收益混同。第三方支付机构在开展基金互联网销售支付服务过程中，应当遵守人民银行、证监会关于客户备付金及基金销售结算资金的相关监管要求。第三方支付机构的客户备付金只能用于办理客户委托的支付业务，不得用于垫付基金和其他理财产品的资金赎回。互联网基金销售业务由证监会负责监管。

（十一）互联网保险

保险公司开展互联网保险业务，应遵循安全性、保密性和稳定性原则，加强风险管理，完善内控系统，确保交易安全、信息安全和资金安全。专业互联网保险公司应当坚持服务互联网经济活动的基本定位，提供有针对性的保险服务。保险公司应建立对所属电子商务公司等非保险类子公司的管理制度，建立必要的防火墙。保险公司通过互联网销售保险产品，不得进行不实陈述、片面或夸大宣传过往业绩、违规承诺收益或者承担损失等误导性描述。互联网保险业务由保监会负责监管。

（十二）互联网信托和互联网消费金融

信托公司、消费金融公司通过互联网开展业务的，要严格遵循监管规定，加强风险管理，确保交易合法合规，并保守客户信息。信托公司通过互联网进行产品销售及开展其他信托业务的，要遵守合格投资者等监管规定，审慎甄别客户身份和评估客户风险承受能力，不能将产品销售给与风险承受能力不相匹配的客户。信托公司与消费金融公司要制定完善产品文件签署制度，保证交易过程合法合规，安全规范。互联网信托业务、互联网消费金融业务由银监会负责监管。

三、健全制度，规范互联网金融市场秩序

发展互联网金融要以市场为导向，遵循服务实体经济、服从宏观调控和维护金融稳定的总体目标，切实保障消费者合法权益，维护公平竞争的市场秩序。要细化管理制度，为互联网金融健康发展营造良好环境。

（十三）互联网行业管理

任何组织和个人开设网站从事互联网金融业务的，除应按规定履行

相关金融监管程序外，还应依法向电信主管部门履行网站备案手续，否则不得开展互联网金融业务。工业和信息化部负责对互联网金融业务涉及的电信业务进行监管，国家互联网信息办公室负责对金融信息服务、互联网信息内容等业务进行监管，两部门按职责制定相关监管细则。

（十四）客户资金第三方存管制度

除另有规定外，从业机构应当选择符合条件的银行业金融机构作为资金存管机构，对客户资金进行管理和监督，实现客户资金与从业机构自身资金分账管理。客户资金存管账户应接受独立审计并向客户公开审计结果。人民银行会同金融监管部门按照职责分工实施监管，并制定相关监管细则。

（十五）信息披露、风险提示和合格投资者制度

从业机构应当对客户进行充分的信息披露，及时向投资者公布其经营活动和财务状况的相关信息，以便投资者充分了解从业机构运作状况，促使从业机构稳健经营和控制风险。从业机构应当向各参与方详细说明交易模式、参与方的权利和义务，并进行充分的风险提示。要研究建立互联网金融的合格投资者制度，提升投资者保护水平。有关部门按照职责分工负责监管。

（十六）消费者权益保护

研究制定互联网金融消费者教育规划，及时发布维权提示。加强互联网金融产品合同内容、免责条款规定等与消费者利益相关的信息披露工作，依法监督处理经营者利用合同格式条款侵害消费者合法权益的违法、违规行为。构建在线争议解决、现场接待受理、监管部门受理投诉、第三方调解以及仲裁、诉讼等多元化纠纷解决机制。细化完善互联网金融个人信息保护的原则、标准和操作流程。严禁网络销售金融产品过程中的不实宣传、强制捆绑销售。人民银行、银监会、证监会、保监会会

同有关行政执法部门，根据职责分工依法开展互联网金融领域消费者和投资者权益保护工作。

（十七）网络与信息安全

从业机构应当切实提升技术安全水平，妥善保管客户资料和交易信息，不得非法买卖、泄露客户个人信息。人民银行、银监会、证监会、保监会、工业和信息化部、公安部、国家互联网信息办公室分别负责对相关从业机构的网络与信息安全保障进行监管，并制定相关监管细则和技术安全标准。

（十八）反洗钱和防范金融犯罪

从业机构应当采取有效措施识别客户身份，主动监测并报告可疑交易，妥善保存客户资料和交易记录。从业机构有义务按照有关规定，建立健全有关协助查询、冻结的规章制度，协助公安机关和司法机关依法、及时查询、冻结涉案财产，配合公安机关和司法机关做好取证和执行工作。坚决打击涉及非法集资等互联网金融犯罪，防范金融风险，维护金融秩序。金融机构在和互联网企业开展合作、代理时应根据有关法律和规定签订包括反洗钱和防范金融犯罪要求的合作、代理协议，并确保不因合作、代理关系而降低反洗钱和金融犯罪执行标准。人民银行牵头负责对从业机构履行反洗钱义务进行监管，并制定相关监管细则。打击互联网金融犯罪工作由公安部牵头负责。

（十九）加强互联网金融行业自律

充分发挥行业自律机制在规范从业机构市场行为和保护行业合法权益等方面的积极作用。人民银行会同有关部门，组建中国互联网金融协会。协会要按业务类型，制订经营管理规则和行业标准，推动机构之间的业务交流和信息共享。协会要明确自律惩戒机制，提高行业规则和标准的约束力。强化守法、诚信、自律意识，树立从业机构服务经济社会发展的正面形象，营造诚信规范发展的良好氛围。

（二十）监管协调与数据统计监测

各监管部门要相互协作、形成合力，充分发挥金融监管协调部际联席会议制度的作用。人民银行、银监会、证监会、保监会应当密切关注互联网金融业务发展及相关风险，对监管政策进行跟踪评估，适时提出调整建议，不断总结监管经验。财政部负责互联网金融从业机构财务监管政策。人民银行会同有关部门，负责建立和完善互联网金融数据统计监测体系，相关部门按照监管职责分工负责相关互联网金融数据统计和监测工作，并实现统计数据和信息共享。

互联网金融风险专项整治工作实施方案

国办发〔2016〕21 号

规范发展互联网金融是国家加快实施创新驱动发展战略、促进经济结构转型升级的重要举措，对于提高我国金融服务的普惠性，促进大众创业、万众创新具有重要意义。经党中央、国务院同意，2015 年 7 月人民银行等十部门联合印发了《关于促进互联网金融健康发展的指导意见》（以下简称《指导意见》）；有关部门及时出手，打击处置一批违法经营金额大、涉及面广、社会危害大的互联网金融风险案件，社会反映良好。为贯彻落实党中央、国务院决策部署，鼓励和保护真正有价值的互联网金融创新，整治违法违规行为，切实防范风险，建立监管长效机制，促进互联网金融规范有序发展，制定本方案。

一、工作目标和原则

（一）工作目标

落实《指导意见》要求，规范各类互联网金融业态，优化市场竞争环境，扭转互联网金融某些业态偏离正确创新方向的局面，遏制互联网金融风险案件高发频发势头，提高投资者风险防范意识，建立和完善适应互联网金融发展特点的监管长效机制，实现规范与发展并举、创新与防范风险并重，促进互联网金融健康可持续发展，切实发挥互联网金融支持大众创业、万众创新的积极作用。

（二）工作原则

打击非法，保护合法。明确各项业务合法与非法、合规与违规的边界，守好法律和风险底线。对合法合规行为予以保护支持，对违法违规行为予以坚决打击。

积极稳妥，有序化解。工作稳扎稳打，讲究方法步骤，针对不同风险领域，明确重点问题，分类施策。根据违法违规情节轻重和社会危害程度区别对待，做好风险评估，依法、有序、稳妥处置风险，防范处置风险的风险。同时坚持公平公正开展整治，不搞例外。

明确分工，强化协作。按照部门职责、《指导意见》明确的分工和本方案要求，采取"穿透式"监管方法，根据业务实质明确责任。坚持问题导向，集中力量对当前互联网金融主要风险领域开展整治，有效整治各类违法违规活动。充分考虑互联网金融活动特点，加强跨部门、跨区域协作，共同承担整治任务，共同落实整治责任。

远近结合，边整边改。立足当前，切实防范化解互联网金融领域存在的风险，对违法违规行为形成有效震慑。着眼长远，以专项整治为契机，及时总结提炼经验，形成制度规则，建立健全互联网金融监管长效机制。

二、重点整治问题和工作要求

（一）P2P 网络借贷和股权众筹业务

1. P2P 网络借贷平台应守住法律底线和政策红线，落实信息中介性质，不得设立资金池，不得发放贷款，不得非法集资，不得自融自保、代替客户承诺保本保息、期限错配、期限拆分、虚假宣传、虚构标的，不得通过虚构、夸大融资项目收益前景等方法误导出借人，除信用信息采集及核实、贷后跟踪、抵质押管理等业务外，不得从事线下营销。

2. 股权众筹平台不得发布虚假标的，不得自筹，不得"明股实债"或变相乱集资，应强化对融资者、股权众筹平台的信息披露义务和股东权益保护要求，不得进行虚假陈述和误导性宣传。

3. P2P 网络借贷平台和股权众筹平台未经批准不得从事资产管理、

债权或股权转让、高风险证券市场配资等金融业务。P2P 网络借贷平台和股权众筹平台客户资金与自有资金应分账管理，遵循专业化运营原则，严格落实客户资金第三方存管要求，选择符合条件的银行业金融机构作为资金存管机构，保护客户资金安全，不得挪用或占用客户资金。

4. 房地产开发企业、房地产中介机构和互联网金融从业机构等未取得相关金融资质，不得利用 P2P 网络借贷平台和股权众筹平台从事房地产金融业务；取得相关金融资质的，不得违规开展房地产金融相关业务。从事房地产金融业务的企业应遵守宏观调控政策和房地产金融管理相关规定。规范互联网"众筹买房"等行为，严禁各类机构开展"首付贷"性质的业务。

（二）通过互联网开展资产管理及跨界从事金融业务

1. 互联网企业未取得相关金融业务资质不得依托互联网开展相应业务，开展业务的实质应符合取得的业务资质。互联网企业和传统金融企业平等竞争，行为规则和监管要求保持一致。采取"穿透式"监管方法，根据业务实质认定业务属性。

2. 未经相关部门批准，不得将私募发行的多类金融产品通过打包、拆分等形式向公众销售。采取"穿透式"监管方法，根据业务本质属性执行相应的监管规定。销售金融产品应严格执行投资者适当性制度标准，披露信息和提示风险，不得将产品销售给与风险承受能力不相匹配的客户。

3. 金融机构不得依托互联网通过各类资产管理产品嵌套开展资产管理业务、规避监管要求。应综合资金来源、中间环节与最终投向等全流程信息，采取"穿透式"监管方法，透过表面判定业务本质属性、监管职责和应遵循的行为规则与监管要求。

4. 同一集团内取得多项金融业务资质的，不得违反关联交易等相关业务规范。按照与传统金融企业一致的监管规则，要求集团建立"防火墙"制度，遵循关联交易等方面的监管规定，切实防范风险交叉传染。

（三）第三方支付业务

1. 非银行支付机构不得挪用、占用客户备付金，客户备付金账户应开立在人民银行或符合要求的商业银行。人民银行或商业银行不向非银行支付机构备付金账户计付利息，防止支付机构以"吃利差"为主要盈利模式，理顺支付机构业务发展激励机制，引导非银行支付机构回归提供小额、快捷、便民小微支付服务的宗旨。

2. 非银行支付机构不得连接多家银行系统，变相开展跨行清算业务。非银行支付机构开展跨行支付业务应通过人民银行跨行清算系统或者具有合法资质的清算机构进行。

3. 开展支付业务的机构应依法取得相应业务资质，不得无证经营支付业务，开展商户资金结算、个人 POS 机收付款、发行多用途预付卡、网络支付等业务。

（四）互联网金融领域广告等行为

互联网金融领域广告等宣传行为应依法合规、真实准确，不得对金融产品和业务进行不当宣传。未取得相关金融业务资质的从业机构，不得对金融业务或公司形象进行宣传。取得相关业务资质的，宣传内容应符合相关法律法规规定，需经有权部门许可的，应当与许可的内容相符合，不得进行误导性、虚假违法宣传。

三、综合运用各类整治措施，提高整治效果

（一）严格准入管理

设立金融机构、从事金融活动，必须依法接受准入管理。未经相关有权部门批准或备案从事金融活动的，由金融管理部门会同工商部门予以认定和查处，情节严重的，予以取缔。工商部门根据金融管理部门的

认定意见，依法吊销营业执照；涉嫌犯罪的，公安机关依法查处。非金融机构、不从事金融活动的企业，在注册名称和经营范围中原则上不得使用"交易所"、"交易中心"、"金融"、"资产管理"、"理财"、"基金"、"基金管理"、"投资管理"、"财富管理"、"股权投资基金"、"网贷"、"网络借贷"、"P2P"、"股权众筹"、"互联网保险"、"支付"等字样。凡在名称和经营范围中选择使用上述字样的企业（包括存量企业），工商部门将注册信息及时告知金融管理部门，金融管理部门、工商部门予以持续关注，并列入重点监管对象，加强协调沟通，及时发现识别企业擅自从事金融活动的风险，视情采取整治措施。

（二）强化资金监测

加强互联网金融从业机构资金账户及跨行清算的集中管理，对互联网金融从业机构的资金账户、股东身份、资金来源和资金运用等情况进行全面监测。严格要求互联网金融从业机构落实客户资金第三方存管制度，存管银行要加强对相关资金账户的监督。在整治过程中，特别要做好对客户资金的保护工作。

（三）建立举报和"重奖重罚"制度

针对互联网金融违法违规活动隐蔽性强的特点，发挥社会监督作用，建立举报制度，出台举报规则，中国互联网金融协会设立举报平台，鼓励通过"信用中国"网站等多渠道举报，为整治工作提供线索。推行"重奖重罚"制度，按违法违规经营数额的一定比例进行处罚，提高违法成本，对提供线索的举报人给予奖励，奖励资金列入各级财政预算，强化正面激励。加强失信、投诉和举报信息共享。

（四）加大整治不正当竞争工作力度

对互联网金融从业机构为抢占市场份额向客户提供显失合理的超高回报率以及变相补贴等不正当竞争行为予以清理规范。高风险高收益金融产品应严格执行投资者适当性标准，强化信息披露要求。明确互联网金融从业机构不得以显性或隐性方式，通过自有资金补贴、交叉补贴或使用其他客户资金向客户提供高回报金融产品。高度关注互联网金融产品承诺或实际收益水平显著高于项目回报率或行业水平相关情况。中国互联网金融协会建立专家评审委员会，商相关部门对互联网金融不正当竞争行为进行评估认定，并将结果移交相关部门作为惩处依据。

（五）加强内控管理

由金融管理部门和地方人民政府金融管理部门监管的机构应当对机构自身与互联网平台合作开展的业务进行清理排查，严格内控管理要求，不得违反相关法律法规，不得与未取得相应金融业务资质的互联网企业开展合作，不得通过互联网开展跨界金融活动进行监管套利。金融管理部门和地方人民政府在分领域、分地区整治中，应对由其监管的机构与互联网企业合作开展业务的情况进行清理整顿。

（六）用好技术手段

利用互联网思维做好互联网金融监管工作。研究建立互联网金融监管技术支持系统，通过网上巡查、网站对接、数据分析等技术手段，摸底互联网金融总体情况，采集和报送相关舆情信息，及时向相关单位预警可能出现的群体性事件，及时发现互联网金融异常事件和可疑网站，提供互联网金融平台安全防护服务。

四、加强组织协调，落实主体责任

（一）部门统筹

成立由人民银行负责同志担任组长，有关部门负责同志参加的整治工作领导小组（以下简称领导小组），总体推进整治工作，做好工作总结，汇总提出长效机制建议。领导小组办公室设在人民银行，银监会、证监会、保监会、工商总局和住房城乡建设部等派员参与办公室日常工作。人民银行、银监会、证监会、保监会和工商总局根据各自部门职责、《指导意见》明确的分工和本方案要求，成立分领域工作小组，分别负责相应领域的专项整治工作，明确对各项业务合法合规性的认定标准，对分领域整治过程中发现的新问题，划分界限作为整治依据，督促各地区按照全国统一部署做好各项工作。

（二）属地组织

各省级人民政府成立以分管金融的负责同志为组长的落实整治方案领导小组（以下称地方领导小组），组织本地区专项整治工作，制定本地区专项整治工作方案并向领导小组报备。各地方领导小组办公室设在省（区、市）金融办（局）或人民银行省会（首府）城市中心支行以上分支机构。各省级人民政府应充分发挥资源统筹调动、靠近基层一线优势，做好本地区摸底排查工作，按照注册地对从业机构进行归口管理，对涉嫌违法违规的从业机构，区分情节轻重分类施策、分类处置，同时切实承担起防范和处置非法集资第一责任人的责任。各省级人民政府应全面落实源头维稳措施，积极预防、全力化解、妥善处置金融领域不稳定问题，守住不发生系统性区域性金融风险的底线，维护社会和谐稳定。

（三）条块结合

各相关部门应积极配合金融管理部门开展工作。工商总局会同金融管理部门负责互联网金融广告的专项整治工作，金融管理部门与工商总局共同开展以投资理财名义从事金融活动的专项整治。工业和信息化部负责加强对互联网金融从业机构网络安全防护、用户信息和数据保护的监管力度，对经相关部门认定存在违法违规行为的互联网金融网站和移动应用程序依法予以处置，做好专项整治的技术支持工作。住房城乡建设部与金融管理部门共同对房地产开发企业和房地产中介机构利用互联网从事金融业务或与互联网平台合作开展金融业务的情况进行清理整顿。

中央宣传部、国家互联网信息办公室牵头负责互联网金融新闻宣传和舆论引导工作。公安部负责指导地方公安机关对专项整治工作中发现的涉嫌非法集资、非法证券期货活动等犯罪问题依法查处，强化防逃、控赃、追赃、挽损工作；指导、监督、检查互联网金融从业机构落实等级保护工作，监督指导互联网金融网站依法落实网络和信息安全管理制度、措施，严厉打击侵犯用户个人信息安全的违法犯罪活动；指导地方公安机关在地方党委、政府的领导下，会同相关部门共同做好群体性事件的预防和处置工作，维护社会稳定。国家信访局负责信访人相关信访诉求事项的接待受理工作。中央维稳办、最高人民法院、最高人民检察院等配合做好相关工作。中国互联网金融协会要发挥行业自律作用，健全自律规则，实施必要的自律惩戒，建立举报制度，做好风险预警。

（四）共同负责

各有关部门、各省级人民政府应全面掌握牵头领域或本行政区域的互联网金融活动开展情况。在省级人民政府统一领导下，各金融管理部门省级派驻机构与省（区、市）金融办（局）共同牵头负责本地区分领域整治工作，共同承担分领域整治任务。对于产品、业务交叉嵌套，需要综合全流程业务信息以认定业务本质属性的，相关部门应建立数据交换和业务实质认定机制，认定意见不一致的，由领导小组研究认定并提出整治意见，必要时组成联合小组进行整治。整治过程中相关牵头部门确有需要获取从业机构账户数据的，经过法定程序后给予必要的账户查询便利。

五、稳步推进各项整治工作

（一）开展摸底排查

各省级人民政府制定本地区清理整顿方案，2016年5月15日前向领导小组报备。同时，各有关部门、各省级人民政府分别对牵头领域或本行政区域的情况进行清查。对于跨区域经营的互联网金融平台，注册所在地和经营所在地的省级人民政府要加强合作，互通汇总摸查情况，金融管理部门予以积极支持。被调查的单位和个人应接受依法进行的检查和调查，如实说明有关情况并提供有关文件、资料，不得拒绝、阻碍和隐瞒。相关部门可依法对与案件有关的情况和资料采取记录、复制、录音等手段取得证据。在证据可能灭失或以后难以取得的情况下，可依法先行登记保存，当事人或有关人员不得销毁或转移证据。对于涉及资金量大、人数众多的大型互联网金融平台或短时间内发展迅速的互联网金融平台、企业，一经发现涉嫌重大非法集资等违法行为，马上报告相关部门。各省级人民政府根据摸底排查情况完善本地区清理整顿方案。此项工作于 2016 年 7 月底前完成。

（二）实施清理整顿

各有关部门、各省级人民政府对牵头领域或本行政区域的互联网金融从业机构和业务活动开展集中整治工作。对清理整顿中发现的问题，向违规从业机构出具整改意见，并监督从业机构落实整改要求。对违规情节较轻的，要求限期整改；拒不整改或违规情节较重的，依法依规坚决予以关闭或取缔；涉嫌犯罪的，移送相关司法机关。专项整治不改变、不替代非法集资和非法交易场所的现行处置制度安排。此项工作于 2016 年 11 月底前完成。

（三）督查和评估

领导小组成员单位和地方领导小组分别组织自查。领导小组组织开展对重点领域和重点地区的督查和中期评估，对于好的经验做法及时推广，对于整治工作落实不力，整治一批、又出一批的，应查找问题、及时纠偏，并建立问责机制。此项工作同步于 2016 年 11 月底前完成。

（四）验收和总结

领导小组组织对各领域、各地区清理整顿情况进行验收。各有关部门、各省级人民政府形成牵头领域或本行政区域的整治报告，报送领导小组办公室，此项工作应于 2017 年 1 月底前完成。领导小组办公室汇总形成总体报告和建立健全互联网金融监管长效机制的建议，由人民银行会同相关部门报国务院，此项工作于 2017 年 3 月底前完成。

六、做好组织保障，建设长效机制

各有关部门、各省级人民政府要做好组织保障，以整治工作为契机，以整治过程中发现的问题为导向，按照边整边改、标本兼治的思路，抓紧推动长效机制建设，贯穿整治工作始终。

（一）完善规章制度

加快互联网金融领域各项规章制度制定工作，对于互联网金融各类创新业务，及时研究制定相关政策要求和监管规则。立足实践，研究解决互联网金融领域暴露出的金融监管体制不适应等问题，强化功能监管和综合监管，抓紧明确跨界、交叉型互联网金融产品的"穿透式"监管规则。

（二）加强风险监测

建立互联网金融产品集中登记制度，研究互联网金融平台资金账户的统一设立和集中监测，依靠对账户的严格管理和对资金的集中监测，实现对互联网金融活动的常态化监测和有效监管。加快推进互联网金融领域信用体系建设，强化对征信机构的监管，使征信为互联网金融活动提供更好的支持。加强互联网金融监管技术支持，扩展技术支持系统功能，提高安全监控能力。加强部门间信息共享，建立预警信息传递、核查、处置快速反应机制。

（三）完善行业自律

充分发挥中国互联网金融协会作用，制定行业标准和数据统计、信息披露、反不正当竞争等制度，完善自律惩戒机制，开展风险教育，形成依法依规监管与自律管理相结合、对互联网金融领域全覆盖的监管长效机制。

（四）加强宣传教育和舆论引导

各有关部门、各省级人民政府应加强政策解读及舆论引导，鼓励互联网金融在依法合规的前提下创新发展。以案说法，用典型案例教育群众，提高投资者风险防范意识。主动、适时发声，统一对外宣传口径，有针对性地回应投资人关切和诉求。以适当方式适时公布案件进展，尽量减少信息不对称的影响。加强舆情监测，强化媒体责任，引导投资人合理合法反映诉求，为整治工作营造良好的舆论环境。

第二部分

个体网络借贷

- 个体网络借贷
- 信息中介
- 信息披露
- 备案管理
- 资金存管

第一章　制度规定

P2P 网络借贷风险专项整治工作实施方案

银监发〔2016〕11 号

P2P 网络借贷（以下简称网贷）作为一种互联网金融业态，在缓解小微企业融资难、满足民间资本投资需求等方面发挥了积极作用。但近年来，网贷行业风险有所积聚，爆发了一系列风险事件，严重损害了广大投资者合法权益，对互联网金融行业声誉和健康发展造成较大负面影响，给金融安全和社会稳定带来较大危害。为贯彻落实党中央、国务院决策部署，促进网贷行业规范有序发展，根据《关于促进互联网金融健康发展的指导意见》（银发〔2015〕221 号，以下简称《指导意见》）和《互联网金融风险专项整治工作实施方案》，制定本方案。

一、工作目标和原则

（一）工作目标

按照任务要明、措施要实、责任要清、效果要好的要求，坚持重点整治与源头治理相结合、防范风险与创新发展相结合、清理整顿与依法打击相结合，妥善处置风险事件，遏制网贷领域风险事件高发势头，维护经济金融秩序和社会稳定。一是在市场主体层面，着力扶优抑劣，支持鼓励依法合规的网贷机构开展业务，促其健康发展，整治和取缔违法违规的网贷机构。二是在市场环境层面，加强规范优化，扭转行业机构异化趋势，实现正本清源，强化风险教育，引导出资人理性出资。三是在机制层面，坚持标本兼治，建立行业长效规范机制，消除监管空白，实现规范创新兼顾发展，形成良性循环。

（二）工作原则

态度积极，措施稳妥。高度重视本次专项整治工作，树立大局意识、责任意识，明确职责分工，确立时间进度表，积极推进各项工作。同时稳扎稳打，讲究方式方法，处理好工作力度和节奏的关系。

底线思维，预案完备。充分认识网贷领域风险的复杂性、隐蔽性、突发性、涉众性、传染性，在统筹考虑各种突发风险的前提下，制定完备的处置预案，有序化解存量风险，有效控制增量风险，坚决守住不发生系统性区域性金融风险的底线。

线上线下，统筹治理。兼顾市场主体的线上业务与线下实体，明确关联关系，依据其经营本质和实际控制人进行统筹治理。将从事线下金融业务活动的网贷机构及涉及网贷业务的综合性互联网金融平台纳入专项整治范围，做到风险防范和治理全覆盖。

分类处理，标本兼治。根据网贷机构违法违规性质、情节和程度分类处理，精准施策，把专项整治工作与贯彻落实行业有关制度、促进网贷机构改革创新与重组改造结合起来，以本次专项整治工作为契机，强化行业监管，构建长效机制。

依法合规，有章可循。贯彻落实《指导意见》《互联网金融风险专项整治工作实施方案》和本方案明确的原则和要求，严格遵循有关法律法规和规章制度，做到依法整治、合规处理，为网贷行业常态化监管奠定基础。

上下联动，协调配合。各有关部门、各地方人民政府加强组织领导，完善工作机制，充分考虑网贷行业跨区域、跨领域、跨行业的特点，加强部门间和区域间的协同联动，形成工作合力，提高整治效率，夯实整治基础，巩固整治成果。

二、全面排查、摸清底数

（一）排查目的

准确掌握网贷机构相关数据，提高数据的权威性、准确性和及时性，摸清行业底数，建立较为完整的行业基本数据统计体系，为专项整治工作及今后的行业监管奠定坚实基础。

（二）排查对象

本次排查摸底的对象是各地经工商登记注册的网贷机构，根据《指导意见》要求，该类机构应当以互联网为主要渠道，为借款人与出借人（即贷款人）实现直接借贷提供信息收集、信息公布、资信评估、信息交互、借贷撮合等服务。同时，部分以网贷名义开展经营，涉及资金归集、期限错配等行为，已经脱离信息中介本质，异化为信用中介的机构，也是本次排查和整治的对象。

此外，对于互联网企业与银行业金融机构合作开展业务情况进行排查。互联网企业与银行业金融机构合作开展业务不得违反相关法律法规规定，不得通过互联网跨界开展金融活动进行监管套利。

（三）排查方式

采取多方数据汇总、逐一比对、网上核验、现场实地认证等方式进行。在数据汇总层面，银监会会同工业和信息化部、公安部、工商总局、国家互联网信息办公室及第三方统计机构、行业自律组织等，利用行业信息库、大数据检索、工商注册信息、接受举报等方式，汇总形成网贷机构基本数据统计，并发送至各省级人民政府。各省级人民政府以此为基础，综合采取公告确认、电话联系、现场勘查、高管约谈等方式对行业机构数据统计的内容进行逐一核实，并要求机构法定代表人或高级管理人员等对核实后的信息进行签字确认，做到对本地区网贷机构基本信息进行充分摸底排查，实现"一户一档"。

（四）排查内容

各省级人民政府对本地区机构的排查主要包括：一是网贷机构基本情况，包括但不限于股东或出资人、实际控制人、法定代表人、注册资本、借贷余额、出借人总数、分支机构数量及分布等。二是网贷机构各类产品及业务运营情况，包括产品期限、综合收益率、逾期率等。三是网贷机构存在的主要问题，包括但不限于机构是否存在设立资金池、自融、向出借人提供担保或者承诺保本保息、大规模线下营销、误导性宣传、虚构借款人及标的、发放贷款、期限拆分、发售银行理财和券商资管等产品、违规债权转让、参与高风险证券市场融资或利用类 HOMS 等系统从事股票市场场外配资行为、从事股权众筹或实物众筹等；是否存在信息披露不完整、不客观、不及时；是否未实行出借人资金第三方存管等问题。此外，对近年业务扩张过快、在媒体过度宣传、承诺高额回报、涉及房地产配资或校园网贷等业务的网贷机构进行重点排查。根据排查结果汇总本地区问题机构总体数量、各类问题机构的占比等，并据此对本地区机构风险状况进行判断。

对于跨区域经营的网贷机构，银监会协调相关省级人民政府加强合作，密切配合，进一步增强摸底排查的完整性、准确性、时效性。

三、明确标准、分类施策

（一）分类处置标准

专项整治工作的重点是整治和取缔互联网企业在线上线下违规或超范围开展网贷业务，以网贷名义开展非法集资等违法违规活动。分类处置标准以《指导意见》和有关监管要求等作为主要依据：一是网贷机构满足信息中介的定性。二是业务符合直接借贷的标准，即个体与个体之间通过互联网机构实现的直接借贷。三是不得触及业务"红线"，即设立资金池、自融、向出借人提供担保或者承诺保本保息、大规模线下营销、误导性宣传、虚构借款人及标的、发放贷款、期限拆分、发售银行理财和券商资管等产品、违规债权转让、参与高风险证券市场融资或利用类 HOMS 等系统从事股票市场场外配资行为、从事股权众筹或实物众筹等。四是落实出借人及借款人资金第三方存管要求。五是信息披露完整、客观、及时，并且具备合规的网络安全设施。

（二）分类处置措施

对各类网贷机构认真甄别，根据风险程度、违法违规性质和情节轻重、社会危害程度大小、处理方式等因素，准确分类，及时纠偏，制定差别化措施，防范处置风险的风险，确保风险全面排查、问题全面整治和监管全面覆盖。

根据以上标准将网贷机构划分为三类，并实施分类处置。一是合规类。该类机构严格遵守信息中介定位，稳健经营、运作规范，具有较强的管理技术和风险控制能力，基本符合《指导意见》规定，未违反有关法律法规和规章制度。应对此类机构实施持续监管，支持鼓励其合规发展，督促其规范运营。二是整改类。该类机构大多数运行不规范，风险控制不足，缺乏持续经营能力和自我约束能力，大多异化为信用中介，存在触及业务"红线"的问题。此类机构应按照有关要求限期整改，整改不到位的，责令继续整改或淘汰整合，并依法予以处置。三是取缔类。此类机构涉嫌从事非法集资等违法违规活动，应对其严厉打击，坚决实施市场退出，并按照有关法律法规和规章制度规定，由相关部门给予行政处罚或依法追究刑事责任，政府不承担兜底责任。同时，做好核实资本和财务状况工作，妥善处理债权债务关系，依法保护投资者合法权益。

四、职责分工

按照《互联网金融风险专项整治工作实施方案》要求，专项整治工作按照银监会会同中央有关部门与省级人民政府双负责制的原则，明确分工，落实责任。

（一）加强组织领导

银监会会同中央宣传部、中央维稳办、发展改革委、工业和信息化部、公安部、财政部、住房和城乡建设部、人民银行、工商总局、法制办、国家网信办、国家信访局、最高人民法院、最高人民检察院成立网贷风险专项整治工作领导小组，银监会为组长单位，工业和信息化部、公安部、国家网信办、工商总局为副组长单位，其他部门为成员单位，网贷风险专项整治工作领导小组办公室设在银监会。

（二）中央监管部门职责

银监会作为网贷风险专项整治工作统筹部门，负责总体工作的组织和协调。一是制定规则，即制定网贷行业监管制度和第三方存管等系列配套制度，拟定网贷风险专项整治工作实施方案，明确专项整治工作目标、原则、内容、措施等。二是培训部署，即对专项整治工作进行周密部署，组织开展培训。三是划清界限，即明确网贷业务负面清单，划清网贷机构不得从事的业务边界。四是督导汇总，即加强跨部门、跨地区间协调，研究重大问题、汇总工作报告等。五是在省级人民政府统一领导下，省金融办（局）与银监会省级派出机构共同牵头负责本地区分领域整治工作，共同承担分领域整治任务。

各相关部门发挥职能作用，密切协作，互通信息，共享资源，形成合力。

（三）各省级人民政府职责

各省级人民政府按照中央监管部门的统一方案和要求，负责本地区具体整治工作。在各省级人民政府统一领导下，设网贷风险专项整治联合工作办公室，由省金融办（局）和银监会省级派出机构共同负责，办公室成员由省级人民政府根据工作需要确定相关部门组成，具体组织实施专项整治工作，并建立风险事件应急制度和处置预案，做好本地区维稳工作，最大限度预防和减少风险事件造成的不良社会影响，维护社会稳定。

五、时间进度

（一）部署培训阶段

根据《互联网金融风险专项整治工作实施方案》要求，银监会协调有关各方汇总网贷行业机构基本数据统计，部署培训各地方开展专项整治工作。此项工作于2016年4月底前完成。

（二）行业摸底排查阶段

各省级人民政府依照网贷行业机构基本数据统计对本地区机构进行摸底排查，并报银监会。此项工作于2016年7月底前完成。

（三）分类处置阶段

各省级人民政府依照摸底排查结果，结合《指导意见》和本方案要求，对本地区机构进行分类处置。此项工作于2016年11月底前完成。

（四）总结督导阶段

银监会将适时赴各地对专项整治工作进行督导，各省级人民政府应对检查、查处、整改情况进行总结，形成报告报送银监会。银监会将根据各地情况，形成规范整治工作总体报告，报送互联网金融风险专项整治工作领导小组办公室。此项工作于2017年1月底前完成。

六、配套支持措施

（一）加强舆论宣传引导

加强网贷风险专项整治工作正面宣传与舆论引导，鼓励网贷机构在依法合规的前提下创新发展。通过以案说法，厘清合法和非法的界限，适时主动发声，及时回应投资者关切。加强舆情监测，强化媒体责任，为整治工作营造良好的舆论环境。

（二）加强各方协调配合

加强各部门沟通协调，完善工作机制，坚持部门间和区域间纵横联动，协作配合。加强中央与地方金融监管协同配合，共同履行好监管职责，形成专项整治和日常监管的合力，确保中央和地方金融监管目标和规则的一致性，守住不发生系统性区域性金融风险的底线。

（三）注重工作方式方法

专项整治工作具有政策性强、涉及面广、敏感度高、难度较大等特点，要讲究整治策略，注意方式方法，做好风险隔离，依法依规，有节有度，妥善化解各类存量风险，防范风险蔓延和叠加，切实防范处置风险的风险，依法保护投资者合法权益，维护正常的经济金融秩序和社会稳定。

网络借贷信息中介机构
业务活动管理暂行办法

银监会令〔2016〕1 号

第一章　总　则

第一条　为规范网络借贷信息中介机构业务活动，保护出借人、借款人、网络借贷信息中介机构及相关当事人合法权益，促进网络借贷行业健康发展，更好满足中小微企业和个人投融资需求，根据《关于促进互联网金融健康发展的指导意见》提出的总体要求和监管原则，依据《中华人民共和国民法通则》《中华人民共和国公司法》《中华人民共和国合同法》等法律法规，制定本办法。

第二条　在中国境内从事网络借贷信息中介业务活动，适用本办法，法律法规另有规定的除外。

本办法所称网络借贷是指个体和个体之间通过互联网平台实现的直接借贷。个体包含自然人、法人及其他组织。网络借贷信息中介机构是指依法设立，专门从事网络借贷信息中介业务活动的金融信息中介公司。该类机构以互联网为主要渠道，为借款人与出借人（即贷款人）实现直接借贷提供信息搜集、信息公布、资信评估、信息交互、借贷撮合等服务。

本办法所称地方金融监管部门是指各省级人民政府承担地方金融监管职责的部门。

第三条　网络借贷信息中介机构按照依法、诚信、自愿、公平的原则为借款人和出借人提供信息服务，维护出借人与借款人合法权益，不得提供增信服务，不得直接或间接归集资金，不得非法集资，不得损害国家利益和社会公共利益。

借款人与出借人遵循借贷自愿、诚实守信、责任自负、风险自担的原则承担借贷风险。网络借贷信息中介机构承担客观、真实、全面、及时进行信息披露的责任，不承担借贷违约风险。

第四条 按照《关于促进互联网金融健康发展的指导意见》中"鼓励创新、防范风险、趋利避害、健康发展"的总体要求和"依法监管、适度监管、分类监管、协同监管、创新监管"的监管原则，落实各方管理责任。国务院银行业监督管理机构及其派出机构负责制定网络借贷信息中介机构业务活动监督管理制度，并实施行为监管。各省级人民政府负责本辖区网络借贷信息中介机构的机构监管。工业和信息化部负责对网络借贷信息中介机构业务活动涉及的电信业务进行监管。公安部牵头负责对网络借贷信息中介机构的互联网服务进行安全监管，依法查处违反网络安全监管的违法违规活动，打击网络借贷涉及的金融犯罪及相关犯罪。国家互联网信息办公室负责对金融信息服务、互联网信息内容等业务进行监管。

第二章 备案管理

第五条 拟开展网络借贷信息中介服务的网络借贷信息中介机构及其分支机构，应当在领取营业执照后，于10个工作日以内携带有关材料向工商登记注册地地方金融监管部门备案登记。

地方金融监管部门负责为网络借贷信息中介机构办理备案登记。地方金融监管部门应当在网络借贷信息中介机构提交的备案登记材料齐备时予以受理，并在各省（区、市）规定的时限内完成备案登记手续。备案登记不构成对网络借贷信息中介机构经营能力、合规程度、资信状况的认可和评价。

地方金融监管部门有权根据本办法和相关监管规则对备案登记后的网络借贷信息中介机构进行评估分类，并及时将备案登记信息及分类结果在官方网站上公示。

网络借贷信息中介机构完成地方金融监管部门备案登记后，应当按照通信主管部门的相关规定申请相应的电信业务经营许可；未按规定申请电信业务经营许可的，不得开展网络借贷信息中介业务。

网络借贷信息中介机构备案登记、评估分类等具体细则另行制定。

第六条　开展网络借贷信息中介业务的机构，应当在经营范围中实质明确网络借贷信息中介，法律、行政法规另有规定的除外。

第七条　网络借贷信息中介机构备案登记事项发生变更的，应当在5个工作日以内向工商登记注册地地方金融监管部门报告并进行备案信息变更。

第八条　经备案的网络借贷信息中介机构拟终止网络借贷信息中介服务的，应当在终止业务前提前至少10个工作日，书面告知工商登记注册地地方金融监管部门，并办理备案注销。

经备案登记的网络借贷信息中介机构依法解散或者依法宣告破产的，除依法进行清算外，由工商登记注册地地方金融监管部门注销其备案。

第三章　业务规则与风险管理

第九条　网络借贷信息中介机构应当履行下列义务：

（一）依据法律法规及合同约定为出借人与借款人提供直接借贷信息的采集整理、甄别筛选、网上发布，以及资信评估、借贷撮合、融资咨询、在线争议解决等相关服务；

（二）对出借人与借款人的资格条件、信息的真实性、融资项目的真实性、合法性进行必要审核；

（三）采取措施防范欺诈行为，发现欺诈行为或其他损害出借人利益的情形，及时公告并终止相关网络借贷活动；

（四）持续开展网络借贷知识普及和风险教育活动，加强信息披露工作，引导出借人以小额分散的方式参与网络借贷，确保出借人充分知悉借贷风险；

（五）按照法律法规和网络借贷有关监管规定要求报送相关信息，其中网络借贷有关债权债务信息要及时向有关数据统计部门报送并登记；

（六）妥善保管出借人与借款人的资料和交易信息，不得删除、篡改，不得非法买卖、泄露出借人与借款人的基本信息和交易信息；

（七）依法履行客户身份识别、可疑交易报告、客户身份资料和交易记录保存等反洗钱和反恐怖融资义务；

（八）配合相关部门做好防范查处金融违法犯罪相关工作；

（九）按照相关要求做好互联网信息内容管理、网络与信息安全相关工作；

（十）国务院银行业监督管理机构、工商登记注册地省级人民政府规定的其他义务。

第十条　网络借贷信息中介机构不得从事或者接受委托从事下列活动：

（一）为自身或变相为自身融资；

（二）直接或间接接受、归集出借人的资金；

（三）直接或变相向出借人提供担保或者承诺保本保息；

（四）自行或委托、授权第三方在互联网、固定电话、移动电话等电子渠道以外的物理场所进行宣传或推介融资项目；

（五）发放贷款，但法律法规另有规定的除外；

（六）将融资项目的期限进行拆分；

（七）自行发售理财等金融产品募集资金，代销银行理财、券商资管、基金、保险或信托产品等金融产品；

（八）开展类资产证券化业务或实现以打包资产、证券化资产、信托资产、基金份额等形式的债权转让行为；

（九）除法律法规和网络借贷有关监管规定允许外，与其他机构投资、代理销售、经纪等业务进行任何形式的混合、捆绑、代理；

（十）虚构、夸大融资项目的真实性、收益前景，隐瞒融资项目的瑕疵及风险，以歧义性语言或其他欺骗性手段等进行虚假片面宣传或促销等，捏造、散布虚假信息或不完整信息损害他人商业信誉，误导出借人或借款人；

（十一）向借款用途为投资股票、场外配资、期货合约、结构化产品及其他衍生品等高风险的融资提供信息中介服务；

（十二）从事股权众筹等业务；

（十三）法律法规、网络借贷有关监管规定禁止的其他活动。

第十一条　参与网络借贷的出借人与借款人应当为网络借贷信息中介机构核实的实名注册用户。

第十二条　借款人应当履行下列义务：

（一）提供真实、准确、完整的用户信息及融资信息；

（二）提供在所有网络借贷信息中介机构未偿还借款信息；

（三）保证融资项目真实、合法，并按照约定用途使用借贷资金，不得用于出借等其他目的；

（四）按照约定向出借人如实报告影响或可能影响出借人权益的重大信息；

（五）确保自身具有与借款金额相匹配的还款能力并按照合同约定还款；

（六）借贷合同及有关协议约定的其他义务。

第十三条　借款人不得从事下列行为：

（一）通过故意变换身份、虚构融资项目、夸大融资项目收益前景等形式的欺诈借款；

（二）同时通过多个网络借贷信息中介机构，或者通过变换项目名称、对项目内容进行非实质性变更等方式，就同一融资项目进行重复融资；

（三）在网络借贷信息中介机构以外的公开场所发布同一融资项目的信息；

（四）已发现网络借贷信息中介机构提供的服务中含有本办法第十条所列内容，仍进行交易；

（五）法律法规和网络借贷有关监管规定禁止从事的其他活动。

第十四条 参与网络借贷的出借人，应当具备投资风险意识、风险识别能力、拥有非保本类金融产品投资的经历并熟悉互联网。

第十五条 参与网络借贷的出借人应当履行下列义务：

（一）向网络借贷信息中介机构提供真实、准确、完整的身份等信息；

（二）出借资金为来源合法的自有资金；

（三）了解融资项目信贷风险，确认具有相应的风险认知和承受能力；

（四）自行承担借贷产生的本息损失；

（五）借贷合同及有关协议约定的其他义务。

第十六条 网络借贷信息中介机构在互联网、固定电话、移动电话等电子渠道以外的物理场所只能进行信用信息采集、核实、贷后跟踪、抵（质）押管理等风险管理及网络借贷有关监管规定明确的部分必要经营环节。

第十七条 网络借贷金额应当以小额为主。网络借贷信息中介机构应当根据本机构风险管理能力，控制同一借款人在同一网络借贷信息中介机构平台及不同网络借贷信息中介机构平台的借款余额上限，防范信贷集中风险。

同一自然人在同一网络借贷信息中介机构平台的借款余额上限不超过人民币 20 万元；同一法人或其他组织在同一网络借贷信息中介机构平台的借款余额上限不超过人民币 100 万元；同一自然人在不同网络借贷信息中介机构平台借款总余额不超过人民币 100 万元；同一法人或其他组织在不同网络借贷信息中介机构平台借款总余额不超过人民币 500 万元。

第十八条　网络借贷信息中介机构应当按照国家网络安全相关规定和国家信息安全等级保护制度的要求，开展信息系统定级备案和等级测试，具有完善的防火墙、入侵检测、数据加密以及灾难恢复等网络安全设施和管理制度，建立信息科技管理、科技风险管理和科技审计有关制度，配置充足的资源，采取完善的管理控制措施和技术手段保障信息系统安全稳健运行，保护出借人与借款人的信息安全。

网络借贷信息中介机构应当记录并留存借贷双方上网日志信息，信息交互内容等数据，留存期限为自借贷合同到期起 5 年；每两年至少开展一次全面的安全评估，接受国家或行业主管部门的信息安全检查和审计。

网络借贷信息中介机构成立两年以内，应当建立或使用与其业务规模相匹配的应用级灾备系统设施。

第十九条　网络借贷信息中介机构应当为单一融资项目设置募集期，最长不超过 20 个工作日。

第二十条　借款人支付的本金和利息应当归出借人所有。网络借贷信息中介机构应当与出借人、借款人另行约定费用标准和支付方式。

第二十一条　网络借贷信息中介机构应当加强与金融信用信息基础数据库运行机构、征信机构等的业务合作，依法提供、查询和使用有关金融信用信息。

第二十二条　各方参与网络借贷信息中介机构业务活动，需要对出借人与借款人的基本信息和交易信息等使用电子签名、电子认证时，应当遵守法律法规的规定，保障数据的真实性、完整性及电子签名、电子认证的法律效力。

网络借贷信息中介机构使用第三方数字认证系统，应当对第三方数字认证机构进行定期评估，保证有关认证安全可靠并具有独立性。

第二十三条　网络借贷信息中介机构应当采取适当的方法和技术，记录并妥善保存网络借贷业务活动数据和资料，做好数据备份。保存期限应当符合法律法规及网络借贷有关监管规定的要求。借贷合同到期后应当至少保存5年。

第二十四条　网络借贷信息中介机构暂停、终止业务时应当至少提前10个工作日通过官方网站等有效渠道向出借人与借款人公告，并通过移动电话、固定电话等渠道通知出借人与借款人。网络借贷信息中介机构业务暂停或者终止，不影响已经签订的借贷合同当事人有关权利义务。

网络借贷信息中介机构因解散或宣告破产而终止的，应当在解散或破产前，妥善处理已撮合存续的借贷业务，清算事宜按照有关法律法规的规定办理。

网络借贷信息中介机构清算时，出借人与借款人的资金分别属于出借人与借款人，不属于网络借贷信息中介机构的财产，不列入清算财产。

第四章　出借人与借款人保护

第二十五条　未经出借人授权，网络借贷信息中介机构不得以任何形式代出借人行使决策。

第二十六条　网络借贷信息中介机构应当向出借人以醒目方式提示网络借贷风险和禁止性行为，并经出借人确认。

网络借贷信息中介机构应当对出借人的年龄、财务状况、投资经验、风险偏好、风险承受能力等进行尽职评估，不得向未进行风险评估的出借人提供交易服务。

网络借贷信息中介机构应当根据风险评估结果对出借人实行分级管理，设置可动态调整的出借限额和出借标的限制。

第二十七条　网络借贷信息中介机构应当加强出借人与借款人信息管理，确保出借人与借款人信息采集、处理及使用的合法性和安全性。

网络借贷信息中介机构及其资金存管机构、其他各类外包服务机构等应当为业务开展过程中收集的出借人与借款人信息保密，未经出借人与借款人同意，不得将出借人与借款人提供的信息用于所提供服务之外的目的。

在中国境内收集的出借人与借款人信息的储存、处理和分析应当在中国境内进行。除法律法规另有规定外，网络借贷信息中介机构不得向境外提供境内出借人和借款人信息。

第二十八条　网络借贷信息中介机构应当实行自身资金与出借人和借款人资金的隔离管理，并选择符合条件的银行业金融机构作为出借人与借款人的资金存管机构。

第二十九条　出借人与网络借贷信息中介机构之间、出借人与借款人之间、借款人与网络借贷信息中介机构之间等纠纷，可以通过以下途径解决：

（一）自行和解；

（二）请求行业自律组织调解；

（三）向仲裁部门申请仲裁；

（四）向人民法院提起诉讼。

第五章　信息披露

第三十条　网络借贷信息中介机构应当在其官方网站上向出借人充

分披露借款人基本信息、融资项目基本信息、风险评估及可能产生的风险结果、已撮合未到期融资项目资金运用情况等有关信息。

披露内容应符合法律法规关于国家秘密、商业秘密、个人隐私的有关规定。

第三十一条 网络借贷信息中介机构应当及时在其官方网站显著位置披露本机构所撮合借贷项目等经营管理信息。

网络借贷信息中介机构应当在其官方网站上建立业务活动经营管理信息披露专栏，定期以公告形式向公众披露年度报告、法律法规、网络借贷有关监管规定。

网络借贷信息中介机构应当聘请会计师事务所定期对本机构出借人与借款人资金存管、信息披露情况、信息科技基础设施安全、经营合规性等重点环节实施审计，并且应当聘请有资质的信息安全测评认证机构定期对信息安全实施测评认证，向出借人与借款人等披露审计和测评认证结果。

网络借贷信息中介机构应当引入律师事务所、信息系统安全评价等第三方机构，对网络信息中介机构合规和信息系统稳健情况进行评估。

网络借贷信息中介机构应当将定期信息披露公告文稿和相关备查文件报送工商登记注册地地方金融监管部门，并置备于机构住所供社会公众查阅。

第三十二条 网络借贷信息中介机构的董事、监事、高级管理人员应当忠实、勤勉地履行职责，保证披露的信息真实、准确、完整、及时、公平，不得有虚假记载、误导性陈述或者重大遗漏。

借款人应当配合网络借贷信息中介机构及出借人对融资项目有关信息的调查核实，保证提供的信息真实、准确、完整。

网络借贷信息披露具体细则另行制定。

第六章　监督管理

第三十三条　国务院银行业监督管理机构及其派出机构负责制定统一的规范发展政策措施和监督管理制度，负责网络借贷信息中介机构的日常行为监管，指导和配合地方人民政府做好网络借贷信息中介机构的机构监管和风险处置工作，建立跨部门跨地区监管协调机制。

各地方金融监管部门具体负责本辖区网络借贷信息中介机构的机构监管，包括对本辖区网络借贷信息中介机构的规范引导、备案管理和风险防范、处置工作。

第三十四条　中国互联网金融协会从事网络借贷行业自律管理，并履行下列职责：

（一）制定自律规则、经营细则和行业标准并组织实施，教育会员遵守法律法规和网络借贷有关监管规定；

（二）依法维护会员的合法权益，协调会员关系，组织相关培训，向会员提供行业信息、法律咨询等服务，调解纠纷；

（三）受理有关投诉和举报，开展自律检查；

（四）成立网络借贷专业委员会；

（五）法律法规和网络借贷有关监管规定赋予的其他职责。

第三十五条　借款人、出借人、网络借贷信息中介机构、资金存管机构、担保人等应当签订资金存管协议，明确各自权利义务和违约责任。

资金存管机构对出借人与借款人开立和使用资金账户进行管理和监督，并根据合同约定，对出借人与借款人的资金进行存管、划付、核算和监督。

资金存管机构承担实名开户和履行合同约定及借贷交易指令表面一致性的形式审核责任，但不承担融资项目及借贷交易信息真实性的实质审核责任。

资金存管机构应当按照网络借贷有关监管规定报送数据信息并依法接受相关监督管理。

第三十六条 网络借贷信息中介机构应当在下列重大事件发生后，立即采取应急措施并向工商登记注册地地方金融监管部门报告：

（一）因经营不善等原因出现重大经营风险；

（二）网络借贷信息中介机构或其董事、监事、高级管理人员发生重大违法违规行为；

（三）因商业欺诈行为被起诉，包括违规担保、夸大宣传、虚构隐瞒事实、发布虚假信息、签订虚假合同、错误处置资金等行为。

地方金融监管部门应当建立网络借贷行业重大事件的发现、报告和处置制度，制定处置预案，及时、有效地协调处置有关重大事件。

地方金融监管部门应当及时将本辖区网络借贷信息中介机构重大风险及处置情况信息报送省级人民政府、国务院银行业监督管理机构和中国人民银行。

第三十七条 除本办法第七条规定的事项外，网络借贷信息中介机构发生下列情形的，应当在 5 个工作日以内向工商登记注册地地方金融监管部门报告：

（一）因违规经营行为被查处或被起诉；

（二）董事、监事、高级管理人员违反境内外相关法律法规行为；

（三）国务院银行业监督管理机构、地方金融监管部门等要求的其他情形。

第三十八条 网络借贷信息中介机构应当聘请会计师事务所进行年度审计，并在上一会计年度结束之日起 4 个月内向工商登记注册地地方金融监管部门报送年度审计报告。

第七章 法律责任

第三十九条 地方金融监管部门存在未依照本办法规定报告重大风

险和处置情况、未依照本办法规定向国务院银行业监督管理机构提供行业统计或行业报告等违反法律法规及本办法规定情形的，应当对有关责任人依法给予行政处分；构成犯罪的，依法追究刑事责任。

第四十条　网络借贷信息中介机构违反法律法规和网络借贷有关监管规定，有关法律法规有处罚规定的，依照其规定给予处罚；有关法律法规未作处罚规定的，工商登记注册地地方金融监管部门可以采取监管谈话、出具警示函、责令改正、通报批评、将其违法违规和不履行公开承诺等情况记入诚信档案并公布等监管措施，以及给予警告、人民币3万元以下罚款和依法可以采取的其他处罚措施；构成犯罪的，依法追究刑事责任。

网络借贷信息中介机构违反法律规定从事非法集资活动或欺诈的，按照相关法律法规和工作机制处理；构成犯罪的，依法追究刑事责任。

第四十一条　网络借贷信息中介机构的出借人及借款人违反法律法规和网络借贷有关监管规定，依照有关规定给予处罚；构成犯罪的，依法追究刑事责任。

第八章　附　则

第四十二条　银行业金融机构及国务院银行业监督管理机构批准设立的其他金融机构和省级人民政府批准设立的融资担保公司、小额贷款公司等投资设立具有独立法人资格的网络借贷信息中介机构，设立办法另行制定。

第四十三条　中国互联网金融协会网络借贷专业委员会按照《关于促进互联网金融健康发展的指导意见》和协会章程开展自律并接受相关监管部门指导。

第四十四条　本办法实施前设立的网络借贷信息中介机构不符合本办法规定的，除违法犯罪行为按照本办法第四十条处理外，由地方金融监管部门要求其整改,整改期不超过 12 个月。

第四十五条 省级人民政府可以根据本办法制定实施细则,并报国务院银行业监督管理机构备案。

第四十六条 本办法解释权归国务院银行业监督管理机构、工业和信息化部、公安部、国家互联网信息办公室。

第四十七条 本办法所称不超过、以下、以内,包括本数。

网络借贷信息中介机构
备案登记管理指引

银监办发〔2016〕160 号

第一章　总　则

第一条　为建立健全网络借贷信息中介机构备案登记管理制度，加强网络借贷信息中介机构事中事后监管，完善网络借贷信息中介机构基本统计信息，根据《网络借贷信息中介机构业务活动管理暂行办法》等规定，制定本指引。

第二条　本指引所称网络借贷信息中介机构是指在中华人民共和国境内依法设立，专门从事网络借贷信息中介业务活动的金融信息中介公司。

本指引所称备案登记是指地方金融监管部门依申请对管辖内网络借贷信息中介机构的基本信息进行登记、公示并建立相关机构档案的行为。备案登记不构成对机构经营能力、合规程度、资信状况的认可和评价。

第三条　新设立的网络借贷信息中介机构在依法完成工商登记注册、领取企业法人营业执照后，应当于 10 个工作日内向工商登记注册地地方金融监管部门申请备案登记。网络借贷信息中介机构设立的分支机构无需办理备案登记。

本指引发布前，已经设立并开展经营的网络借贷信息中介机构，应当依据 P2P 网络借贷风险专项整治工作有关安排，在各地完成分类处置后再行申请备案登记。

第四条　地方金融监管部门应当结合监管工作实际，按照依法、准确、公开、高效的原则为本辖区内网络借贷信息中介机构办理备案登记。

第二章 新设机构备案登记申请

第五条 新设的网络借贷信息中介机构备案登记包括下列程序：

（一）网络借贷信息中介机构办理工商登记注册并取得企业法人营业执照，并在经营范围中明确网络借贷信息中介机构等相关内容；

（二）网络借贷信息中介机构向工商登记住的地金融监管部门提出备案登记申请；

（三）地方金融监管部门应当在文件资料齐备、形式合规的情况下，办理备案登记，并向申请备案登记的网络借贷信息中介机构出具备案登记证明文件；

备案登记证明文件由地方金融监管部门自行设计、印制，其中应当包括网络借贷信息中介机构的基本信息、地方金融监管部门公章等要素。

第六条 新设的网络借贷信息中介机构申请办理备案登记时应当向金融监管部门提供以下资料：

（一）网络借贷信息中介机构的基本信息，包括名称、住所地、组织形式等；

（二）股东或出资人名册及其出资额、股权结构；

（三）经营发展战略和规划；

（四）合规经营承诺；

（五）企业法人营业执照正副本复印件；

（六）法定代表人及董事、监事、高级管理人员基本信息资料；

（七）分支机构名称及其所在地；

（八）网络借贷信息中介机构官方网站网址及相关 APP 名称；

（九）地方金融监管部门要求提交的其他文件、资料。

第七条 新设的网络借贷信息中介机构申请备案时应当以书面形式

提交合规经营承诺书，对下列事项进行承诺：

（一）在经营期间严格遵守《网络借贷信息中介机构业务活动管理暂行办法》有关规定，依法合规自经营；

（二）依法配合地方金融监管部门、银监局的监管工作；

（三）确保及时向地方金融监管部门、银监局报送真实、准确的相关数据、资料。

第八条　地方金融监管部门应当在收到新设的网络借贷信息中介机构提交的备案材料后，采取多方数据对比、网上核验、实地认证、现场勘查。高管约谈等方式对备案材料进行审核，要求网络借贷信息中介机构法定代表人或经法定代表人授权的高级管理人员对核实后的备案信息进行签字确认。

第九条　新设的网络借贷信息中介机构办理备案登记的具体时限由地方金融监管部门根据本辖区情况具体规定，但不得超过 40 个工作日。

第三章　已存续机构备案登记管理特别规定

第十条　在本指引发布前，已经设立并开展经营的网络借贷信息中介机构申请备案登记的，地方金融监管部门应当依据 P2P 网络借贷风险专项整治中分类处置有关工作安排，对合规类机构的备案登记申请予以受理，对整改类机构，在其完成整改并经有关部门认定后受理其备案登记申请。

已经设立并开展经营的网络借贷信息中介机构在申请备案登记前，应当到工商登记部门修改经营范围，明确网络借贷信息中介等相关内容。

第十一条　在本指引发布前，已经设立并开展经营的网络借贷信息中介机构在申请备案登记时，除需要提交本指引第六条所列备案登记材料外，还应当提交机构经营总体情况、产品信息以及违法违规整改情况说明等。补充材料的具体内容可以由地方金融监管部门根据本辖区情况另行明确。

第十二条 在本指引发布前，已经设立并开展经营的网络借贷信息中介机构办理备案登记的具体时限，由地方金融监管部门根据本辖区情况具体规定，但不得超过 50 个工作日。

第四章 备案登记后管理

第十三条 网络信贷信息中介机构在完成备案登记后，应当根据《网络借贷信息中介机构业务活动管理暂行办法》有关规定，持地方金融监管部门出具的备案登记证明，按照通行主管部门的相关规定申请增值电信业务经营许可，并将许可结果在通行主管部门办理完成后 5 个工作日内反馈工商登记注册地地方金融监管部门。

第十四条 网络借贷信息中介机构在完成备案登记后，应当持地方金融监管部门出具的备案登记证明，与银行业金融机构签订资金存管协议，并将资金存管协议的复印件在该协议签订后 5 个工作日内反馈工商登记注册地地方金融监管部门。

第十五条 地方金融监管部门应该及时将完成备案登记的网络借贷信息中介机构的基本信息，增值电信业务经营许可信息及银行业金融机构存管信息等。

地方金融监管部门应当将本辖区备案登记的网络借贷信息中介机构设立分支机构情况于备案登记完成后 5 个工作日内告知分支机构所在地地方金融监管部门。

第十六条 地方金融监管部门在完成备案登记后，应当根据相关备案登记信息，建立本辖区网络借贷信息中介机构档案，并将档案信息与本辖区银监局进行共享，为后续日常管理提供依据。

第十七条 网络借贷信息中介机构名称、住所地、组织形式、注册资本、高级管理人员、合作的资金存管银行业金融机构等基本信息发生变更的，以及出现合并、重组、股权重大变更、增值电信业务经营许可变更等情况的，应当在变更之日起 5 个工作日内向工商登记注册地地方金融监管部门申请备案变更。地方金融监管部门应当在 15 个工作日内完成变更信息的工商登记注册核实并进行公示。

第十八条　网络借贷信息中介机构拟终止网络借贷信息中介服务的，应当在终止业务前至少 10 个工作日，书面告知工商登记注册地地方金融监管部门，同时提供存续贷业务处置及资金清算完成情况等相关资料，并办理备案注销。

经备案的网络借贷信息中介机构依法解散或者依法宣告破产的，除依法进行清算外，由工商登记注册地地方金融监管部门注销其备案。

第五章　附　则

第十九条　各银监局应当在职责范围内，发挥自身专业优势，配合所在地地方金融监管部门做好网络借贷信息中介机构备案登记工作。

第二十条　本指引第九条、第十二条、第十五条对地方金融监管部门具体心中行为的时限要求，均自其受理相关备案登记申请之日起计算，网络借贷信息中介机构按要求补正有关备案登记材料的时间不计算在内。

网络借贷信息中介机构按要求补正有关备案登记材料的具体时限由地方金融监管部门自行确定，但不得超过 15 个工作日。

第二十一条　地方金融监管部门可以根据本辖区实际情况，依据《网络借贷信息中介机构业务活动管理暂行办法》及本指引制定网络借贷信息中介机构备案登记的实施细则。

第二十二条　本指引由国务院银行业监督管理机构会同工业和信息化部、国家工商总局负责解释。

第二十三条　本指引自发布之日起施行。

网络借贷信息中介机构
业务活动信息披露指引

银监办发〔2017〕113 号

第一章 总 则

第一条 为规范网络借贷信息中介机构业务活动信息披露行为，维护参与网络借贷信息中介机构业务活动主体的合法权益，建立客观、公平、透明的网络借贷信息中介业务活动环境，促进网络借贷行业健康发展，依据《中华人民共和国民法通则》《关于促进互联网金融健康发展的指导意见》《网络借贷信息中介机构业务活动管理暂行办法》等法律法规，制定本指引。

第二条 本指引所称信息披露，是指网络借贷信息中介机构及其分支机构通过其官方网站及其他互联网渠道向社会公众公示网络借贷信息中介机构基本信息、运营信息、项目信息、重大风险信息、消费者咨询投诉渠道信息等相关信息的行为。

第三条 网络借贷信息中介机构应当在其官方网站及提供网络借贷信息中介服务的网络渠道显著位置设置信息披露专栏，展示信息披露内容。披露用语应当准确、精练、严谨、通俗易懂。

第四条 其他互联网渠道包括网络借贷信息中介机构手机应用软件、微信公众号、微博等社交媒体渠道及网络借贷信息中介机构授权开展信息披露的其他互联网平台。各渠道间披露信息内容应当保持一致。

第五条 信息披露应当遵循"真实、准确、完整、及时"原则，不得有虚假记载、误导性陈述、重大遗漏或拖延披露。

第六条　信息披露内容应当符合法律法规关于国家秘密、商业秘密、个人隐私的有关规定。

第二章　信息披露内容

第七条　网络借贷信息中介机构应当向公众披露如下信息：

（一）网络借贷信息中介机构备案信息

1. 网络借贷信息中介机构在地方金融监管部门的备案登记信息；

2. 网络借贷信息中介机构取得的电信业务经营许可信息；

3. 网络借贷信息中介机构资金存管信息；

4. 网络借贷信息中介机构取得的公安机关核发的网站备案图标及编号；

5. 网络借贷信息中介机构风险管理信息。

（二）网络借贷信息中介机构组织信息

1. 网络借贷信息中介机构工商信息，应当包含网络借贷信息中介机构全称、简称、统一社会信用代码、注册资本、实缴注册资本、注册地址、经营地址、成立时间、经营期限、经营状态、主要人员（包括法定代表人、实际控制人、董事、监事、高级管理人员）信息、经营范围；

2. 网络借贷信息中介机构股东信息，应当包含股东全称、股东股权占比；

3. 网络借贷信息中介机构组织架构及从业人员概况；

4. 网络借贷信息中介机构分支机构工商信息，应当包含分支机构全称、分支机构所在地、分支机构成立时间、分支机构主要负责人姓名，分支机构联系电话、投诉电话，员工人数；存在多个分支机构的应当逐一列明；

5. 网络借贷信息中介机构官方网站、官方手机应用及其他官方互联网渠道信息；存在多个官方渠道的应当逐一列明。

（三）网络借贷信息中介机构审核信息

1. 网络借贷信息中介机构上一年度的财务审计报告；

2. 网络借贷信息中介机构经营合规重点环节的审计结果；

3. 网络借贷信息中介机构上一年度的合规性审查报告。

网络借贷信息中介机构应当于每年 1 月 10 日前披露本条款（一）、（二）项信息；应当于每年 4 月 30 日前披露本条款（三）项信息。若上述任一信息发生变更，网络借贷信息中介机构应当于变更后 10 个工作日内更新披露信息。

第八条 网络借贷信息中介机构应当在每月前 5 个工作日内，向公众披露截至于上一个月末经网络借贷信息中介机构撮合交易的如下信息：

（一）自网络借贷信息中介机构成立以来的累计借贷金额及笔数；

（二）借贷余额及笔数；

（三）累计出借人数量、累计借款人数量；

（四）当期出借人数量、当期借款人数量；

（五）前十大借款人待还金额占比、最大单一借款人待还金额占比；

（六）关联关系借款余额及笔数；

（七）逾期金额及笔数；

（八）逾期 90 天（不含）以上金额及笔数；

（九）累计代偿金额及笔数；

（十）收费标准；

（十一）其他经营信息。

第九条 网络借贷信息中介机构应当及时向出借人披露如下信息：

（一）借款人基本信息，应当包含借款人主体性质（自然人、法人或其他组织）、借款人所属行业、借款人收入及负债情况、截至借款前 6 个月内借款人征信报告中的逾期情况、借款人在其他网络借贷平台借款情况；

（二）项目基本信息，应当包含项目名称和简介、借款金额、借款期限、借款用途、还款方式、年化利率、起息日、还款来源、还款保障措施；

（三）项目风险评估及可能产生的风险结果；

（四）已撮合未到期项目有关信息，应当包含借款资金运用情况、借款人经营状况及财务状况、借款人还款能力变化情况、借款人逾期情况、借款人涉诉情况、借款人受行政处罚情况等可能影响借款人还款的重大信息。

本条款（一）、（二）、（三）项内容，网络借贷信息中介机构应当于出借人确认向借款人出借资金前向出借人披露。

本条款（四）项内容，若借款期限不超过六个月，网络借贷信息中介机构应当按月（每月前5个工作日内）向出借人披露；若借款期限超过六个月，网络借贷信息中介机构应当按季度（每季度前5个工作日内）向出借人披露。若已发生足以导致借款人不能按约定期限足额还款的情形时，网络借贷信息中介机构应当及时向出借人披露。

出借人应当对借款人信息予以保密，不得非法收集、使用、加工、传输借款人个人信息，不得非法买卖、提供或者公开借款人个人信息。

第十条 网络借贷信息中介机构或其分支机构发生下列情况之一的，网络借贷信息中介机构应当于发生之日起48个小时内将事件的起因、目前的状态、可能产生的影响和采取的措施向公众进行披露。

（一）公司减资、合并、分立、解散或申请破产；

（二）公司依法进入破产程序；

（三）公司被责令停业、整顿、关闭；

（四）公司涉及重大诉讼、仲裁，或涉嫌违法违规被有权机关调查，或受到刑事处罚、重大行政处罚；

（五）公司法定代表人、实际控制人、主要负责人、董事、监事、高级管理人员涉及重大诉讼、仲裁，或涉嫌违法违纪被有权机关调查，或受到刑事处罚、重大行政处罚，或被采取强制措施；

（六）公司主要或者全部业务陷入停顿；

（七）存在欺诈、损害出借人利益等其他影响网络借贷信息中介机构经营活动的重大事项。

第十一条 网络借贷信息中介机构应当向公众披露咨询、投诉、举报联系电话、电子邮箱、通讯地址。

网络借贷信息中介机构应当在其官方网站上定期以公告形式向公众披露其年度报告、相关法律法规及网络借贷有关监管规定。

第十二条 披露的信息应当采用中文文本。同时采用外文文本的，应当保证两种文本的内容一致。两种文本产生歧义的，以中文文本为准。

第十三条 披露的信息应当采用阿拉伯数字。除特别说明外，货币单位应当为人民币"元"。

第三章　信息披露管理

第十四条 网络借贷信息中介机构应当建立健全信息披露制度，指定专人负责信息披露事务，确保信息披露专栏内容可供社会公众随时查阅。

第十五条 网络借贷信息中介机构应当对信息披露内容进行书面留存，并应自披露之日起保存五年以上。

第十六条 网络借贷信息中介机构应当按要求将信息披露公告文稿和相关备查文件报送其工商登记注册地地方金融监管部门、国务院银行业监督管理机构派出机构，并置备于网络借贷信息中介机构住所供社会公众查阅。

第十七条 网络借贷信息中介机构的董事、监事、高级管理人员应当忠实、勤勉、尽职，保证披露的信息真实、准确、完整、及时。网络借贷信息中介机构信息披露专栏内容均应当有网络借贷信息中介机构法定代表人的签字确认。

第十八条 借款人应当配合网络借贷信息中介机构及出借人对项目有关信息进行调查核实，保证提供的信息真实、准确、及时、完整、有效。

第十九条 本指引没有规定，但不披露相关信息可能导致借款人、出借人产生错误判断的，网络借贷信息中介机构应当将相关信息予以及时披露。

第二十条 网络借贷信息中介机构拟披露信息属于国家秘密的，按本指引规定披露可能导致其违反国家有关保密法律法规的，可以豁免披露。本指引所称的国家秘密，是指国家有关保密法律法规及部门规章规定的，关系国家安全和利益，依照法定程序确定，在一定时间内只限一定范围的人员知悉，泄露后可能损害国家在政治、经济、国防、外交等领域的安全和利益的信息。

第二十一条 未按本指引要求开展信息披露的相关当事人，由相关监管部门按照《网络借贷信息中介机构业务活动管理暂行办法》第四十条、第四十一条予以处罚。

第二十二条 网络借贷信息中介机构应当按要求及时将信息披露内容报送监管机构。

第四章 附 则

第二十三条 网络借贷信息中介业务活动信息披露行为，应当依据《网络借贷信息中介机构业务活动管理暂行办法》及本指引，接受国务院银行业监督管理机构及其派出机构和地方金融监管部门的监督管理。

第二十四条 中国互联网金融协会依据本指引及其他有关法律法规、

自律规则，对网络借贷行业的信息披露进行自律管理。

第二十五条　已开展网络借贷信息中介业务的机构，在开展业务过程中存在不符合本指引要求情形的，应在本指引公布后进行整改，整改期自本指引公布之日起不超过 6 个月。逾期未整改的，按照《网络借贷信息中介机构业务活动管理暂行办法》及《网络借贷信息中介机构备案登记管理指引》的有关规定执行。

第二十六条　本指引所称不超过、以内、以下，包括本数。

第二十七条　本指引解释权归国务院银行业监督管理机构。

第二十八条　本指引自公布之日起施行。

附件

信息披露内容说明

1.1　数据按月披露的，统计时点为统计月末最后一日 24 时。数据按季度披露的，统计时点为统计季度末最后一日 24 时。

1.2　信息披露货币单位为人民币"元"，保留两位以上小数；数量单位为"个""人"；比例统计单位"%"。

1.3　信息披露日期格式统一为"yyyy－mm－dd"，如"2015－01－31"。

1.4　信息披露电话格式统一为"区号－电话号码"或"手机号"。

1.5　网络借贷信息中介机构以下简称"网贷机构"。

2.1　网贷机构备案信息

2.1.1　备案信息：指网贷机构已经备案登记的相关信息，包括备案登记地方金融监管部门、备案登记时间、备案登记编号（如有）等。

2.1.2　电信业务经营许可信息：指网贷机构获得的网络借贷中介业务电信业务经营许可证号。

2.1.3　资金存管信息：指网贷机构资金存管的银行全称。

2.1.4　网站备案图标及编号：指网贷机构获得的公安机关出具的网站备案图标及编号。

2.1.5　风险管理信息：指网贷机构风险管理架构、风险评估流程、风险预警管理情况、催收方式等信息。

2.2　网贷机构组织信息

2.2.1　网贷机构工商信息

（1）公司全称：指网贷机构在工商部门登记注册的公司全称。

（2）公司简称（常用名）：指网贷机构对外简称或常用简称，如有多个简称，应当逐一列明并以分号分隔。

（3）统一社会信用代码：指网贷机构在工商部门登记注册后获得的统一社会信用代码；若无统一社会信用代码，则填写组织机构代码。

（4）公司注册资本：指网贷机构在工商部门依法登记的注册资本。有限责任公司的注册资本为在工商部门依法登记的全体股东认缴的出资额。股份有限公司采取发起设立方式设立的，注册资本为在工商部门依法登记的全体发起人认购的股本总额；股份有限公司采取募集设立方式设立的，注册资本为在工商部门依法登记的实收股本总额。

（5）实缴注册资本：指网贷机构已实际出资的资金总额。

（6）公司注册地：指网贷机构在工商部门登记注册的公司地址。

（7）公司经营地：指网贷机构实际开展经营的地址，如有多个经营地，应当逐一列明并以分号分隔。

（8）公司成立时间：指网贷机构注册成立的日期，即营业执照上的公司成立日期。

（9）公司经营期限：指网贷机构在工商部门注册的存续期间。

（10）公司经营状态：指网贷机构目前公司经营状况，分为开业、停业、注销、吊销。若为停业状况，应补充说明原因。

（11）公司法定代表人：指网贷机构营业执照上登记的法定代表人

姓名。

（12）公司经营范围：指网贷机构于工商登记注册部门核准登记的经营范围。

2.2.2　网贷机构股东信息

（1）公司股东名称：指网贷机构股东在工商部门依法登记注册的全称。

（2）公司股东占股比例：指网贷机构股东持有股份占网贷机构全部股份的比例，单位为百分比。

2.2.3　组织架构及从业人员概况

（1）组织架构：指网贷机构内部部门设置及层级。

（2）从业人员概况：指在网贷机构工作，由网贷机构支付工资的各类人员，以及有工作岗位，但由于学习、病休产假等原因暂未工作，仍由单位支付工资的员工，包括正式人员、劳务派遣人员、临时聘用人员等的人员总数、年龄分布、学历分布等情况。

2.2.4　分支机构信息

（1）分支机构全称：指网贷机构的分支机构在工商部门登记注册的公司全称。

（2）分支机构所在地：指网贷机构的分支机构在工商部门登记注册的公司地址。

（3）分支机构成立时间：指网贷机构的分支机构注册成立的日期，即分支机构营业执照上的分支机构成立日期。

（4）分支机构负责人：指网贷机构的分支机构的负责人姓名。

（5）分支机构联系电话：指网贷机构的分支机构的联系电话。

（6）分支机构投诉电话：指网贷机构的分支机构的投诉电话。

（7）分支机构员工人数：指网贷机构的分支机构的员工总人数。同时应当区分正式员工、派遣员工、临时员工数量。

2.2.5 渠道信息

（1）公司官方网址：指网贷机构在运营的网站域名及 IP 地址。

（2）平台 APP 名称、微信公众号、微博：指网贷机构依法注册并使用的开展网络借贷信息中介服务的 APP、社交媒体账号及 IP 地址（或链接）。

2.3 网贷机构审核信息

2.3.1 财务审计报告：指会计师事务所出具的网贷机构上一年度审计报告。

2.3.2 重点环节审计结果：指会计师事务所出具的对网贷机构出借人与借款人资金存管、信息披露情况、信息科技基础设施安全、经营合规性、资金运用流程等重点环节的审计结果。

2.3.3 合规报告：指律师事务所出具的对网贷机构合规情况审查报告。

2.4 网贷机构经营信息

2.4.1 累计交易总额：指自网贷机构成立起，经网贷机构撮合完成的借款项目的本金总合。

2.4.2 累计交易笔数：指自网贷机构成立起，经网贷机构撮合完成的借款交易笔数总合。

2.4.3 借贷余额：指截至统计时点，通过网贷机构已经上线运行的网络借贷信息中介平台完成的借款总余额。

2.4.4 累计借款人数量：指借款人通过网贷机构成功借款的借款人总数。同一借款人多次借款的，按实际借款人计算。（例如：张三借款 3 次，累计借款人数量为 1）

2.4.5 累计出借人数量：指出借人通过网贷机构成功出借资金的出借人总数。同一出借人多次出借的，按实际出借人计算。（例如：张三出借 3 次，累计出借人数量为 1）

2.4.6 当前借款人数量：指截至统计时点仍存在待还借款的借款人总数。同一借款人多次借款的，按实际借款人计算。

2.4.7 当前出借人数量：指截至统计时点仍存在待收借款的出借人总数。同一出借人多次出借的，按实际出借人计算。

2.4.8 前十大借款人待还金额占比：指在平台撮合的项目中，借款最多的前十户借款人的借款余额占总借款余额的比例。

2.4.9 最大单一借款人待还金额占比：指在平台撮合的项目中，借款最多一户借款人的借款余额占总借款余额的比例。

2.4.10 关联关系借款余额：指截至统计时点，与平台具有关联关系的借款人通过平台撮合完成的借款总余额。关联关系指网络借贷信息中介机构主要股东、实际控制人、董事、监事、高级管理人员与其直接或间接控制、有重大影响的企业、自然人之间的关系，以及可能导致网络借贷信息中介机构利益转移的其他关系（主要股东，指持有或控制网络信息借贷中介机构5%以上股份或表决权的自然人、法人或其他组织；直接或间接控制企业，指直接或间接持有企业5%以上股份或表决权）。

2.4.11 逾期金额：指按合同约定，出借人到期未收到本金和利息的金额总合。收到，是指资金实际划付至出借人银行账户。

2.4.12 逾期笔数：指按合同约定，出借人到期未收到本金和利息的借款的笔数。收到，是指资金实际划付至出借人银行账户。

2.4.13 逾期90天以上金额：指逾期90天（不含）以上的借款本金余额。

2.4.14 逾期90天以上笔数：指逾期90天（不含）以上的借款的笔数。

2.4.15 代偿金额：指因借款方违约等原因第三方（非借款人、非网贷机构）代为偿还的总金额。

2.4.16 代偿笔数：指因借款方违约等原因第三方（非借款人、非网贷机构）代为偿还的笔数。

2.4.17　收费标准：指网贷机构向借款人收取费用的名目及费用计算标准。如涉及多个收费项目，应当逐一列明。

2.5　网贷机构项目信息

2.5.1　借款人基本信息

（1）借款人主体性质：指借款人为自然人、法人或其他组织。

（2）借款人所属行业：指借款自然人所在单位、借款法人或其他组织根据《国民经济行业分类》划分的行业类别。

（3）借款人收入及负债情况：指借款人在日常活动中所形成的、会导致所有者权益增加的、非所有者投入资本的经济利益的总流入，以及借款人过去的交易或者事项形成的、预期会导致经济利益流出企业的现时义务。

（4）借款人征信报告情况：指脱敏处理后，经借款人授权由中国人民银行征信系统出具的征信报告中借款人的逾期情况。

2.5.2　项目基本信息

（5）项目名称和简介：指网络借贷信息中介平台上展示的借款人借款项目的名称和基本情况介绍。

（6）借款金额：指借款人申请借款的本金金额。

（7）借款期限：指借款人申请借款的时长，应当以天、月、年为单位列明。

（8）借款用途：指借款人申请借款的具体去向。

（9）还款方式：还款方式应当以文字说明，并向出借人列明计算方式。如：按月付息到期还本。借款金额为 X，年利率为 Y，借款期限为 Z 月，则每月应还利息计算公式为：$X \times Y/12$，应还总利息计算公式为：$X \times Y/12 \times Z$。应还本金为 X。

（10）年化利率：指借款人向出借人支付的利息费率，利率应当以年化形式披露，年以 365 天计算。

（11）起息日：指利息产生的起始日期。

（12）还款来源：指借款人借款的还款依据。

（13）担保措施：指在借款活动中，债权人为保障其债权的实现，要求债务人向债权人提供担保的方式（包括担保主体名称、担保措施、是否已履行完毕法律法规需办理的相关手续等信息）。

网络借贷资金存管业务指引

银监办发〔2017〕21 号

第一章 总 则

第一条 为规范网络借贷资金存管业务活动，促进网络借贷行业健康发展，根据《中华人民共和国合同法》《中华人民共和国商业银行法》和《关于促进互联网金融健康发展的指导意见》《网络借贷信息中介机构业务活动管理暂行办法》及其他有关法律法规，制定本指引。

第二条 本指引所称网络借贷资金存管业务，是指商业银行作为存管人接受委托人的委托，按照法律法规规定和合同约定，履行网络借贷资金存管专用账户的开立与销户、资金保管、资金清算、账务核对、提供信息报告等职责的业务。存管人开展网络借贷资金存管业务，不对网络借贷交易行为提供保证或担保，不承担借贷违约责任。

第三条 本指引所称网络借贷资金，是指网络借贷信息中介机构作为委托人，委托存管人保管的，由借款人、出借人和担保人等进行投融资活动形成的专项借贷资金及相关资金。

第四条 本指引所称委托人，即网络借贷信息中介机构，是指依法设立，专门从事网络借贷信息中介业务活动的金融信息中介公司。

第五条 本指引所称存管人，是指为网络借贷业务提供资金存管服务的商业银行。

第六条 本指引所称网络借贷资金存管专用账户，是指委托人在存管人处开立的资金存管汇总账户，包括为出借人、借款人及担保人等在资金存管汇总账户下所开立的子账户。

第七条 网络借贷业务有关当事机构开展网络借贷资金存管业务应当遵循"诚实履约、勤勉尽责、平等自愿、有偿服务"的原则。

第二章 委托人

第八条 网络借贷信息中介机构作为委托人，委托存管人开展网络借贷资金存管业务应符合《网络借贷信息中介机构业务活动管理暂行办法》及《网络借贷信息中介机构备案登记管理指引》的有关规定，包括但不限于在工商管理部门完成注册登记并领取营业执照、在工商登记注册地地方金融监管部门完成备案登记、按照通信主管部门的相关规定申请获得相应的增值电信业务经营许可等。

第九条 在网络借贷资金存管业务中，委托人应履行以下职责：

（一）负责网络借贷平台技术系统的持续开发及安全运营；

（二）组织实施网络借贷信息中介机构信息披露工作，包括但不限于委托人基本信息、借贷项目信息、借款人基本信息及经营情况、各参与方信息等应向存管人充分披露的信息；

（三）每日与存管人进行账务核对，确保系统数据的准确性；

（四）妥善保管网络借贷资金存管业务活动的记录、账册、报表等相关资料，相关纸质或电子介质信息应当自借贷合同到期后保存5年以上；

（五）组织对客户资金存管账户的独立审计并向客户公开审计结果；

（六）履行并配合存管人履行反洗钱义务；

（七）法律、行政法规、规章及其他规范性文件和网络借贷资金存管合同（以下简称存管合同）约定的其他职责。

第三章 存管人

第十条 在中华人民共和国境内依法设立并取得企业法人资格的商

业银行，作为存管人开展网络借贷资金存管业务应符合以下要求：

（一）明确负责网络借贷资金存管业务管理与运营的一级部门，部门设置能够保障存管业务运营的完整与独立；

（二）具有自主管理、自主运营且安全高效的网络借贷资金存管业务技术系统；

（三）具有完善的内部业务管理、运营操作、风险监控的相关制度；

（四）具备在全国范围内为客户提供资金支付结算服务的能力；

（五）具有良好的信用记录，未被列入企业经营异常名录和严重违法失信企业名单；

（六）国务院银行业监督管理机构要求的其他条件。

第十一条 存管人的网络借贷资金存管业务技术系统应当满足以下条件：

（一）具备完善规范的资金存管清算和明细记录的账务体系，能够根据资金性质和用途为委托人、委托人的客户（包括出借人、借款人及担保人等）进行明细登记，实现有效的资金管理和登记；

（二）具备完整的业务管理和交易校验功能，存管人应在充值、提现、缴费等资金清算环节设置交易密码或其他有效的指令验证方式，通过履行表面一致性的形式审核义务对客户资金及业务授权指令的真实性进行认证，防止委托人非法挪用客户资金；

（三）具备对接网络借贷信息中介机构系统的数据接口，能够完整记录网络借贷客户信息、交易信息及其他关键信息，并具备提供账户资金信息查询的功能；

（四）系统具备安全高效稳定运行的能力，能够支撑对应业务量下的借款人和出借人各类峰值操作；

（五）国务院银行业监督管理机构要求的其他条件。

第十二条 在网络借贷资金存管业务中，存管人应履行以下职责：

（一）存管人对申请接入的网络借贷信息中介机构，应设置相应的业务审查标准，为委托人提供资金存管服务；

（二）为委托人开立网络借贷资金存管专用账户和自有资金账户，为出借人、借款人和担保人等在网络借贷资金存管专用账户下分别开立子账户，确保客户网络借贷资金和网络借贷信息中介机构自有资金分账管理，安全保管客户交易结算资金；

（三）根据法律法规规定和存管合同约定，按照出借人与借款人发出的指令或业务授权指令，办理网络借贷资金的清算支付；

（四）记录资金在各交易方、各类账户之间的资金流转情况；

（五）每日根据委托人提供的交易数据进行账务核对；

（六）根据法律法规规定和存管合同约定，定期提供网络借贷资金存管报告；

（七）妥善保管网络借贷资金存管业务相关的交易数据、账户信息、资金流水、存管报告等包括纸质或电子介质在内的相关数据信息和业务档案，相关资料应当自借贷合同到期后保存 5 年以上；

（八）存管人应对网络借贷资金存管专用账户内的资金履行安全保管责任，不应外包或委托其他机构代理进行资金账户开立、交易信息处理、交易密码验证等操作；

（九）存管人应当加强出借人与借款人信息管理，确保出借人与借款人信息采集、处理及使用的合法性和安全性；

（十）法律、行政法规、规章及其他规范性文件和存管合同约定的其他职责。

第四章　业务规范

第十三条　存管人与委托人根据网络借贷交易模式约定资金运作流程，即资金在不同交易模式下的汇划方式和要求，包括但不限于不同模式下的发标、投标、流标、撤标、项目结束等环节。

第十四条 委托人开展网络借贷资金存管业务,应指定唯一一家存管人作为资金存管机构。

第十五条 存管合同至少应包括以下内容:

(一) 当事人的基本信息;

(二) 当事人的权利和义务;

(三) 网络借贷资金存管专用账户的开立和管理;

(四) 网络借贷信息中介机构客户开户、充值、投资、缴费、提现及还款等环节资金清算及信息交互的约定;

(五) 网络借贷资金划拨的条件和方式;

(六) 网络借贷资金使用情况监督和信息披露;

(七) 存管服务费及费用支付方式;

(八) 存管合同期限和终止条件;

(九) 风险提示;

(十) 反洗钱职责;

(十一) 违约责任和争议解决方式;

(十二) 其他约定事项。

第十六条 委托人和存管人应共同制定供双方业务系统遵守的接口规范,并在上线前组织系统联网和灾备应急测试,及时安排系统优化升级,确保数据传输安全、顺畅。

第十七条 资金对账工作由委托人和存管人双方共同完成,每日日终交易结束后,存管人根据委托人发送的日终清算数据,进行账务核对,对资金明细流水、资金余额数据进行分分资金对账、总分资金对账,确保双方账务一致。

第十八条 存管人应按照存管合同的约定,定期向委托人和合同约定的对象提供资金存管报告,披露网络借贷信息中介机构客户交易结算资金的保管及使用情况，报告内容应至少包括以下信息：委托人的交易规模、借贷余额、存管余额、借款人及出借人数量等。

第十九条　委托人暂停、终止业务时应制定完善的业务清算处置方案，并至少提前30个工作日通知地方金融监管部门及存管人，存管人应配合地方金融监管部门、委托人或清算处置小组等相关方完成网络借贷资金存管专用账户资金的清算处置工作，相关清算处置事宜按照有关规定及与委托人的合同约定办理。

第二十条　委托人需向存管人提供真实准确的交易信息数据及有关法律文件，包括并不限于网络借贷信息中介机构当事人信息、交易指令、借贷信息、收费服务信息、借贷合同等。存管人不承担借款项目及借贷交易信息真实性的审核责任，不对网络借贷信息数据的真实性、准确性和完整性负责，因委托人故意欺诈、伪造数据或数据发生错误导致的业务风险和损失，由委托人承担相应责任。

第二十一条　在网络借贷资金存管业务中，除必要的披露及监管要求外，委托人不得用"存管人"做营销宣传。

第二十二条　商业银行担任网络借贷资金的存管人，不应被视为对网络借贷交易以及其他相关行为提供保证或其他形式的担保。存管人不对网络借贷资金本金及收益予以保证或承诺，不承担资金运用风险，出借人须自行承担网络借贷投资责任和风险。

第二十三条　存管人应根据存管金额、期限、服务内容等因素，与委托人平等协商确定存管服务费，不得以开展存管业务为由开展捆绑销售及变相收取不合理费用。

第五章　附　则

第二十四条　网络借贷信息中介机构与商业银行开展网络借贷资金存管业务，应当依据《网络借贷信息中介机构业务活动管理暂行办法》

及本指引，接受国务院银行业监督管理机构的监督管理。其他机构违法违规从事网络借贷资金存管业务的，由国务院银行业监督管理机构建立监管信息共享协调机制，对其进行业务定性，按照监管职责分工移交相应的监管部门，由监管部门依照相关规定进行查处；涉嫌犯罪的，依法移交公安机关处理。

第二十五条　中国银行业协会依据本指引及其他有关法律法规、自律规则，对商业银行开展网络借贷资金存管业务进行自律管理。

第二十六条　中国互联网金融协会依据本指引及其他有关法律法规、自律规则，对网络借贷信息中介机构开展网络借贷资金存管业务进行自律管理。

第二十七条　对于已经开展了网络借贷资金存管业务的委托人和存管人，在业务过程中存在不符合本指引要求情形的，应在本指引公布后进行整改，整改期自本指引公布之日起不超过 6 个月。逾期未整改的，按照《网络借贷信息中介机构业务活动管理暂行办法》及《网络借贷信息中介机构备案登记管理指引》的有关规定执行。

第二十八条　本指引解释权归国务院银行业监督管理机构。

第二十九条　本指引自公布之日起施行。

最高人民检察院关于办理涉互联网金融
犯罪案件有关问题座谈会纪要

（高检诉〔2017〕14 号　2017 年 6 月 2 日）

互联网金融是金融与互联网相互融合形成的新型金融业务模式。发展互联网金融，对加快实施创新驱动发展战略、推进供给侧结构性改革、促进经济转型升级具有积极作用。但是，在互联网金融快速发展过程中，部分机构、业态偏离了正确方向，有些甚至打着"金融创新"的幌子进行非法集资、金融诈骗等违法犯罪活动，严重扰乱了金融管理秩序，侵害了人民群众合法权益。2016 年 4 月，国务院部署开展了互联网金融风险专项整治工作，集中整治违法违规行为，防范和化解互联网金融风险。各级检察机关积极参与专项整治工作，依法办理进入检察环节的涉互联网金融犯罪案件。针对办案中遇到的新情况、新问题，高检院公诉厅先后在昆明、上海、福州召开座谈会，对办理涉互联网金融犯罪案件中遇到的有关行为性质、法律适用、证据审查、追诉范围等问题进行了深入研究。纪要如下：

一、办理涉互联网金融犯罪案件的基本要求

促进和保障互联网金融规范健康发展，是检察机关服务经济社会发展的重要内容。各地检察机关公诉部门应当充分认识防范和化解互联网金融风险的重要性、紧迫性和复杂性，立足检察职能，积极参与互联网金融风险专项整治工作，有效预防、依法惩治涉互联网金融犯罪，切实维护人民群众合法权益，维护国家金融安全。

1. 准确认识互联网金融的本质。互联网金融的本质仍然是金融，其

潜在的风险与传统金融没有区别，甚至还可能因互联网的作用而被放大。要依据现有的金融管理法律规定，依法准确判断各类金融活动、金融业态的法律性质，准确界定金融创新和金融违法犯罪的界限。在办理涉互联网金融犯罪案件时，判断是否符合"违反国家规定""未经有关国家主管部门批准"等要件时，应当以现行刑事法律和金融管理法律法规为依据。对各种类型互联网金融活动，要深入剖析行为实质并据此判断其性质，从而准确区分罪与非罪、此罪与彼罪、罪轻与罪重、打击与保护的界限，不能机械地被所谓"互联网金融创新"表象所迷惑。

2. 妥善把握刑事追诉的范围和边界。涉互联网金融犯罪案件涉案人员众多，要按照区别对待的原则分类处理，综合运用刑事追诉和非刑事手段处置和化解风险，打击少数、教育挽救大多数。要坚持主客观相统一的原则，根据犯罪嫌疑人在犯罪活动中的地位作用、涉案数额、危害结果、主观过错等主客观情节，综合判断责任轻重及刑事追诉的必要性，做到罪责适应、罚当其罪。对犯罪情节严重、主观恶性大、在犯罪中起主要作用的人员，特别是核心管理层人员和骨干人员，依法从严打击；对犯罪情节相对较轻、主观恶性较小、在犯罪中起次要作用的人员依法从宽处理。

3. 注重案件统筹协调推进。涉互联网金融犯罪跨区域特征明显，各地检察机关公诉部门要按照"统一办案协调、统一案件指挥、统一资产处置、分别侦查诉讼、分别落实维稳"（下称"三统两分"）的要求分别处理好辖区内案件，加强横向、纵向联系，在上级检察机关特别是省级检察院的指导下统一协调推进办案工作，确保辖区内案件处理结果相对平衡统一。跨区县案件由地市级检察院统筹协调，跨地市案件由省级检察院统一协调，跨省案件由高检院公诉厅统一协调。各级检察机关公诉部门要加强与公安机关、地方金融办等相关单位以及检察机关内部侦监、控申等部门的联系，建立健全案件信息通报机制，及时掌握重大案件的立案、侦查、批捕、信访等情况，适时开展提前介入侦查等工作，并及时上报上级检察院。省级检察院公诉部门要发挥工作主动性，主动掌握社会影响大的案件情况，研究制定工作方案，统筹协调解决办案中遇到的问题，重大、疑难、复杂问题要及时向高检院报告。

4. 坚持司法办案"三个效果"有机统一。涉互联网金融犯罪影响广泛，社会各界特别是投资人群体十分关注案件处理。各级检察机关公诉部门要从有利于全案依法妥善处置的角度出发，切实做好提前介入侦查引导取证、审查起诉、出庭公诉等各个阶段的工作，依法妥善处理重大敏感问题，不能机械司法、就案办案。同时，要把办案工作与保障投资人合法权益紧密结合起来，同步做好释法说理、风险防控、追赃挽损、维护稳定等工作，努力实现司法办案的法律效果、社会效果、政治效果有机统一。

二、准确界定涉互联网金融行为法律性质

5. 互联网金融涉及 P2P 网络借贷、股权众筹、第三方支付、互联网保险以及通过互联网开展资产管理及跨界从事金融业务等多个金融领域，行为方式多样，所涉法律关系复杂。违法犯罪行为隐蔽性、迷惑性强，波及面广，社会影响大，要根据犯罪行为的实质特征和社会危害，准确界定行为的法律性质和刑法适用的罪名。

（一）非法吸收公众存款行为的认定

6. 涉互联网金融活动在未经有关部门依法批准的情形下，公开宣传并向不特定公众吸收资金，承诺在一定期限内还本付息的，应当依法追究刑事责任。其中，应重点审查互联网金融活动相关主体是否存在归集资金、沉淀资金，致使投资人资金存在被挪用、侵占等重大风险等情形。

7. 互联网金融的本质是金融，判断其是否属于"未经有关部门依法批准"，即行为是否具有非法性的主要法律依据是《商业银行法》《非法

金融机构和非法金融业务活动取缔办法》（国务院令第247号）等现行有效的金融管理法律规定。

8. 对以下网络借贷领域的非法吸收公众资金的行为，应当以非法吸收公众存款罪分别追究相关行为主体的刑事责任：

（1）中介机构以提供信息中介服务为名，实际从事直接或间接归集资金、甚至自融或变相自融等行为，应当依法追究中介机构的刑事责任。特别要注意识别变相自融行为，如中介机构通过拆分融资项目期限、实行债权转让等方式为自己吸收资金的，应当认定为非法吸收公众存款。

（2）中介机构与借款人存在以下情形之一的，应当依法追究刑事责任：①中介机构与借款人合谋或者明知借款人存在违规情形，仍为其非法吸收公众存款提供服务的；中介机构与借款人合谋，采取向出借人提供信用担保、通过电子渠道以外的物理场所开展借贷业务等违规方式向社会公众吸收资金的；②双方合谋通过拆分融资项目期限、实行债权转让等方式为借款人吸收资金的。在对中介机构、借款人进行追诉时，应根据各自在非法集资中的地位、作用确定其刑事责任。中介机构虽然没有直接吸收资金，但是通过大肆组织借款人开展非法集资并从中收取费用数额巨大、情节严重的，可以认定为主犯。

（3）借款人故意隐瞒事实，违反规定，以自己名义或借用他人名义利用多个网络借贷平台发布借款信息，借款总额超过规定的最高限额，或将吸收资金用于明确禁止的投资股票、场外配资、期货合约等高风险行业，造成重大损失和社会影响的，应当依法追究借款人的刑事责任。对于借款人将借款主要用于正常的生产经营活动，能够及时清退所吸收资金，不作为犯罪处理。

9. 在非法吸收公众存款罪中，原则上认定主观故意并不要求以明知法律的禁止性规定为要件。特别是具备一定涉金融活动相关从业经历、专业背景或在犯罪活动中担任一定管理职务的犯罪嫌疑人，应当知晓相关金融法律管理规定，如果有证据证明其实际从事的行为应当批准而未经批准，行为在客观上具有非法性，原则上就可以认定其具有非法吸收公众存款的主观故意。在证明犯罪嫌疑人的主观故意时，可以收集运用犯罪嫌疑人的任职情况、职业经历、专业背景、培训经历、此前任职单位或者其本人因从事同类行为受到处罚情况等证据，证明犯罪嫌疑人提出的"不知道相关行为被法律所禁止，故不具有非法吸收公众存款的主观故意"等辩解不能成立。除此之外，还可以收集运用以下证据进一步印证犯罪嫌疑人知道或应当知道其所从事行为具有非法性，比如犯罪嫌疑人故意规避法律以逃避监管的相关证据：自己或要求下属与投资人签订虚假的亲友关系确认书，频繁更换宣传用语逃避监管，实际推介内容与宣传用语、实际经营状况不一致，刻意向投资人夸大公司兑付能力，在培训课程中传授或接受规避法律的方法，等等。

10. 对于无相关职业经历、专业背景，且从业时间短暂，在单位犯罪中层级较低，纯属执行单位领导指令的犯罪嫌疑人提出辩解的，如确实无其他证据证明其具有主观故意的，可以不作为犯罪处理。另外，实践中还存在犯罪嫌疑人提出因信赖行政主管部门出具的相关意见而陷入错误认识的辩解。如果上述辩解确有证据证明，不应作为犯罪处理，但应当对行政主管部门出具的相关意见及其出具过程进行查证，如存在以下情形之一，仍应认定犯罪嫌疑人具有非法吸收公众存款的主观故意：

（1）行政主管部门出具意见所涉及的行为与犯罪嫌疑人实际从事的行为不一致的；

（2）行政主管部门出具的意见未对是否存在非法吸收公众存款问题进行合法性审查，仅对其他合法性问题进行审查的；

（3）犯罪嫌疑人在行政主管部门出具意见时故意隐瞒事实、弄虚作假的；

（4）犯罪嫌疑人与出具意见的行政主管部门的工作人员存在利益输

送行为的；

（5）犯罪嫌疑人存在其他影响和干扰行政主管部门出具意见公正性的情形的。

对于犯罪嫌疑人提出因信赖专家学者、律师等专业人士、主流新闻媒体宣传或有关行政主管部门工作人员的个人意见而陷入错误认识的辩解，不能作为犯罪嫌疑人判断自身行为合法性的根据和排除主观故意的理由。

11. 负责或从事吸收资金行为的犯罪嫌疑人非法吸收公众存款金额，根据其实际参与吸收的全部金额认定。但以下金额不应计入该犯罪嫌疑人的吸收金额：

（1）犯罪嫌疑人自身及其近亲属所投资的资金金额；

（2）记录在犯罪嫌疑人名下，但其未实际参与吸收且未从中收取任何形式好处的资金。

吸收金额经过司法会计鉴定的，可以将前述不计入部分直接扣除。但是，前述两项所涉金额仍应计入相对应的上一级负责人及所在单位的吸收金额。

12. 投资人在每期投资结束后，利用投资账户中的资金（包括每期投资结束后归还的本金、利息）进行反复投资的金额应当累计计算，但对反复投资的数额应当作出说明。对负责或从事行政管理、财务会计、技术服务等辅助工作的犯罪嫌疑人，应当按照其参与的犯罪事实，结合其在犯罪中的地位和作用，依法确定刑事责任范围。

13. 确定犯罪嫌疑人的吸收金额时，应当重点审查、运用以下证据：（1）涉案主体自身的服务器或第三方服务器上存储的交易记录等电子数据；（2）会计账簿和会计凭证；（3）银行账户交易记录、POS机支付记录；（4）资金收付凭证、书面合同等书证。仅凭投资人报案数据不能认定吸收金额。

（二）集资诈骗行为的认定

14. 以非法占有为目的，使用诈骗方法非法集资，是集资诈骗罪的本质特征。是否具有非法占有目的，是区分非法吸收公众存款罪和集资诈骗罪的关键要件，对此要重点围绕融资项目真实性、资金去向、归还能力等事实进行综合判断。犯罪嫌疑人存在以下情形之一的，原则上可以认定具有非法占有目的：

（1）大部分资金未用于生产经营活动，或名义上投入生产经营但又通过各种方式抽逃转移资金的；

（2）资金使用成本过高，生产经营活动的盈利能力不具有支付全部本息的现实可能性的；

（3）对资金使用的决策极度不负责任或肆意挥霍造成资金缺口较大的；

（4）归还本息主要通过借新还旧来实现的；

（5）其他依照有关司法解释可以认定为非法占有目的的情形。

15. 对于共同犯罪或单位犯罪案件中，不同层级的犯罪嫌疑人之间存在犯罪目的发生转化或者犯罪目的明显不同的，应当根据犯罪嫌疑人的犯罪目的分别认定。

（1）注意区分犯罪目的发生转变的时间节点。犯罪嫌疑人在初始阶段仅具有非法吸收公众存款的故意，不具有非法占有目的，但在发生经营失败、资金链断裂等问题后，明知没有归还能力仍然继续吸收公众存款的，这一时间节点之后的行为应当认定为集资诈骗罪，此前的行为应当认定为非法吸收公众存款罪。

（2）注意区分犯罪嫌疑人的犯罪目的的差异。在共同犯罪或单位犯罪中，犯罪嫌疑人由于层级、职责分工、获取收益方式、对全部犯罪事实的知情程度等不同，其犯罪目的也存在不同。在非法集资犯罪中，有的犯罪嫌疑人具有非法占有的目的，有的则不具有非法占有目的，对此，应当分别认定为集资诈骗罪和非法吸收公众存款罪。

16. 证明主观上是否具有非法占有目的，可以重点收集、运用以下客观证据：

（1）与实施集资诈骗整体行为模式相关的证据：投资合同、宣传资料、培训内容等；

（2）与资金使用相关的证据：资金往来记录、会计账簿和会计凭证、资金使用成本（包括利息和佣金等）、资金决策使用过程、资金主要用途、财产转移情况等；

（3）与归还能力相关的证据：吸收资金所投资项目内容、投资实际经营情况、盈利能力、归还本息资金的主要来源、负债情况、是否存在虚构业绩等虚假宣传行为等；

（4）其他涉及欺诈等方面的证据：虚构融资项目进行宣传、隐瞒资金实际用途、隐匿销毁账簿；等等。司法会计鉴定机构对相关数据进行鉴定时，办案部门可以根据查证犯罪事实的需要提出重点鉴定的项目，保证司法会计鉴定意见与待证的构成要件事实之间的关联性。

17. 集资诈骗的数额，应当以犯罪嫌疑人实际骗取的金额计算。犯罪嫌疑人为吸收公众资金制造还本付息的假象，在诈骗的同时对部分投资人还本付息的，集资诈骗的金额以案发时实际未兑付的金额计算。案发后，犯罪嫌疑人主动退还集资款项的，不能从集资诈骗的金额中扣除，但可以作为量刑情节考虑。

（三）非法经营资金支付结算行为的认定

18. 支付结算业务（也称支付业务）是商业银行或者支付机构在收付款人之间提供的货币资金转移服务。非银行机构从事支付结算业务，应当经中国人民银行批准取得《支付业务许可证》，成为支付机构。未取得支付业务许可从事该业务的行为，违反《非法金融机构和非法金融业务活动取缔办法》第四条第一款第（三）、（四）项的规定，破坏了支付结算业务许可制度，危害支付市场秩序和安全，情节严重的，适用《刑法》第二百二十五条第（三）项，以非法经营罪追究刑事责任。具体情形：

（1）未取得支付业务许可经营基于客户支付账户的网络支付业务。无证网络支付机构为客户非法开立支付账户，客户先把资金支付到该支付账户，再由无证机构根据订单信息从支付账户平台将资金结算到收款人银行账户。

（2）未取得支付业务许可经营多用途预付卡业务。无证发卡机构非法发行可跨地区、跨行业、跨法人使用的多用途预付卡，聚集大量的预付卡销售资金，并根据客户订单信息向商户划转结算资金。

19. 在具体办案时，要深入剖析相关行为是否具备资金支付结算的实质特征，准确区分支付工具的正常商业流转与提供支付结算服务、区分单用途预付卡与多用途预付卡业务，充分考虑具体行为与"地下钱庄"等同类犯罪在社会危害方面的相当性以及刑事处罚的必要性，严格把握入罪和出罪标准。

三、依法认定单位犯罪及其责任人员

20. 涉互联网金融犯罪案件多以单位形式组织实施，所涉单位数量众多、层级复杂，其中还包括大量分支机构和关联单位，集团化特征明显。有的涉互联网金融犯罪案件中分支机构遍布全国，既有具备法人资格的，又有不具备法人资格的；既有受总公司直接领导的，又有受总公司的下属单位领导的。公安机关在立案时做法不一，有的对单位立案，有的不对单位立案，有的被立案的单位不具有独立法人资格，有的仅对最上层的单位立案而不对分支机构立案。对此，检察机关公诉部门在审查起诉时，应当从能够全面揭示犯罪行为基本特征、全面覆盖犯罪活动、准确界定区分各层级人员的地位作用、有利于有力指控犯罪、有利于追缴违法所得等方面依法具体把握，确定是否以单位犯罪追究。

21. 涉互联网金融犯罪所涉罪名中，《刑法》规定应当追究单位刑事责任的，对同时具备以下情形且具有独立法人资格的单位，可以以单位犯罪追究：

（1）犯罪活动经单位决策实施；

（2）单位的员工主要按照单位的决策实施具体犯罪活动；

（3）违法所得归单位所有，经单位决策使用，收益亦归单位所有。但是，单位设立后专门从事违法犯罪活动的，应当以自然人犯罪追究刑事责任。

22. 对参与涉互联网金融犯罪，但不具有独立法人资格的分支机构，是否追究其刑事责任，可以区分两种情形处理：

（1）全部或部分违法所得归分支机构所有并支配，分支机构作为单位犯罪主体追究刑事责任；

（2）违法所得完全归分支机构上级单位所有并支配的，不能对分支机构作为单位犯罪主体追究刑事责任，而是应当对分支机构的上级单位（符合单位犯罪主体资格）追究刑事责任。

23. 分支机构认定为单位犯罪主体的，该分支机构相关涉案人员应当作为该分支机构的"直接负责的主管人员"或者"其他直接责任人员"追究刑事责任。仅将分支机构的上级单位认定为单位犯罪主体的，该分支机构相关涉案人员可以作为该上级单位的"其他直接责任人员"追究刑事责任。

24. 对符合追诉条件的分支机构（包括具有独立法人资格的和不具有独立法人资格）及其所属单位，公安机关均没有作为犯罪嫌疑单位移送审查起诉，仅将其所属单位的上级单位作为犯罪嫌疑单位移送审查起诉的，对相关分支机构涉案人员可以区分以下情形处理：

（1）有证据证明被立案的上级单位（比如总公司）在业务、财务、人事等方面对下属单位及其分支机构进行实际控制，下属单位及其分支机构涉案人员可以作为被移送审查起诉的上级单位的"其他直接责任人员"追究刑事责任。在证明实际控制关系时，应当收集、运用公司决策、管理、考核等相关文件，OA 系统等电子数据，资金往来记录等证据。对不同地区同一单位的分支机构涉案人员起诉时，证明实际控制关系的证据体系、证明标准应基本一致。

（2）据现有证据无法证明被立案的上级单位与下属单位及其分支机构之间存在实际控制关系的，对符合单位犯罪构成要件的下属单位或分支机构应当补充起诉，下属单位及其分支机构已不具备补充起诉条件的，可以将下属单位及其分支机构的涉案犯罪嫌疑人直接起诉。

四、综合运用定罪量刑情节

25. 在办理跨区域涉互联网金融犯罪案件时，在追诉标准、追诉范围以及量刑建议等方面应当注意统一平衡。对于同一单位在多个地区分别设立分支机构的，在同一省（自治区、直辖市）范围内应当保持基本一致。分支机构所涉犯罪嫌疑人与上级单位主要犯罪嫌疑人之间应当保持适度平衡，防止出现责任轻重"倒挂"的现象。

26. 单位犯罪中，直接负责的主管人员和其他直接责任人员在涉互联网金融犯罪案件中的地位、作用存在明显差别的，可以区分主犯和从犯。对起组织领导作用的总公司的直接负责的主管人员和发挥主要作用的其他直接责任人员，可以认定为全案的主犯，其他人员可以认定为从犯。

27. 最大限度减少投资人的实际损失是办理涉互联网金融犯罪案件特别是非法集资案件的重要工作。在决定是否起诉、提出量刑建议时，要重视对是否具有认罪认罚、主动退赃退赔等情节的考察。分支机构涉案人员积极配合调查、主动退还违法所得、真诚认罪悔罪的，应当依法提出从轻、减轻处罚的量刑建议。其中，对情节轻微、可以免予刑事处罚的，或者情节显著轻微、危害不大、不认为是犯罪的，应当依法作出不起诉决定。对被不起诉人需要给予行政处罚或者没收违法所得的，应当向行政主管部门提出检察意见。

五、证据的收集、审查与运用

28. 涉互联网金融犯罪案件证据种类复杂、数量庞大、且分散于各地，收集、审查、运用证据的难度大。各地检察机关公诉部门要紧紧围绕证据的真实性、合法性、关联性，引导公安机关依法全面收集固定证据，加强证据的审查、运用，确保案件事实经得起法律的检验。

29. 对于重大、疑难、复杂涉互联网金融犯罪案件，检察机关公诉部门要依法提前介入侦查，围绕指控犯罪的需要积极引导公安机关全面收集固定证据，必要时与公安机关共同会商，提出完善侦查思路、侦查提纲的意见建议。加强对侦查取证合法性的监督，对应当依法排除的非法证据坚决予以排除，对应当补正或作出合理解释的及时提出意见。

30. 电子数据在涉互联网金融犯罪案件的证据体系中地位重要，对于指控证实相关犯罪事实具有重要作用。随着互联网技术的不断发展，电子数据的形式、载体出现了许多新的变化，对电子数据的勘验、提取、审查等提出了更高要求，处理不当会对电子数据的真实性、合法性造成不可逆转的损害。检察机关公诉部门要严格执行《最高人民法院、最高人民检察院、公安部关于办理刑事案件收集提取和审查判断电子数据问题的若干规定》（法发〔2016〕22号），加强对电子数据收集、提取程序和技术标准的审查，确保电子数据的真实性、合法性。对云存储电子数据等新类型电子数据进行提取、审查时，要高度重视程序合法性、数据完整性等问题，必要时主动征求相关领域专家意见，在提取前会同公安机关、云存储服务提供商制定科学合法的提取方案，确保万无一失。

31. 落实"三统两分"要求，健全证据交换共享机制，协调推进跨区域案件办理。对涉及主案犯罪嫌疑人的证据，一般由主案侦办地办案机构负责收集，其他地区提供协助。其他地区办案机构需要主案侦办地提供证据材料的，应当向主案侦办地办案机构提出证据需求，由主案侦办地办案机构收集并依法移送。无法移送证据原件的，应当在移送复制件的同时，按照相关规定作出说明。各地检察机关公诉部门之间要加强协作，加强与公安机关的协调，督促本地公安机关与其他地区公安机关做好证据交换共享相关工作。案件进入审查起诉阶段后，检察机关公诉部门可以根据案件需要，直接向其他地区检察机关调取证据，其他地区检察机关公诉部门应积极协助。此外，各地检察机关在办理案件过程中发现对其他地区案件办理有重要作用的证据，应当及时采取措施并通知相应检察机关，做好依法移送工作。

六、投资人合法权益的保护

32. 涉互联网金融犯罪案件投资人诉求复杂多样，矛盾化解和维护稳定工作任务艰巨繁重，各地检察机关公诉部门在办案过程中要坚持刑事追诉和权益保护并重，根据《刑事诉讼法》等相关法律规定，依法保证互联网金融活动中投资人的合法权益，坚持把追赃挽损等工作贯穿到侦查、起诉、审判各个环节，配合公安、法院等部门最大限度减少投资人的实际损失，加强与本院控申部门、公安机关的联系沟通，及时掌握涉案动态信息，认真开展办案风险评估预警工作，周密制定处置预案，并落实责任到位，避免因部门之间衔接不畅、处置不当造成工作被动。发现重大风险隐患的，及时向有关部门通报情况，必要时逐级上报高检院。

随着互联网金融的发展，涉互联网金融犯罪中的新情况、新问题还将不断出现，各地检察机关公诉部门要按照会议纪要的精神，结合各地办案实际，依法办理涉互联网金融犯罪案件；在办好案件的同时，要不断总结办案经验，加强对重大疑难复杂案件的研究，努力提高办理涉互联网金融犯罪案件的能力和水平，为促进互联网金融规范发展、保障经济社会大局稳定作出积极贡献。在办案过程中遇到疑难问题的，要及时层报高检院公诉厅。

最高人民法院关于审理民间借贷案件适用法律若干问题的规定

法释〔2015〕18号

为正确审理民间借贷纠纷案件，根据《中华人民共和国民法通则》《中华人民共和国物权法》《中华人民共和国担保法》《中华人民共和国合同法》《中华人民共和国民事诉讼法》《中华人民共和国刑事诉讼法》等相关法律之规定，结合审判实践，制定本规定。

第一条 本规定所称的民间借贷，是指自然人、法人、其他组织之间及其相互之间进行资金融通的行为。

经金融监管部门批准设立的从事贷款业务的金融机构及其分支机构，因发放贷款等相关金融业务引发的纠纷，不适用本规定。

第二条 出借人向人民法院起诉时，应当提供借据、收据、欠条等债权凭证以及其他能够证明借贷法律关系存在的证据。

当事人持有的借据、收据、欠条等债权凭证没有载明债权人，持有债权凭证的当事人提起民间借贷诉讼的，人民法院应予受理。被告对原告的债权人资格提出有事实依据的抗辩，人民法院经审理认为原告不具有债权人资格的，裁定驳回起诉。

第三条 借贷双方就合同履行地未约定或者约定不明确，事后未达成补充协议，按照合同有关条款或者交易习惯仍不能确定的，以接受货币一方所在地为合同履行地。

第四条 保证人为借款人提供连带责任保证，出借人仅起诉借款人的，人民法院可以不追加保证人为共同被告；出借人仅起诉保证人的，人民法院可以追加借款人为共同被告。

保证人为借款人提供一般保证，出借人仅起诉保证人的，人民法院应当追加借款人为共同被告；出借人仅起诉借款人的，人民法院可以不追加保证人为共同被告。

第五条　人民法院立案后，发现民间借贷行为本身涉嫌非法集资犯罪的，应当裁定驳回起诉，并将涉嫌非法集资犯罪的线索、材料移送公安或者检察机关。

公安或者检察机关不予立案，或者立案侦查后撤销案件，或者检察机关作出不起诉决定，或者经人民法院生效判决认定不构成非法集资犯罪，当事人又以同一事实向人民法院提起诉讼的，人民法院应予受理。

第六条　人民法院立案后，发现与民间借贷纠纷案件虽有关联但不是同一事实的涉嫌非法集资等犯罪的线索、材料的，人民法院应当继续审理民间借贷纠纷案件，并将涉嫌非法集资等犯罪的线索、材料移送公安或者检察机关。

第七条　民间借贷的基本案件事实必须以刑事案件审理结果为依据，而该刑事案件尚未审结的，人民法院应当裁定中止诉讼。

第八条　借款人涉嫌犯罪或者生效判决认定其有罪，出借人起诉请求担保人承担民事责任的，人民法院应予受理。

第九条　具有下列情形之一，可以视为具备《合同法》第二百一十条关于自然人之间借款合同的生效要件：

（一）以现金支付的，自借款人收到借款时；

（二）以银行转账、网上电子汇款或者通过网络贷款平台等形式支付的，自资金到达借款人账户时；

（三）以票据交付的，自借款人依法取得票据权利时；

（四）出借人将特定资金账户支配权授权给借款人的，自借款人取得对该账户实际支配权时；

（五）出借人以与借款人约定的其他方式提供借款并实际履行完

成时。

第十条 除自然人之间的借款合同外，当事人主张民间借贷合同自合同成立时生效的，人民法院应予支持，但当事人另有约定或者法律、行政法规另有规定的除外。

第十一条 法人之间、其他组织之间以及它们相互之间为生产、经营需要订立的民间借贷合同，除存在《合同法》第五十二条、本规定第十四条规定的情形外，当事人主张民间借贷合同有效的，人民法院应予支持。

第十二条 法人或者其他组织在本单位内部通过借款形式向职工筹集资金，用于本单位生产、经营，且不存在《合同法》第五十二条、本规定第十四条规定的情形，当事人主张民间借贷合同有效的，人民法院应予支持。

第十三条 借款人或者出借人的借贷行为涉嫌犯罪，或者已经生效的判决认定构成犯罪，当事人提起民事诉讼的，民间借贷合同并不当然无效。人民法院应当根据《合同法》第五十二条、本规定第十四条之规定，认定民间借贷合同的效力。

担保人以借款人或者出借人的借贷行为涉嫌犯罪或者已经生效的判决认定构成犯罪为由，主张不承担民事责任的，人民法院应当依据民间借贷合同与担保合同的效力、当事人的过错程度，依法确定担保人的民事责任。

第十四条 具有下列情形之一，人民法院应当认定民间借贷合同无效：

（一）套取金融机构信贷资金又高利转贷给借款人，且借款人事先知道或者应当知道的；

（二）以向其他企业借贷或者向本单位职工集资取得的资金又转贷给借款人牟利，且借款人事先知道或者应当知道的；

（三）出借人事先知道或者应当知道借款人借款用于违法犯罪活动仍然提供借款的；

（四）违背社会公序良俗的；

（五）其他违反法律、行政法规效力性强制性规定的。

第十五条 原告以借据、收据、欠条等债权凭证为依据提起民间借贷诉讼，被告依据基础法律关系提出抗辩或者反诉，并提供证据证明债权纠纷非民间借贷行为引起的，人民法院应当依据查明的案件事实，按照基础法律关系审理。

当事人通过调解、和解或者清算达成的债权债务协议，不适用前款规定。

第十六条 原告仅依据借据、收据、欠条等债权凭证提起民间借贷诉讼，被告抗辩已经偿还借款，被告应当对其主张提供证据证明。被告提供相应证据证明其主张后，原告仍应就借贷关系的成立承担举证证明责任。

被告抗辩借贷行为尚未实际发生并能作出合理说明，人民法院应当结合借贷金额、款项交付、当事人的经济能力、当地或者当事人之间的交易方式、交易习惯、当事人财产变动情况以及证人证言等事实和因素，综合判断查证借贷事实是否发生。

第十七条 原告仅依据金融机构的转账凭证提起民间借贷诉讼，被告抗辩转账系偿还双方之前借款或其他债务，被告应当对其主张提供证据证明。被告提供相应证据证明其主张后，原告仍应就借贷关系的成立承担举证证明责任。

第十八条 根据《关于适用〈中华人民共和国民事诉讼法〉的解释》第一百七十四条第二款之规定，负有举证证明责任的原告无正当理由拒不到庭，经审查现有证据无法确认借贷行为、借贷金额、支付方式等案件主要事实，人民法院对其主张的事实不予认定。

第十九条 人民法院审理民间借贷纠纷案件时发现有下列情形，应当严格审查借贷发生的原因、时间、地点、款项来源、交付方式、款项流向以及借贷双方的关系、经济状况等事实，综合判断是否属于虚假民事诉讼：

（一）出借人明显不具备出借能力；

（二）出借人起诉所依据的事实和理由明显不符合常理；

（三）出借人不能提交债权凭证或者提交的债权凭证存在伪造的可能；

（四）当事人双方在一定期间内多次参加民间借贷诉讼；

（五）当事人一方或者双方无正当理由拒不到庭参加诉讼，委托代理人对借贷事实陈述不清或者陈述前后矛盾；

（六）当事人双方对借贷事实的发生没有任何争议或者诉辩明显不符合常理；

（七）借款人的配偶或合伙人、案外人的其他债权人提出有事实依据的异议；

（八）当事人在其他纠纷中存在低价转让财产的情形；

（九）当事人不正当放弃权利；

（十）其他可能存在虚假民间借贷诉讼的情形。

第二十条 经查明属于虚假民间借贷诉讼，原告申请撤诉的，人民法院不予准许，并应当根据《民事诉讼法》第一百一十二条之规定，判决驳回其请求。

诉讼参与人或者其他人恶意制造、参与虚假诉讼，人民法院应当依照《民事诉讼法》第一百一十一条、第一百一十二条和第一百一十三条之规定，依法予以罚款、拘留；构成犯罪的，应当移送有管辖权的司法机关追究刑事责任。

单位恶意制造、参与虚假诉讼的，人民法院应当对该单位进行罚款，并可以对其主要负责人或者直接责任人员予以罚款、拘留；构成犯罪的，应当移送有管辖权的司法机关追究刑事责任。

第二十一条　他人在借据、收据、欠条等债权凭证或者借款合同上签字或者盖章，但未表明其保证人身份或者承担保证责任，或者通过其他事实不能推定其为保证人，出借人请求其承担保证责任的，人民法院不予支持。

第二十二条　借贷双方通过网络贷款平台形成借贷关系，网络贷款平台的提供者仅提供媒介服务，当事人请求其承担担保责任的，人民法院不予支持。

网络贷款平台的提供者通过网页、广告或者其他媒介明示或者有其他证据证明其为借贷提供担保，出借人请求网络贷款平台的提供者承担担保责任的，人民法院应予支持。

第二十三条　企业法定代表人或负责人以企业名义与出借人签订民间借贷合同，出借人、企业或者其股东能够证明所借款项用于企业法定代表人或负责人个人使用，出借人请求将企业法定代表人或负责人列为共同被告或者第三人的，人民法院应予准许。

企业法定代表人或负责人以个人名义与出借人签订民间借贷合同，所借款项用于企业生产经营，出借人请求企业与个人共同承担责任的，人民法院应予支持。

第二十四条　当事人以签订买卖合同作为民间借贷合同的担保，借款到期后借款人不能还款，出借人请求履行买卖合同的，人民法院应当按照民间借贷法律关系审理，并向当事人释明变更诉讼请求。当事人拒绝变更的，人民法院裁定驳回起诉。

按照民间借贷法律关系审理作出的判决生效后，借款人不履行生效判决确定的金钱债务，出借人可以申请拍卖买卖合同标的物，以偿还债务。就拍卖所得的价款与应偿还借款本息之间的差额，借款人或者出借人有权主张返还或补偿。

第二十五条 借贷双方没有约定利息，出借人主张支付借期内利息的，人民法院不予支持。

自然人之间借贷对利息约定不明，出借人主张支付利息的，人民法院不予支持。除自然人之间借贷的外，借贷双方对借贷利息约定不明，出借人主张利息的，人民法院应当结合民间借贷合同的内容，并根据当地或者当事人的交易方式、交易习惯、市场利率等因素确定利息。

第二十六条 借贷双方约定的利率未超过年利率24%，出借人请求借款人按照约定的利率支付利息的，人民法院应予支持。

借贷双方约定的利率超过年利率36%，超过部分的利息约定无效。借款人请求出借人返还已支付的超过年利率36%部分的利息的，人民法院应予支持。

第二十七条 借据、收据、欠条等债权凭证载明的借款金额，一般认定为本金。预先在本金中扣除利息的，人民法院应当将实际出借的金额认定为本金。

第二十八条 借贷双方对前期借款本息结算后将利息计入后期借款本金并重新出具债权凭证，如果前期利率没有超过年利率24%，重新出具的债权凭证载明的金额可认定为后期借款本金；超过部分的利息不能计入后期借款本金。约定的利率超过年利率24%，当事人主张超过部分的利息不能计入后期借款本金的，人民法院应予支持。

按前款计算，借款人在借款期间届满后应当支付的本息之和，不能超过最初借款本金与以最初借款本金为基数，以年利率24%计算的整个借款期间的利息之和。出借人请求借款人支付超过部分的，人民法院不予支持。

第二十九条 借贷双方对逾期利率有约定的，从其约定，但以不超过年利率24%为限。

未约定逾期利率或者约定不明的，人民法院可以区分不同情况处理：

（一）既未约定借期内的利率，也未约定逾期利率，出借人主张借款人自逾期还款之日起按照年利率6%支付资金占用期间利息的，人民法院应予支持；

（二）约定了借期内的利率但未约定逾期利率，出借人主张借款人自逾期还款之日起按照借期内的利率支付资金占用期间利息的，人民法院应予支持。

第三十条　出借人与借款人既约定了逾期利率，又约定了违约金或者其他费用，出借人可以选择主张逾期利息、违约金或者其他费用，也可以一并主张，但总计超过年利率24%的部分，人民法院不予支持。

第三十一条　没有约定利息但借款人自愿支付，或者超过约定的利率自愿支付利息或违约金，且没有损害国家、集体和第三人利益，借款人又以不当得利为由要求出借人返还的，人民法院不予支持，但借款人要求返还超过年利率36%部分的利息除外。

第三十二条　借款人可以提前偿还借款，但当事人另有约定的除外。

借款人提前偿还借款并主张按照实际借款期间计算利息的，人民法院应予支持。

第三十三条　本规定公布施行后，最高人民法院于1991年8月13日发布的《关于人民法院审理借贷案件的若干意见》同时废止；最高人民法院以前发布的司法解释与本规定不一致的，不再适用。

第二章　相关案例

杭州某某公司与
陆某某民间借贷纠纷案

【案情简介】

2016 年 7 月 28 日，被告陆某某（乙方、借款人）通过原告杭州某某公司（丙方、居间人）运营的"×××"微信公众平台和案外人王某（甲方、出借人）签订《借款协议》一份，约定：甲方同意通过丙方平台向乙方借款，甲方双方同意通过丙方平台的账户向乙方发放该笔借款；借款用途为个人消费；借款本金数额在授信额度内乙方可以自由选择，具体以甲方授权丙方向乙方收款账户实际汇款金额为准；借款利率为零，甲方不会向乙方收取借款利息；借款期间为 1 天～3 个月，以乙方在丙方平台的账单为准；还款方式为借款到期一次性归还本金和服务费或按月等额归还本金和服务费，以乙方在丙方平台的账单为准；乙方承诺按照约定向丙方支付服务费用；乙方承诺甲方将全部、部分债权转让给丙方或其他第三方，无须通知乙方；借款前，甲方将借款本金一次性划入丙方指定的结算账户，并授权丙方发出指令由具有支付结算资质的第三方支付机构将丙方结算账户的全部借款本金划入乙方绑定的收支账户；

借款划入乙方绑定的收支账户时，即证明乙方已经收到甲方全部借款；每期还款期限届满前，乙方将当期应还借款本金及服务费存入乙方绑定的收支账户内，并授权丙方发出指令由具有支付结算资质的第三方支付机构将全部借款本金及服务费一次性划入丙方的结算账户，或通过丙方提供的还款通道将当期应还借款本金及服务费划入丙方的结算账户；乙方提交借款申请之日起与甲方确立民间借贷合同关系，并可于公司放款之日起向丙方平台偿付当期借款本金和服务费，但还款不得晚于丙方平台上乙方账单中约定的还款期限；丙方作为中介机构（第三方），为甲、乙双方的借贷需求提供居间服务，并同时为甲、乙双方提供信用咨询、评估、还款提醒、账户管理、催讨借款、代收代付等，作为对价，丙方有权向乙方收取服务费用，乙方也愿意向丙方支付服务费用；在乙方未出现逾期还款情形下，居间服务费为借款金额的 24%，同时丙方有权根据对乙方的综合信用评估单方面降低服务费，具体以乙方在丙方平台的账单为准；在乙方出现逾期的情况下，居间服务费为借款金额的 60%；居间服务费支付时间、支付方式与借款本金偿还时间、偿还方式一致；乙方在丙方系统中的账单规定的还款期限到来后，乙方未通过丙方平台按本协议约定向丙方结算账户支付应还本金及服务费，则视为乙方逾期，从逾期之日起，乙方需向丙方缴纳违约金，逾期违约金＝逾期天数×（居间服务费＋借款本金）×1%，直至乙方清偿完毕当期所有应结款项；在此情形下，乙方还款顺序为逾期违约金、居间服务费、借款本金；一旦发生乙方逾期，丙方有权要求乙方一次性清偿全部借款本金、居间服务费及逾期违约金，同时丙方有权将居间服务费的一切降低情形取消，按照本协议约定的最高服务费收取；一旦发生乙方逾期，甲方即刻将本协议项下的权利义务全部转让给丙方，丙方有权以其自身名义向乙方追讨借款本金和服务费及按照本协议的约定追究乙方的违约责任，债权转让无须通知乙方。陆某某同时在线提交了其身份信息、账户信息等。

2016 年 7 月 28 日，杭州某某公司代王某向陆某某提供的账户汇款 1 000 元。杭州某某公司提供的对账单显示：申请时间 2016 年 7 月 28 日，分期情况 7 日内归还 1 030 元，截止日期 2016 年 8 月 24 日，应还本金 1 000 元、滞纳金 580.92 元。2016 年 8 月 17 日，陆某某归还杭州某某公司 142.14 元。嗣后，陆某某未向杭州某某公司还款。故杭州某某公司诉至法院，要求判如所请。

【法律分析】

案涉电子版《借款协议》主体适格，内容合法，意思表示真实，应当认定有效。根据查明的事实，陆某某通过原告的网络借贷平台向王某借款 1 000 元，已还 142.14 元。由于陆某某该还款时间在借款期限内，应认定为归还的系借款本金，故陆某某尚欠借款本金为 857.86 元。因陆某某未按约还清所有款项，根据《借款协议》约定，债权已转让给原告，故陆某某应向原告归还借款本金 857.86 元。协议约定的逾期违约金计算标准已经超过了年利率 24%，对超过部分法院不予支持，据此计算，自 2016 年 8 月 25 日暂计至 2016 年 10 月 18 日的违约金为 31 元。对于原告主张居间服务费的诉讼请求，法院认为，因本案系民间借贷纠纷，处理的是出借人和借款人之间的借贷法律关系，而原告主张的居间服务费是原告和陆某某之间的居间服务法律关系，原告的该项主张与本案并非同一法律关系，故在本案中不予处理，原告可另行起诉。

【判决结果】

依照《中华人民共和国合同法》第七十九条、第八十条、第一百一十四条第一款、第二百零六条、第二百零七条，《最高人民法院关于审理民间借贷案件适用法律若干问题的规定》第三十条，《中华人民共和国民事诉讼法》第一百四十四条之规定，判决如下：

一、陆某某于本判决生效之日起十日内归还原告公司借款本金857.86元，支付违约金31元（暂计至2016年10月18日，此后至本金还清之日止的违约金以未还本金为基数，按年利率24%另行计付）。

二、驳回原告公司的其他诉讼请求。

【相关法条】

《中华人民共和国合同法》

第七十九条 债权人可以将合同的权利全部或者部分转让给第三人，但有下列情形之一的除外：

（一）根据合同性质不得转让；

（二）按照当事人约定不得转让；

（三）依照法律规定不得转让。

第八十条 债权人转让权利的，应当通知债务人。未经通知，该转让对债务人不发生效力。

债权人转让权利的通知不得撤销，但经受让人同意的除外。

第一百一十四条 当事人可以约定一方违约时应当根据违约情况向对方支付一定数额的违约金，也可以约定因违约产生的损失赔偿额的计算方法。

约定的违约金低于造成的损失的，当事人可以请求人民法院或者仲裁机构予以增加；约定的违约金过分高于造成的损失的，当事人可以请求人民法院或者仲裁机构予以适当减少。

当事人就迟延履行约定违约金的，违约方支付违约金后，还应当履行债务。

第二百零六条 借款人应当按照约定的期限返还借款。对借款期限没有约定或者约定不明确，依照本法第六十一条的规定仍不能确定的，借款人可以随时返还；贷款人可以催告借款人在合理期限内返还。

第二百零七条 借款人未按照约定的期限返还借款的，应当按照约定或者国家有关规定支付逾期利息。

《最高人民法院关于审理民间借贷案件 适用法律若干问题的规定》

第三十条 出借人与借款人既约定了逾期利率，又约定了违约金或者其他费用，出借人可以选择主张逾期利息、违约金或者其他费用，也可以一并主张，但总计超过年利率24%的部分，人民法院不予支持。

李某某非法吸收公众存款案

【案情简介】

被告人李某某从事资金借贷生意多年，为了筹集更多的资金将生意做大，2014 年 6 月 5 日，李某某以注册资金 5 000 万元成立了浙江某某投资有限公司，并在网络上注册建立了××金融 P2P 网贷平台，办公地点设在台州经济开发区×××室，在未取得任何金融从业资格，亦未采用第三方资金托管的情况下，从事 P2P 网络借贷，向社会公众吸收存款。社会公众在网站上看到借款信息后，通过网贷平台转账或者直接存入李某某个人账户的方式将钱转给李某某，李某某再将这些款项借给他人，从而赚取利息差价。同年 7 月至 12 月，李某某通过上述方式向徐某甲、徐某乙、孔某等 515 人吸收存款共计人民币 1 927.167639 万元，转借他人。同年 12 月，李某某因出借的资金不能收回导致资金链断裂而将网络平台关闭。同月 22 日，李某某与被害人代表进行了清算，共有人民币 409.4199 万元未偿还，李某某签订了还款计划书，并将自己的一辆奔驰轿车作为还款担保。截止案发，其归还了被害人人民币 116.6805 万元，担保车辆亦由被害人以人民币 19 万元销售抵偿借款，李某某尚欠被害人人民币 273.7394 万元。

2015 年 8 月 25 日下午 14 时许，被告人李某某在临海火车站被台州市公安局开发区刑侦大队民警抓获归案。

【法律分析】

被告人李某某无视国家金融管理制度，未经国务院银行业监督管理机构批准，利用网络平台向社会不特定公众吸收存款，共计人民币1 927万余元，数额巨大，其行为已构成非法吸收公众存款罪。被告人李某某在资金链断裂后，即时将网络平台关闭，积极与被害人进行协商并制作还款方案，亦努力筹款偿还，归案后坦白自己的犯罪事实，当庭自愿认罪，予以从轻处罚，但其有违法劣迹，酌情予以从重处罚。辩护人辩称，指控未归还的金额为273万余元不准确，被害人提供的车辆买卖协议不能证实被告人李某某用于抵押担保的奔驰轿车实际买卖价格和车辆实际价值仅19万元，该车系被告人李某某从他人处抵押所得，行驶里程数仅11万多公里，市值五六十万元，却被被害人低价出卖，不合情理，审理认为，仅凭车辆买卖协议载明的价格认定车辆价值确实证据欠缺，但没有证据可推翻该协议，凭现有证据只能确认该协议有效，以此来认定以车辆抵款为19万元，故认定未归还金额为273万余元是目前证据的选择，具体问题可待执行还款阶段协商解决。辩护人还辩称李某某虽构成犯罪，但其犯意源于社会的普遍性，是金融改革的一个新鲜产物，国家并未严管，李某某在经营过程中发现资金链断裂后采取很多措施，即时停业，积极与被害人沟通、协商还款，对债权可通过起诉、调解维权，只是其债权尚未获执行，直至穷尽自己的一切财物，本案有别于其他非吸案件，李某某既未将吸存款挥霍消费，亦未逃避，其是初犯，当庭自愿认罪，适用缓刑可让李某某即时追款还债，请求从轻处罚适用缓刑。审理认为，所辩从轻情节与事实相符，被告人李某某在事后穷尽努力把损失降低到最低，值得肯定，在量刑时予以体现，但本案涉及面广、涉案人数多、金额巨大，欠款未归还，亦未获得被害人的谅解，社会矛盾并未消除，至于被告人李某某持有的债权可通过民事诉讼，交给法院执行来实现，故不宜适用缓刑。

【判决结果】

依照《中华人民共和国合同法》第八条、第二百零六条规定，判决如下：

被告人李某某犯非法吸收公众存款罪，判处有期徒刑三年零六个月，并处罚金人民币八万元，责令退赔赃款人民币二百七十三万七千三百九十四元，返还各被害人（刑期从判决执行之日起计算。判决执行以前先行羁押的，羁押一日折抵刑期一日，即自二〇一五年八月二十五日起至二〇一九年二月二十四日止。罚金和赃款限在判决生效后一个月内缴退）。

【相关法条】

《中华人民共和国刑法》

第一百七十六条　非法吸收公众存款或者变相吸收公众存款，扰乱金融秩序的，处三年以下有期徒刑或者拘役，并处或者单处二万元以上二十万元以下罚金；数额巨大或者有其他严重情节的，处三年以上十年以下有期徒刑，并处五万元以上五十万元以下罚金。

第六十七条　【自首】犯罪以后自动投案，如实供述自己的罪行的，是自首。对于自首的犯罪分子，可以从轻或者减轻处罚。其中，犯罪较轻的，可以免除处罚。

被采取强制措施的犯罪嫌疑人、被告人和正在服刑的罪犯，如实供述司法机关还未掌握的本人其他罪行的，以自首论。

犯罪嫌疑人虽不具有前两款规定的自首情节，但是如实供述自己罪行的，可以从轻处罚；因其如实供述自己罪行，避免特别严重后果发生的，可以减轻处罚。

第六十四条　犯罪分子违法所得的一切财物，应当予以追缴或者责令退赔；对被害人的合法财产，应当及时返还；违禁品和供犯罪所用的本人财物，应当予以没收。没收的财物和罚金，一律上缴国库，不得挪用和自行处理。

（本章由抱财网提供支持）

第三部分

互联网消费金融

- 互联网消费金融
- 试点管理
- 校园贷
- 网络小贷
- 现金贷

第一章　制度规定

消费金融公司试点管理办法

（银监令〔2013〕2 号）

第一章　总　则

第一条　为促进消费金融业务发展，规范消费金融公司的经营行为，根据《中华人民共和国银行业监督管理法》《中华人民共和国公司法》等法律法规，制定本办法。

第二条　本办法所称消费金融公司，是指经银监会批准，在中华人民共和国境内设立的，不吸收公众存款，以小额、分散为原则，为中国境内居民个人提供以消费为目的的贷款的非银行金融机构。

第三条　本办法所称消费贷款是指消费金融公司向借款人发放的以消费（不包括购买房屋和汽车）为目的的贷款。

第四条　消费金融公司名称中应当标明"消费金融"字样。未经银监会批准，任何机构不得在名称中使用"消费金融"字样。

第五条　银行业监督管理机构依法对消费金融公司及其业务活动实施监督管理。

第二章　设立、变更与终止

第六条　申请设立消费金融公司应当具备下列条件：

（一）有符合《中华人民共和国公司法》和银监会规定的公司章程；

（二）有符合规定条件的出资人；

（三）有符合本办法规定的最低限额的注册资本；

（四）有符合任职资格条件的董事、高级管理人员和熟悉消费金融业务的合格从业人员；

（五）建立了有效的公司治理、内部控制和风险管理制度，具备与业务经营相适应的管理信息系统；

（六）有与业务经营相适应的营业场所、安全防范措施和其他设施；

（七）银监会规定的其他审慎性条件。

第七条　消费金融公司的出资人应当为中国境内外依法设立的企业法人，并分为主要出资人和一般出资人。主要出资人是指出资数额最多并且出资额不低于拟设消费金融公司全部股本 30% 的出资人，一般出资人是指除主要出资人以外的其他出资人。

前款所称主要出资人须为境内外金融机构或主营业务为提供适合消费贷款业务产品的境内非金融企业。

第八条　金融机构作为消费金融公司主要出资人，应当具备下列条件：

（一）具有 5 年以上消费金融领域的从业经验；

（二）最近 1 年年末总资产不低于 600 亿元人民币或等值的可自由兑换货币（合并会计报表口径）；

（三）财务状况良好，最近 2 个会计年度连续盈利（合并会计报表口径）；

（四）信誉良好，最近 2 年内无重大违法违规经营记录；

（五）入股资金来源真实合法，不得以借贷资金入股，不得以他人委托资金入股；

（六）承诺5年内不转让所持有的消费金融公司股权（银行业监督管理机构依法责令转让的除外），并在拟设公司章程中载明；

（七）具有良好的公司治理结构、内部控制机制和健全的风险管理制度；

（八）满足住所地国家（地区）监管当局的审慎监管指标要求；

（九）境外金融机构应当在中国境内设立代表处2年以上，或已设有分支机构，对中国市场有充分的分析和研究，所在国家或地区金融监管当局已经与银监会建立良好的监督管理合作机制；

（十）银监会规定的其他审慎性条件。

金融机构作为消费金融公司一般出资人，除应当具备第（三）、第（四）、第（五）、第（六）、第（七）、第（八）、第（九）项规定的条件外，还应当具备注册资本不低于3亿元人民币或等值的可自由兑换货币的条件。

第九条 非金融企业作为消费金融公司主要出资人，应当具备下列条件：

（一）最近1年营业收入不低于300亿元人民币或等值的可自由兑换货币（合并会计报表口径）；

（二）最近1年年末净资产不低于资产总额的30%（合并会计报表口径）；

（三）财务状况良好，最近2个会计年度连续盈利（合并会计报表口径）；

（四）信誉良好，最近2年内无重大违法违规经营记录；

（五）入股资金来源真实合法，不得以借贷资金入股，不得以他人委托资金入股；

（六）承诺5年内不转让所持有的消费金融公司股权（银行业监督管理机构依法责令转让的除外），并在拟设公司章程中载明；

（七）银监会规定的其他审慎性条件。

非金融企业作为消费金融公司一般出资人，应当具备第（二）、第（三）、第（四）、第（五）、第（六）项规定的条件。

第十条 消费金融公司主要出资人可以在消费金融公司章程中约定，在消费金融公司出现支付困难时，给予流动性支持；当经营失败导致损失侵蚀资本时，及时补足资本金。

第十一条 消费金融公司至少应当有1名具备5年以上消费金融业务管理和风险控制经验，并且出资比例不低于拟设消费金融公司全部股本15%的出资人。

第十二条 消费金融公司的注册资本应当为一次性实缴货币资本，最低限额为3亿元人民币或等值的可自由兑换货币。

银监会根据消费金融业务的发展情况及审慎监管需要，可以调整注册资本的最低限额。

第十三条 消费金融公司根据业务发展的需要，经银监会批准，可以设立分支机构。设立分支机构的具体条件由银监会另行制定。

第十四条 消费金融公司董事和高级管理人员实行任职资格核准制度。

第十五条 消费金融公司有下列变更事项之一的，应当报经银行业监督管理机构批准：

（一）变更公司名称；

（二）变更注册资本；

（三）变更股权或调整股权结构；

（四）变更公司住所或营业场所；

（五）修改公司章程；

（六）变更董事和高级管理人员；

（七）调整业务范围；

（八）改变组织形式；

（九）合并或分立；

（十）银监会规定的其他变更事项。

第十六条　消费金融公司有下列情况之一的，经银监会批准后可以解散：

（一）公司章程规定的营业期限届满或者公司章程规定的其他解散事由出现；

（二）公司章程规定的权力机构决议解散；

（三）因公司合并或者分立需要解散；

（四）其他法定事由。

第十七条　消费金融公司因解散、依法被撤销或被宣告破产而终止的，其清算事宜按照国家有关法律法规办理。

第十八条　消费金融公司设立、变更、终止和董事及高级管理人员任职资格核准的行政许可程序，按照银监会相关规定执行。

第十九条　消费金融公司设立、变更及业务经营过程中涉及外汇管理事项的，应当遵守国家外汇管理有关规定。

第三章　业务范围及经营规则

第二十条　经银监会批准，消费金融公司可以经营下列部分或者全部人民币业务：

（一）发放个人消费贷款；

（二）接受股东境内子公司及境内股东的存款；

（三）向境内金融机构借款；

（四）经批准发行金融债券；

（五）境内同业拆借；

（六）与消费金融相关的咨询、代理业务；

（七）代理销售与消费贷款相关的保险产品；

（八）固定收益类证券投资业务；

（九）经银监会批准的其他业务。

第二十一条 消费金融公司向个人发放消费贷款不应超过客户风险承受能力且借款人贷款余额最高不得超过人民币 20 万元。

第四章 监督管理

第二十二条 消费金融公司应当按照银监会有关规定，建立健全公司治理架构和内部控制制度，制定业务经营规则，建立全面有效的风险管理体系。

第二十三条 消费金融公司应当遵守下列监管指标要求：

（一）资本充足率不低于银监会有关监管要求；

（二）同业拆入资金余额不高于资本净额的 100%；

（三）资产损失准备充足率不低于 100%；

（四）投资余额不高于资本净额的 20%。

有关监管指标的计算方法遵照银监会非现场监管报表指标体系的有关规定。银监会视审慎监管需要可以对上述指标做出适当调整。

第二十四条 消费金融公司应当按照有关规定建立审慎的资产损失准备制度，及时足额计提资产损失准备。未提足准备的，不得进行利润分配。

第二十五条 消费金融公司应当建立消费贷款利率的风险定价机制，根据资金成本、风险成本、资本回报要求及市场价格等因素，在法律法规允许的范围内，制定消费贷款的利率水平，确保定价能够全面覆盖风险。

第二十六条　消费金融公司应当建立有效的风险管理体系和可靠的业务操作流程，充分识别虚假的申请信息，防止欺诈行为。

第二十七条　消费金融公司如有业务外包需要，应当制定与业务外包相关的政策和管理制度，包括业务外包的决策程序、对外包方的评价和管理、控制业务信息保密性和安全性的措施和应急计划等。

消费金融公司签署业务外包协议前应当向银行业监督管理机构报告业务外包的主要风险及相应的风险规避措施等。

消费金融公司不得将与贷款决策和风险控制核心技术密切相关的业务外包。

第二十八条　消费金融公司应当按规定编制并报送会计报表及银行业监督管理机构要求的其他报表。

第二十九条　消费金融公司应当建立定期外部审计制度，并在每个会计年度结束后的 4 个月内，将经法定代表人签名确认的年度审计报告报送银行业监督管理机构。

第三十条　消费金融公司应当接受依法进行的监督检查，不得拒绝、阻碍。

银行业监督管理机构在必要时可以委托会计师事务所对消费金融公司的经营状况、财务状况、风险状况、内部控制制度及执行情况等进行审计。

第三十一条　消费金融公司对借款人所提供的个人信息负有保密义务，不得随意对外泄露。

第三十二条　借款人未按合同约定归还贷款本息的，消费金融公司应当采取合法的方式进行催收，不得采用威胁、恐吓、骚扰等不正当手段。

第三十三条　消费金融公司应当按照法律法规和银监会有关监管要求做好金融消费者权益保护工作，业务办理应当遵循公开透明原则，充分履行告知义务，使借款人明确了解贷款金额、期限、价格、还款方式等内容，并在合同中载明。

第三十四条 消费金融公司违反本办法规定的，银行业监督管理机构可以责令限期整改；逾期未整改的，或者其行为严重危及消费金融公司的稳健运行、损害客户合法权益的，银行业监督管理机构可以区别情形，依照《中华人民共和国银行业监督管理法》等法律法规，采取暂停业务、限制股东权利等监管措施。

第三十五条 消费金融公司已经或者可能发生信用危机、严重影响客户合法权益的，银监会可以依法对其实行接管或者促成机构重组。消费金融公司有违法经营、经营管理不善等情形，不予撤销将严重危害金融秩序、损害公众利益的，银监会有权予以撤销。

第五章　附　则

第三十六条 香港、澳门和台湾地区的出资人设立消费金融公司适用境外出资人的条件。

第三十七条 本办法中"以上"均含本数或本级。

第三十八条 本办法由银监会负责解释。

第三十九条 本办法自 2014 年 1 月 1 日起施行，原《消费金融公司试点管理办法》（中国银监会令 2009 年第 3 号）同时废止。

中国银行业监督管理委员会 人民银行
关于小额贷款公司试点的指导意见

（银监发〔2008〕23 号）

各银监局，中国人民银行上海总部、各分行、营业管理部、各省会（首府）城市中心支行、副省级城市中心支行：

为全面落实科学发展观，有效配置金融资源，引导资金流向农村和欠发达地区，改善农村地区金融服务，促进农业、农民和农村经济发展，支持社会主义新农村建设，现就小额贷款公司试点事项提出如下指导意见：

一、小额贷款公司的性质

小额贷款公司是由自然人、企业法人与其他社会组织投资设立，不吸收公众存款，经营小额贷款业务的有限责任公司或股份有限公司。

小额贷款公司是企业法人，有独立的法人财产，享有法人财产权，以全部财产对其债务承担民事责任。小额贷款公司股东依法享有资产收益、参与重大决策和选择管理者等权利，以其认缴的出资额或认购的股份为限对公司承担责任。

小额贷款公司应执行国家金融方针和政策，在法律、法规规定的范围内开展业务，自主经营，自负盈亏，自我约束，自担风险，其合法的经营活动受法律保护，不受任何单位和个人的干涉。

二、小额贷款公司的设立

小额贷款公司的名称应由行政区划、字号、行业、组织形式依次组成，其中行政区划指县级行政区划的名称，组织形式为有限责任公司或股份有限公司。

小额贷款公司的股东需符合法定人数规定。有限责任公司应由 50 个以下股东出资设立；股份有限公司应有 2～200 名发起人，其中须有半数以上的发起人在中国境内有住所。

小额贷款公司的注册资本来源应真实合法，全部为实收货币资本，由出资人或发起人一次足额缴纳。有限责任公司的注册资本不得低于 500 万元，股份有限公司的注册资本不得低于 1 000 万元。单一自然人、企业法人、其他社会组织及其关联方持有的股份，不得超过小额贷款公司注册资本总额的 10%。

申请设立小额贷款公司，应向省级政府主管部门提出正式申请，经批准后，到当地工商行政管理部门申请办理注册登记手续并领取营业执照。此外，还应在五个工作日内向当地公安机关、中国银行业监督管理委员会派出机构和中国人民银行分支机构报送相关资料。

小额贷款公司应有符合规定的章程和管理制度，应有必要的营业场所、组织机构、具备相应专业知识和从业经验的工作人员。

出资设立小额贷款公司的自然人、企业法人和其他社会组织，拟任小额贷款公司董事、监事和高级管理人员的自然人，应无犯罪记录和不良信用记录。

小额贷款公司在当地税务部门办理税务登记，并依法缴纳各类税费。

三、小额贷款公司的资金来源

小额贷款公司的主要资金来源为股东缴纳的资本金、捐赠资金，以及来自不超过两个银行业金融机构的融入资金。

在法律、法规规定的范围内，小额贷款公司从银行业金融机构获得融入资金的余额，不得超过资本净额的 50%。融入资金的利率、期限由小额贷款公司与相应银行业金融机构自主协商确定，利率以同期"上海银行间同业拆放利率"为基准加点确定。

小额贷款公司应向注册地中国人民银行分支机构申领贷款卡。向小额贷款公司提供融资的银行业金融机构，应将融资信息及时报送所在地中国人民银行分支机构和中国银行业监督管理委员会派出机构，并应跟踪监督小额贷款公司融资的使用情况。

四、小额贷款公司的资金运用

小额贷款公司在坚持为农民、农业和农村经济发展服务的原则下自主选择贷款对象。小额贷款公司发放贷款，应坚持"小额、分散"的原则，鼓励小额贷款公司面向农户和微型企业提供信贷服务，着力扩大客户数量和服务覆盖面。同一借款人的贷款余额不得超过小额贷款公司资本净额的5%。在此标准内，可以参考小额贷款公司所在地经济状况和人均 GDP 水平，制定最高贷款额度限制。

小额贷款公司按照市场化原则进行经营，贷款利率上限放开，但不得超过司法部门规定的上限，下限为人民银行公布的贷款基准利率的0.9倍，具体浮动幅度按照市场原则自主确定。有关贷款期限和贷款偿还条款等合同内容，均由借贷双方在公平自愿的原则下依法协商确定。

五、小额贷款公司的监督管理

凡是省级政府能明确一个主管部门（金融办或相关机构）负责对小额贷款公司的监督管理，并愿意承担小额贷款公司风险处置责任的，方可在本省（区、市）的县域范围内开展组建小额贷款公司试点。

小额贷款公司应建立发起人承诺制度，公司股东应与小额贷款公司签订承诺书，承诺自觉遵守公司章程，参与管理并承担风险。

小额贷款公司应按照《公司法》要求建立健全公司治理结构，明确股东、董事、监事和经理之间的权责关系，制定稳健有效的议事规则、决策程序和内审制度，提高公司治理的有效性。小额贷款公司应建立健全贷款管理制度，明确贷前调查、贷时审查和贷后检查业务流程和操作规范，切实加强贷款管理。小额贷款公司应加强内部控制，按照国家有关规定建立健全企业财务会计制度，真实记录和全面反映其业务活动和财务活动。

小额贷款公司应按照有关规定，建立审慎规范的资产分类制度和拨备制度，准确进行资产分类，充分计提呆账准备金，确保资产损失准备充足率始终保持在100%以上，全面覆盖风险。

小额贷款公司应建立信息披露制度，按要求向公司股东、主管部门、向其提供融资的银行业金融机构、有关捐赠机构披露经中介机构审计的财务报表和年度业务经营情况、融资情况、重大事项等信息，必要时应向社会披露。

小额贷款公司应接受社会监督，不得进行任何形式的非法集资。从事非法集资活动的，按照国务院有关规定，由省级人民政府负责处置。对于跨省份非法集资活动的处置，需要由处置非法集资部际联席会议协调的，可由省级人民政府请求处置非法集资部际联席会议协调处置。其他违反国家法律法规的行为，由当地主管部门依据有关法律法规实施处罚；构成犯罪的，依法追究刑事责任。

中国人民银行对小额贷款公司的利率、资金流向进行跟踪监测，并将小额贷款公司纳入信贷征信系统。小额贷款公司应定期向信贷征信系统提供借款人、贷款金额、贷款担保和贷款偿还等业务信息。

六、小额贷款公司的终止

小额贷款公司法人资格的终止包括解散和破产两种情况。小额贷款公司可因下列原因解散：（一）公司章程规定的解散事由出现；（二）股东大会决议解散；（三）因公司合并或者分立需要解散；（四）依法被吊销营业执照、责令关闭或者被撤销；（五）人民法院依法宣布公司解散。小额贷款公司解散，依照《公司法》进行清算和注销。

小额贷款公司被依法宣告破产的，依照有关企业破产的法律实施破产清算。

小额贷款公司依法合规经营，没有不良信用记录的，可在股东自愿的基础上，按照《村镇银行组建审批指引》和《村镇银行管理暂行规定》规范改造为村镇银行。

七、其他

中国银行业监督管理委员会派出机构和中国人民银行分支机构，要密切配合当地政府，创造性地开展工作，加强对小额贷款公司工作的政策宣传。同时，积极开展小额贷款培训工作，有针对性的对小额贷款公司及其客户进行相关培训。

本指导意见未尽事宜，按照《中华人民共和国公司法》《中华人民共和国合同法》等法律法规执行。

本指导意见由中国银行业监督管理委员会和中国人民银行负责解释。请各银监局和人民银行上海总部、各分行、营业管理部、各省会（首府）城市中心支行、副省级城市中心支行联合将本指导意见转发至银监分局、人民银行地市中心支行、县（市）支行和相关单位。

关于进一步加强
校园贷规范管理工作的通知

（银监发〔2017〕26号）

各银监局，各省、自治区、直辖市及新疆生产建设兵团教育厅（局、教委）、金融办（局）、人力资源社会保障厅（局），各政策性银行、大型银行、股份制银行，邮储银行，中央所属各高等院校：

银监会教育部等六部委《关于进一步加强校园网贷整治工作的通知》（银监发〔2016〕47号，以下简称银监发47号文）印发以来，各地加大对网络借贷信息中介机构（以下简称网贷机构）校园网贷业务的清理整顿，取得了初步成效。但部分地区仍存在校园贷乱象，特别是一些非网贷机构针对在校学生开展借贷业务，突破了校园网贷的范畴和底线，一些地方"求职贷""培训贷""创业贷"等不良借贷问题突出，给校园安全和学生合法权益带来严重损害，造成了不良社会影响。为进一步加大校园贷监管整治力度，从源头上治理乱象，防范和化解校园贷风险，现就加强校园贷规范管理工作通知如下：

一、疏堵结合，维护校园贷正常秩序

为满足大学生在消费、创业、培训等方面合理的信贷资金和金融服务需求，净化校园金融市场环境，使校园贷回归良性发展，商业银行和政策性银行应在风险可控的前提下，有针对性地开发高校助学、培训、消费、创业等金融产品，向大学生提供定制化、规范化的金融服务，合理设置信贷额度和利率，提高大学生校园贷服务质效，畅通正规、阳光的校园信贷服务渠道。开展校园贷的银行应制定完善的校园信贷风险管理制度，建立风险预警机制，加强贷前调查评估，认真审核评定贷款大学生资质，重视贷后管理监督，确保资金流向符合合同规定。如发现贷款大学生存在资料造假等欺骗行为，应提前收回贷款。银行应及时掌握贷款大学生资金流动状况和信用评分变化情况，评估其还款能力，采取应对措施，确保风险可控。

针对当前各类放贷主体进入校园贷市场，缺乏相应制度和监管约束，以及放贷主体自身风险控制机制缺失等问题，为切实规范校园贷管理，杜绝校园贷欺诈、高利贷和暴力催收等行为，未经银行业监督管理部门批准设立的机构不得进入校园为大学生提供信贷服务。

二、整治乱象，暂停网贷机构开展校园网贷业务

各地金融办（局）和银监局要在前期对网贷机构开展校园网贷业务整治的基础上，协同相关部门进一步加大整治力度，杜绝网贷机构发生高利放贷、暴力催收等严重危害大学生安全的行为。现阶段，一律暂停网贷机构开展在校大学生网贷业务，逐步消化存量业务。要督促网贷机构按照分类处置工作要求，对于存量校园网贷业务，根据违法违规情节轻重、业务规模等状况，制定整改计划，确定整改完成期限，明确退出时间表。要督促网贷机构按期完成业务整改，主动下线校园网贷相关业务产品，暂停发布新的校园网贷业务标的，有序清退校园网贷业务待还余额。对拒不整改或超期未完成整改的，要暂停其开展网贷业务，依法依规予以关闭或取缔，对涉嫌恶意欺诈、暴力催收、制作贩卖传播淫秽物品等严重违法违规行为的，移交公安、司法机关依法追究刑事责任。

三、综合施策，切实加强大学生教育管理

各高校要把校园贷风险防范和综合整治工作作为当前维护学校安全稳定的重大工作来抓，完善工作机制，建立党委负总责、有关部门各负

其责的管控体系，切实担负起教育管理学生的主体责任。一是加强教育引导。积极开展常态化、丰富多彩的消费观、金融理财知识及法律法规常识教育，培养学生理性消费、科学消费、勤俭节约、自我保护等意识。现阶段，应向每一名学生发放校园贷风险告知书并签字确认，每学期至少集中开展一次校园贷专项宣传教育活动，加强典型案例通报警示教育，让学生深刻认识不良校园贷危害，提醒学生远离不良校园贷。二是建立排查整治机制。开展校园贷集中排查，加强校园秩序管理。未经校方批准，严禁任何人、任何组织在校园内进行各种校园贷业务宣传和推介，及时清理各类借贷小广告。畅通不良校园贷举报渠道，鼓励教职员工和学生对发现的不良校园贷线索进行举报。对未经校方批准在校宣传推介、组织引导学生参与校园贷或利用学生身份证件办理不良校园贷的教职工或在校学生，要依规依纪严肃查处。三是建立应急处置机制。对于发现的学生参与不良校园贷事件要及时告知学生家长，并会同学生家长及有关方面做好应急处置工作，将危害消灭在初始状态。同时，对发现的重大事件要及时报告当地金融监管部门、公安部门、教育主管部门。四是切实做好学生资助工作。帮助每一名家庭经济困难学生解决好学费、住宿费和基本生活费等方面困难。五是建立不良校园贷责任追究机制。对校内有关部门和院系开展校园贷教育、警示、排查、处置等情况进行定期检查，凡责任落实不到位的，要追究有关部门、院系和相关人员责任。对因校园贷引发恶性事件或造成重大案件的，教育主管部门要倒查倒追有关高校及相关责任人，发现未开展宣传教育、风险警示、排查处置等工作的，予以严肃处理。

四、分工负责，共同促进校园贷健康发展

各部门要高度重视校园贷规范管理工作，明确分工，压实职责，加强信息共享，形成监管合力。各地金融办（局）和银监局要加强引导，

鼓励合规机构积极进入校园，为大学生提供合法合规的信贷服务。要制定正负面清单，明确校园贷市场参与机构。要积极配合教育主管部门开展金融消费者教育保护和宣传工作。要加强信息共享与经验交流，以案说法，务求整治实效。各地教育主管部门、各高校要切实采取有效措施，做好本地本校工作分层对接和具体落实，筑好防范违规放贷机构进入校园的"防火墙"，加强风险警示、教育引导和校园管理工作。各地人力资源社会保障部门要加强人力资源市场和职业培训机构监管，依法查处"黑中介"和未经许可擅自从事职业培训业务等各类侵害就业权益的违法行为，杜绝公共就业人才服务机构以培训、求职、职业指导等名义，捆绑推荐信贷服务。涉及校园网贷整治相关事项，有关部门应按照银监发47号文要求抓好贯彻落实。

请各地区、各有关部门认真梳理辖内校园贷规范管理工作落实情况，并于2017年6月30日前将书面报告报送银监会、教育部、人力资源和社会保障部。

关于开展"现金贷"
业务活动清理整顿工作的通知

（网贷整治办函〔2017〕19 号）

各省（区、市、计划单列市）P2P 网络借贷风险专项整治联合工作办公室：

近日，网络上出现关于"现金贷"的负面报道，引发社会高度关注，考虑到部分"现金贷"平台行为影响恶劣，容易触发社会风险，亟须规范和引导，根据国务院领导批示，及互联网金融风险专项整治工作领导小组办公室要求，将"现金贷"纳入互联网金融风险专项整治工作，请各省（区、市、计划单列市）P2P 网络借贷风险专项整治联合工作办公室根据 P2P 网贷整治实施方案对各地区开展"现金贷"业务活动进行清理整顿，具体工作要求如下：

一、高度重视，全面摸清"现金贷"风险底数

近年来"现金贷"平台遍地开花，良莠不齐，部分平台存在三个突出问题：一是利率畸高，根据媒体报道，"现金贷"平均利率为 158%，最高的"发薪贷"利率高达 598%，实质是以"现金贷"之名行"高利贷"之实，严重影响市场经济稳定。二是风控基本为零，坏账率极高，依靠暴利覆盖风险。部分平台大力招聘线下人员，盲目扩张，且放款随意，部分平台借款人只需要输入简单信息和提供部分授权即可借款，行业坏账率普遍在 20% 以上。三是利滚利让借款人陷入负债危机。借款人一旦逾期，平台将收取高额罚金，同时采取电话"轰炸"其亲朋好友或暴力催收等手段，部分借款人在一个平台上的借款无法清偿时，被追转

向其他平台"借新还旧"，使得借款人负债成倍增长。

考虑到上述部分平台行为影响恶劣，极易引发社会关切，各地应给予高度重视，结合本次网络借贷风险专项整治工作部署要求，集中配置监管力量，对各地区"现金贷"平台开展摸底排查与集中整治，请各地区根据排查情况确定"现金贷"机构名单，摸清风险底数，防止风险的集中爆发和蔓延，维护网贷行业正常发展秩序。

二、分类整治，切实防范风险

各地根据风险排查的实际情况，按照情节轻重对"现金贷"P2P网贷平台进行分类处置，对违反《网格借贷信息中介机构业务活动管理暂行办法》相关规定的平台按期完成整改；对涉嫌恶意欺诈、发放高利贷和暴力催收等违法违规的平台，各地在及时掌握犯罪行为事实证据和线索的情况下，及时移送公安机关进行处置。同时，对网络小贷开展"现金贷"业务进行风险排查和整治，对于未经许可开展此类业务的机构立即叫停，存量业务逐步压降至零；对于存在涉嫌恶意欺诈、发放高利贷和暴力催收等违法违规行为的网络小贷，及时移送公安机关进行处置，切实防范风险，引导"现金贷"业务健康有序发展。

请各地于每月10日前，按月将相关整治进展情况报送我办，报告内容包括但不限于："现金贷"平台基本情况（如机构数量、交易规模、借款人数、出借人数、借款利率等）、初步查实的违规问题、尚待进一步查明的线索和问题以及下一步清理整规工作计划等。

三、宣传引导，及时开展相关风险提示和宣传教育活动

各地在清理整顿过程中应当做好舆论引导，通过官网发布、媒体访谈、专家解读等多种方式，持续开展相关风险提示和宣传教育活动，主动对外发声，释效监管信号，及时回应公众关切，正面引导舆情。

关于开展"现金贷"
业务活动清理整顿工作的补充说明

（网贷整治办函〔2017〕20 号）

各省（区、市、计划单列市）P2P 网络借贷风险专项整治联合工作办公室：

根据各地 P2P 网络借贷风险专项整治联合工作办公室反馈意见，现对《关于开展"现金贷"业务活动清理整顿工作的通知》（网贷整治办函〔2017〕19 号）文件做出如下补充说明：

一、"现金贷"业务活动主要业务特征

根据当前市场"现金贷"业务活动经营模式，请各地开展"现金贷"业务活动清理整顿工作中，对具有下列特征的平台应当予以重点关注：

1. 平台利率畸高。当前部分平台采取日息、月息等概念吸引借款人，而实际年化利率超过 36%，造成部分借款人负债累增。根据最高人民法院《关于审理民间借贷案件适用法律若干问题的规定》第二十六条"借贷双方约定的利率未超过年利率 24%，出借人请求借款人按照约定的利率支付利息的，人民法院应予支持""借贷双方约定的利率超过年利率 36%，超过部分的利息约定无效。借款人请求出借人返还已支付的超过年利率 36% 部分的利息的，人民法院应予支持。"

2. 实际放款金额与借款合同金额不符，部分平台在给借款人放贷时，存在从借贷本金中先行扣除利息、手续费、管理费、保证金等金额，造成借款人实际收到的借款金额与借款合同约定金额不符，变相提高借

款人借款利率。

3. 无抵押，期限短。"现金贷"平台主要通过无抵押信用贷款，借款期限集中在 1～30 天，放款速度快等方式吸引借款人。

4. 依靠暴利覆盖风险，暴力催收。当前部分"现金贷"平台风险控制十分薄弱，行业坏账率普遍在 20% 以上，平台依靠收取的高额利率平衡风险。而借款人一旦逾期，平台则采取非法手段对借款人进行各种方式的暴力催收，极易引此恶性事件的发生。

二、核查处置依据

各地开展"现金贷"业务活动过程中，可参考《关于审理民间借贷案件适用法律若干问题的规定》《非法金融机构和非法金融业务活动取缔办法》《关于小额贷款公司试点的指导意见》《网络借贷信息中介机构业务活动暂行管理办法》《P2P 网络借贷风险专项整治工作实施方案》等文件作为清理整顿工作依据，对违法违规行为予以监督管理，对违法犯罪行为及时移送相关机关。

三、部分"现金贷"平台名单

根据上述"现金贷"业务活动相关特征，以搜索关键词的方式，有关部门协助我办排查出部分具有上述特征的平台，现发送给各地，供各省（区、市、计划单列市）P2P 网络借贷风险专项整治联合工作办公室参考，请各地根据各地区实际情况，开展清理整顿工作，排查名单不限于上述机构。

关于规范整顿"现金贷"业务的通知

整治办函〔2017〕141 号

各省（自治区、直辖市）互联网金融风险专项整治工作领导小组办公室、网络借贷风险专项整治联合工作办公室：

近期，具有无场景依托、无指定用途、无客户群体限定、无抵押等特征的"现金贷"业务快速发展，在满足部分群体正常消费信贷需求方面发挥了一定作用，但过度借贷、重复授信、不当催收、畸高利率、侵犯个人隐私等问题十分突出，存在着较大的金融风险和社会风险隐患。

为贯彻落实全国金融工作会议精神，依据《中华人民共和国银行业监督管理法》《中华人民共和国商业银行法》《非法金融机构和非法金融业务活动取缔办法》《关于小额贷款公司试点的指导意见》《互联网金融风险专项整治工作实施方案》《P2P 网络借贷风险专项整治工作实施方案》《通过互联网开展资产管理及跨界从事金融业务风险专项整治工作实施方案》《网络借贷信息中介机构业务活动管理暂行办法》等有关法律法规和政策文件，现就规范整顿"现金贷"业务有关事宜通知如下。

一、提高认识，准确把握"现金贷"业务开展原则

（一）设立金融机构、从事金融活动，必须依法接受准入管理。未依法取得经营放贷业务资质，任何组织和个人不得经营放贷业务。

（二）各类机构以利率和各种费用形式对借款人收取的综合资金成本应符合最高人民法院关于民间借贷利率的规定，禁止发放或撮合违反法律有关利率规定的贷款。各类机构向借款人收取的综合资金成本应统一折算为年化形式，各项贷款条件以及逾期处理等信息应在事前全面、

公开披露，向借款人提示相关风险。

（三）各类机构应当遵守"了解你的客户"原则，充分保护金融消费者权益，不得以任何方式诱致借款人过度举债，陷入债务陷阱。应全面持续评估借款人的信用情况、偿付能力、贷款用途等，审慎确定借款人适当性、综合资金成本、贷款金额上限、贷款期限、贷款展期限制、"冷静期"要求、贷款用途限定、还款方式等。不得向无收入来源的借款人发放贷款，单笔贷款的本息费债务总负担应明确设定金额上限，贷款展期次数一般不超过 2 次。

（四）各类机构应坚持审慎经营原则，全面考虑信用记录缺失、多头借款、欺诈等因素对贷款质量可能造成的影响，加强风险内控，谨慎使用"数据驱动"的风控模型，不得以各种方式隐匿不良资产。

（五）各类机构或委托第三方机构均不得通过暴力、恐吓、侮辱、诽谤、骚扰等方式催收贷款。

（六）各类机构应当加强客户信息安全保护，不得以"大数据"为名窃取、滥用客户隐私信息，不得非法买卖或泄露客户信息。

二、统筹监管，开展对网络小额贷款清理整顿工作

（一）小额贷款公司监管部门暂停新批设网络（互联网）小额贷款公司；暂停新增批小额贷款公司跨省（区、市）开展小额贷款业务。已经批准筹建的，暂停批准开业。

小额贷款公司的批设部门应符合国务院有关文件规定。对于不符合相关规定的已批设机构，要重新核查业务资质。

（二）严格规范网络小额贷款业务管理。暂停发放无特定场景依托、无指定用途的网络小额贷款，逐步压缩存量业务，限期完成整改。应采取有效措施防范借款人"以贷养贷""多头借贷"等行为。禁止发放"校园贷"和"首付贷"。禁止发放贷款用于股票、期货等投机经营。地

方金融监管部门应建立持续有效的监管安排，中央金融监管部门将加强督导。

（三）加强小额贷款公司资金来源审慎管理。禁止以任何方式非法集资或吸收公众存款。禁止通过互联网平台或地方各类交易场所销售、转让及变相转让本公司的信贷资产。禁止通过网络借贷信息中介机构融入资金。以信贷资产转让、资产证券化等名义融入的资金应与表内融资合并计算，合并后的融资总额与资本净额的比例暂按当地现行比例规定执行，各地不得进一步放宽或变相放宽小额贷款公司融入资金的比例规定。

对于超比例规定的小额贷款公司，应制定压缩规模计划，限期内达到相关比例要求，由小额贷款公司监管部门监督执行。

网络小额贷款清理整顿工作由各省（区、市）小额贷款公司监管部门具体负责。中央金融监管部门将制定并下发网络小额贷款风险专项整治的实施方案，进一步细化有关工作要求。

三、加大力度，进一步规范银行业金融机构参与"现金贷"业务

（一）银行业金融机构（包括银行、信托公司、消费金融公司等）应严格按照《个人贷款管理暂行办法》等有关监管和风险管理要求，规范贷款发放活动。

（二）银行业金融机构不得以任何形式为无放贷业务资质的机构提供资金发放贷款，不得与无放贷业务资质的机构共同出资发放贷款。

（三）银行业金融机构与第三方机构合作开展贷款业务的，不得将授信审查、风险控制等核心业务外包。"助贷"业务应当回归本源，银行业金融机构不得接受无担保资质的第三方机构提供增信服务以及兜底承诺等变相增信服务，应要求并保证第三方合作机构不得向借款人收取

息费。

（四）银行业金融机构及其发行、管理的资产管理产品不得直接投资或变相投资以"现金贷""校园贷""首付贷"等为基础资产发售的（类）证券化产品或其他产品。

银行业金融机构参与"现金贷"业务的规范整顿工作，由银监会各地派出机构负责开展，各地整治办配合。

四、持续推进，完善 P2P 网络借贷信息中介机构业务管理

（一）不得撮合或变相撮合不符合法律有关利率规定的借贷业务；禁止从借贷本金中先行扣除利息、手续费、管理费、保证金以及设定高额逾期利息、滞纳金、罚息等。

（二）不得将客户的信息采集、甄别筛选、资信评估、开户等核心工作外包。

（三）不得撮合银行业金融机构资金参与 P2P 网络借贷。

（四）不得为在校学生、无还款来源或不具备还款能力的借款人提供借贷撮合业务。不得提供"首付贷"、房地产场外配资等购房融资借贷撮合服务。不得提供无指定用途的借贷撮合业务。

各地网络借贷风险专项整治联合工作办公室应当结合《关于开展"现金贷"业务活动清理整顿工作的通知》（网贷整治办函〔2017〕19号）要求，对网络借贷信息中介机构开展"现金贷"业务进行清理整顿。

五、分类处置，加大对各类违法违规机构处置力度

（一）各类机构违反前述规定开展业务的，由各监管部门按照情节轻重，采取暂停业务、责令改正、通报批评、不予备案、取消业务资质等措施督促其整改，情节严重的坚决取缔；同时，视情由省级人民政府

相关职能部门及金融监管部门依法实施行政处罚。对协助各类机构违法违规开展业务的网站、平台等，有关部门应叫停并依法追究责任。

（二）对于未经批准经营放贷业务的组织或个人，在银监会指导下，各地依法予以严厉打击和取缔；对于借机逃废债、不支持配合清理整顿工作的，加大处罚、打击力度；涉嫌非法经营的，移送相关部门进行查处；金融机构和非银行支付机构停止提供金融服务，通信管理部门依法处置互联网金融网站和移动应用程序。涉嫌非法集资、非法证券等违法违规活动的，分别按照处置非法集资、打击非法证券活动、清理整顿各类交易场所等工作机制予以查处。

（三）对涉嫌恶意欺诈和暴力催收等严重违法违规的机构，及时将线索移交公安机关，切实防范风险，确保社会大局稳定。

六、抓好落实，注重长效，确保规范整顿工作效果

（一）各地应加强组织领导和统筹协调，由地方金融监管部门牵头，明确各类机构的整治主责任部门，摸清风险底数，制订整顿计划，压实辖内从业机构主体责任，全面深入开展清理整顿，抓紧建立属地责任与跨区域协同相结合的工作机制。同时，做好应急预案，守住风险底线。

（二）各地应引导辖内相关机构充分利用国家金融信用信息基础数据库和中国互联网金融协会信用信息共享平台，防范借款人多头借贷、过度借贷。各地应当引导借款人依法履行债务清偿责任，建立失信信息公开、联合惩戒等制度，使得失信者一处失信、处处受限。

（三）各地应开展风险警示教育，提高民众识别不公平、欺诈性贷款活动和违法违规金融活动的能力，增强风险防范意识。

（四）各地应建立举报和重奖重罚制度，充分利用中国互联网金融协会举报平台等渠道，对提供违法违规活动线索的举报人给予奖励，充分发挥社会监督作用，对违法违规行为进行重罚，形成有效震慑。

（五）各地应严格按照本通知要求开展规范整顿。对监管责任缺位和落实不力的，将严肃问责。

（六）各地应将整治计划和月度工作进展（每个月后 5 个工作日内）报送 P2P 网贷风险专项整治工作小组办公室（银监会），并抄送互联网金融风险专项整治领导小组办公室（人民银行）。

第二章　相关案例

某消费金融公司行政处罚案

【案情简介】

某消费金融有限公司的贷款和同业业务严重违反审慎经营规则、超经营范围开展业务、提供虚假且隐瞒重要事实的报表、开展监管叫停业务等。宋某某、袁某某、顾某、尹某为责任人。

【法律分析】

某消费金融有限公司的贷款和同业业务严重违反审慎经营规则、超经营范围开展业务、提供虚假且隐瞒重要事实的报表、开展监管叫停业务等行为，违反了《个人消费贷款管理办法》第四十二条，以及《银行业监督管理办法》第四十五条、第四十六条、第四十八条相关规定。

【处理结果】

北京银监局责令某消费金融有限公司改正，并对其给予合计900万元罚款的行政处罚。对宋某某给予警告并处50万元罚款的行政处罚。对袁某某给予取消10年的董事、高级管理人员任职资格，禁止2年内从事银行业工作的行政处罚。对尹某给予禁止 12 年内从事银行业工作的行政处罚。对顾某给予警告并处 20 万元罚款的行政处罚。

【相关法条】

1. 《个人消费贷款管理办法》第四十二条　贷款人有下列情形之一的，中国银行业监督管理委员会除按本办法第四十一条采取监管措施外，还可根据《中华人民共和国银行业监督管理法》第四十六条、第四十八条规定对其进行处罚：

（一）发放不符合条件的个人贷款的；

（二）签订的借款合同不符合本办法规定的；

（三）违反本办法第七条规定的（贷款人不得发放无指定用途的个人贷款）；

（四）将贷款调查的全部事项委托第三方完成的；

（五）超越或变相超越贷款权限审批贷款的；

（六）授意借款人虚构情节获得贷款的；

（七）对借款人违背借款合同约定的行为应发现而未发现，或虽发现但未采取有效措施的；

（八）严重违反本办法规定的审慎经营规则的其他情形的。

2. 《银行业监督管理办法》第四十五条　银行业金融机构有下列情形之一，由国务院银行业监督管理机构责令改正，有违法所得的，没收违法所得，违法所得五十万元以上的，并处违法所得一倍以上五倍以下罚款；没有违法所得或者违法所得不足五十万元的，处五十万元以上二百万元以下罚款；情节特别严重或者逾期不改正的，可以责令停业整顿或者吊销其经营许可证；构成犯罪的，依法追究刑事责任：

（一）未经批准设立分支机构的；

（二）未经批准变更、终止的；

（三）违反规定从事未经批准或者未备案的业务活动的；

（四）违反规定提高或者降低存款利率、贷款利率的。

3.《银行业监督管理办法》第四十六条　银行业金融机构有下列情形之一，由国务院银行业监督管理机构责令改正，并处二十万元以上五十万元以下罚款；情节特别严重或者逾期不改正的，可以责令停业整顿或者吊销其经营许可证；构成犯罪的，依法追究刑事责任：

（一）未经任职资格审查任命董事、高级管理人员的；

（二）拒绝或者阻碍非现场监管或者现场检查的；

（三）提供虚假的或者隐瞒重要事实的报表、报告等文件、资料的；

（四）未按照规定进行信息披露的；

（五）严重违反审慎经营规则的；

（六）拒绝执行本法第三十七条规定的措施的。

4.《银行业监督管理办法》第四十八条　银行业金融机构违反法律、行政法规以及国家有关银行业监督管理规定的，银行业监督管理机构除依照本法第四十四条至第四十七条规定处罚外，还可以区别不同情形，采取下列措施：

（一）责令银行业金融机构对直接负责的董事、高级管理人员和其他直接责任人员给予纪律处分；

（二）银行业金融机构的行为尚不构成犯罪的，对直接负责的董事、高级管理人员和其他直接责任人员给予警告，处五万元以上五十万元以下罚款；

（三）取消直接负责的董事、高级管理人员一定期限直至终身的任职资格，禁止直接负责的董事、高级管理人员和其他直接责任人员一定期限直至终身从事银行业工作。

浙江某小贷公司与
借款人关于电子合同效力纠纷案

【案情简介】

2010年6月29日，原、被告通过网络在线订立一份《贷款合同》。合同约定：授信额度为人民币350 000元；授信期限自2010年6月29日至2010年12月29日；日利率为0.047%，罚息利率为贷款利率上浮50%；借款人同意某小贷公司将每次申请的贷款划入支付宝公司的结算账户，再由支付宝公司将贷款的20%划入指定支付宝账号，80%划入指定银行账号；使用支付宝账号和密码登录某贷款网站的所有行为均视为借款人本人行为，包括但不限于订立本合同、申请贷款、归还贷款等；还款方式为按月付息，到期还本，即每月偿付当月实际产生的利息，到期归还全部贷款本金；借款人连续或累计三期未能按本合同约定还本付息的，某小贷公司有权提前终止合同，某小贷公司发出还款通知的第三日即贷款到期日；双方同意本合同使用互联网信息技术以数据电文形式订立并认同其效力。

在授信期限内，被告分9笔向原告申请支用贷款总计人民币350 000元。支取时间和金额分别如下：2010年6月30日，支取金额为100 000元；2010年7月2日，支取金额为50 000元；2010年7月10日，支取金额为50 000元；2010年7月27日，支取金额为30 000元；2010年7月30日，支取金额为40 000元；2010年7月30日，支取金额为30 000元；2010年8月14日，支取金额为20 000元；2010年9月20日，支取金额为20 000元；2010年10月3日，支取金额为10 000元。原告在向被告发放贷款时，其中 80% 发放至被告持有的中国农业银行个人银行卡账户，剩余 20% 发放至被告的个人支付宝账户。

借款到期后，截至 2011 年 3 月 9 日，被告已有 7 笔贷款到期未清偿。2011 年 3 月 10 日，原告向被告发出《贷款提前到期通知函》，宣布剩余 2 笔贷款提前到期，到期日为 2011 年 3 月 13 日。截至 2011 年 3 月 9 日，被告通过其支付宝账户已向原告支付利息 24 222 元。

原告于 2011 年 3 月 16 日诉至法院，请求判令被告偿还贷款本金 350 000 元，并支付利息 20 340.97 元（该利息计算至 2011 年 3 月 9 日，自 2011 年 3 月 10 日起的利息按合同约定另计，并计算至被告实际清偿时为止）。被告未到庭，也未提供证据。

【法律分析】

原、被告同意使用互联网信息技术以数据电文形式订立合同，根据《中华人民共和国电子签名法》第三条的规定，应当确认电子合同及其他文件在本案中具有法律效力。通过公证提取的《贷款合同》，由第三方出具的电子回单、还款记录等，其所含的数据电文，在功能上已经具有原件的证据效力。该数据电文，随时可以提取，且被告也未到庭表明存在更改迹象，已符合证据的真实性要求。据此，本院对《贷款合同》以及付款记录等内容，予以确认。

原告通过支付宝的实名认证，可以确认其户主身份为本案的被告。在线签订《贷款合同》过程中，经过原告审查，使支付宝账号上的授信贷款处于可点击状态，视为原告向被告发出要约；通过输入被告的支付宝账号及密码，即可确认合同的签约人为被告本人或其授权的代理人，并表明认可合同相关内容，通过上述电子签名，视为被告对上述要约作出的承诺。

原、被告所签订的《贷款合同》，系双方真实意思表示，且合法有效，本院予以确认。根据被告的支用申请，原告已通过支付宝将贷款发放至被告支付宝及银行卡账户，原告已经履行放贷义务。被告支取的 9 笔贷款中，截至 2011 年 3 月 9 日，已经有 7 笔贷款逾期未归还。为此，原告要求剩余 2 笔贷款于 3 日内还款，否则宣布提前到期，其符合合同事先约定，且该约定未违反法律禁止性规定，本院予以确认。

综上，被告未在约定的期限内归还借款，已构成违约，应承担违约责任。原告要求被告归还借款 350 000 元，本院予以支持。有关利息部分，对不超出中国人民银行同期同类贷款基准利率 4 倍的，本院予以保护（注：本案借贷发生在《借贷规定》实施之前，因而适用《借贷意见》处理）。

【判决结果】

被告于本判决生效后 5 日内归还原告浙江某小额贷款股份有限公司借款人民币 350 000 元，并支付利息损失（借款期限内的利息，按日利率 0.047% 计算，逾期还款的罚息，从逾期之日到实际付清为止，按照合同约定的贷款利率计算，但以不超出中国人民银行同期同类贷款基准利率 4 倍为限）。

【相关法条】

《中华人民共和国电子签名法》第三条　民事活动中的合同或者其他文件、单证等文书，当事人可以约定使用或者不使用电子签名、数据电文。

当事人约定使用电子签名、数据电文的文书，不得仅因为其采用电子签名、数据电文的形式而否定其法律效力。

前款规定不适用下列文书：

（一）涉及婚姻、收养、继承等人身关系的；

（二）涉及土地、房屋等不动产权益转让的；

（三）涉及停止供水、供热、供气、供电等公用事业服务的；

（四）法律、行政法规规定的不适用电子文书的其他情形。

（本章由京东金融提供支持）

第四部分
互联网支付

- 互联网支付
- 电子支付
- 网络支付
- 客户备付金
- 第三方支付机构
- 账户分类

第一章　制度规定

电子支付指引（第一号）

（中国人民银行公告〔2005〕第 23 号）

第一章　总　则

第一条　为规范和引导电子支付的健康发展，保障当事人的合法权益，防范支付风险，确保银行和客户资金的安全，制定本指引。

第二条　电子支付是指单位、个人（以下简称客户）直接或授权他人通过电子终端发出支付指令，实现货币支付与资金转移的行为。

电子支付的类型按电子支付指令发起方式分为网上支付、电话支付、移动支付、销售点终端交易、自动柜员机交易和其他电子支付。

境内银行业金融机构（以下简称银行）开展电子支付业务，适用本指引。

第三条　银行开展电子支付业务应当遵守国家有关法律、行政法规的规定，不得损害客户和社会公共利益。

银行与其他机构合作开展电子支付业务的，其合作机构的资质要求应符合有关法规制度的规定，银行要根据公平交易的原则，签订书面协议并建立相应的监督机制。

第四条　客户办理电子支付业务应在银行开立银行结算账户（以下简称账户），账户的开立和使用应符合《人民币银行结算账户管理办法》、《境内外汇账户管理规定》等规定。

第五条　电子支付指令与纸质支付凭证可以相互转换，二者具有同等效力。

第六条　本指引下列用语的含义为：

（一）"发起行"，是指接受客户委托发出电子支付指令的银行。

（二）"接收行"，是指电子支付指令接收人的开户银行；接收人未在银行开立账户的，指电子支付指令确定的资金汇入银行。

（三）"电子终端"，是指客户可用以发起电子支付指令的计算机、电话、销售点终端、自动柜员机、移动通讯工具或其他电子设备。

第二章　电子支付业务的申请

第七条　银行应根据审慎性原则，确定办理电子支付业务客户的条件。

第八条　办理电子支付业务的银行应公开披露以下信息：

（一）银行名称、营业地址及联系方式；

（二）客户办理电子支付业务的条件；

（三）所提供的电子支付业务品种、操作程序和收费标准等；

（四）电子支付交易品种可能存在的全部风险，包括该品种的操作风险、未采取的安全措施、无法采取安全措施的安全漏洞等；

（五）客户使用电子支付交易品种可能产生的风险；

（六）提醒客户妥善保管、使用或授权他人使用电子支付交易存取工具（如卡、密码、密钥、电子签名制作数据等）的警示性信息；

（七）争议及差错处理方式。

第九条　银行应认真审核客户申请办理电子支付业务的基本资料，

并以书面或电子方式与客户签订协议。

银行应按会计档案的管理要求妥善保存客户的申请资料,保存期限至该客户撤销电子支付业务后5年。

第十条 银行为客户办理电子支付业务,应根据客户性质、电子支付类型、支付金额等,与客户约定适当的认证方式,如密码、密钥、数字证书、电子签名等。

认证方式的约定和使用应遵循《中华人民共和国电子签名法》等法律法规的规定。

第十一条 银行要求客户提供有关资料信息时,应告知客户所提供信息的使用目的和范围、安全保护措施、以及客户未提供或未真实提供相关资料信息的后果。

第十二条 客户可以在其已开立的银行结算账户中指定办理电子支付业务的账户。该账户也可用于办理其他支付结算业务。

客户未指定的银行结算账户不得办理电子支付业务。

第十三条 客户与银行签订的电子支付协议应包括以下内容:

(一)客户指定办理电子支付业务的账户名称和账号;

(二)客户应保证办理电子支付业务账户的支付能力;

(三)双方约定的电子支付类型、交易规则、认证方式等;

(四)银行对客户提供的申请资料和其他信息的保密义务;

(五)银行根据客户要求提供交易记录的时间和方式;

(六)争议、差错处理和损害赔偿责任。

第十四条 有以下情形之一的,客户应及时向银行提出电子或书面申请:

(一)终止电子支付协议的;

(二)客户基本资料发生变更的;

(三)约定的认证方式需要变更的;

（四）有关电子支付业务资料、存取工具被盗或遗失的；

（五）客户与银行约定的其他情形。

第十五条 客户利用电子支付方式从事违反国家法律法规活动的，银行应按照有权部门的要求停止为其办理电子支付业务。

第三章 电子支付指令的发起和接收

第十六条 客户应按照其与发起行的协议规定，发起电子支付指令。

第十七条 电子支付指令的发起行应建立必要的安全程序，对客户身份和电子支付指令进行确认，并形成日志文件等记录，保存至交易后5年。

第十八条 发起行应采取有效措施，在客户发出电子支付指令前，提示客户对指令的准确性和完整性进行确认。

第十九条 发起行应确保正确执行客户的电子支付指令，对电子支付指令进行确认后，应能够向客户提供纸质或电子交易回单。

发起行执行通过安全程序的电子支付指令后，客户不得要求变更或撤销电子支付指令。

第二十条 发起行、接收行应确保电子支付指令传递的可跟踪稽核和不可篡改。

第二十一条 发起行、接收行之间应按照协议规定及时发送、接收和执行电子支付指令，并回复确认。

第二十二条 电子支付指令需转换为纸质支付凭证的，其纸质支付凭证必须记载以下事项（具体格式由银行确定）：

（一）付款人开户行名称和签章；

（二）付款人名称、账号；

（三）接收行名称；

（四）收款人名称、账号；

（五）大写金额和小写金额；

（六）发起日期和交易序列号。

第四章　安全控制

第二十三条　银行开展电子支付业务采用的信息安全标准、技术标准、业务标准等应当符合有关规定。

第二十四条　银行应针对与电子支付业务活动相关的风险，建立有效的管理制度。

第二十五条　银行应根据审慎性原则并针对不同客户，在电子支付类型、单笔支付金额和每日累计支付金额等方面做出合理限制。

银行通过互联网为个人客户办理电子支付业务，除采用数字证书、电子签名等安全认证方式外，单笔金额不应超过 1000 元人民币，每日累计金额不应超过 5000 元人民币。

银行为客户办理电子支付业务，单位客户从其银行结算账户支付给个人银行结算账户的款项，其单笔金额不得超过 5 万元人民币，但银行与客户通过协议约定，能够事先提供有效付款依据的除外。

银行应在客户的信用卡授信额度内，设定用于网上支付交易的额度供客户选择，但该额度不得超过信用卡的预借现金额度。

第二十六条　银行应确保电子支付业务处理系统的安全性，保证重要交易数据的不可抵赖性、数据存储的完整性、客户身份的真实性，并妥善管理在电子支付业务处理系统中使用的密码、密钥等认证数据。

第二十七条　银行使用客户资料、交易记录等，不得超出法律法规许可和客户授权的范围。

银行应依法对客户的资料信息、交易记录等保密。除国家法律、行政法规另有规定外，银行应当拒绝除客户本人以外的任何单位或个人的查询。

第二十八条　银行应与客户约定，及时或定期向客户提供交易记录、资金余额和账户状态等信息。

第二十九条　银行应采取必要措施保护电子支付交易数据的完整性和可靠性：

（一）制定相应的风险控制策略，防止电子支付业务处理系统发生有意或无意的危害数据完整性和可靠性的变化，并具备有效的业务容量、业务连续性计划和应急计划；

（二）保证电子支付交易与数据记录程序的设计发生擅自变更时能被有效侦测；

（三）有效防止电子支付交易数据在传送、处理、存储、使用和修改过程中被篡改，任何对电子支付交易数据的篡改能通过交易处理、监测和数据记录功能被侦测；

（四）按照会计档案管理的要求，对电子支付交易数据，以纸介质或磁性介质的方式进行妥善保存，保存期限为5年，并方便调阅。

第三十条　银行应采取必要措施为电子支付交易数据保密：

（一）对电子支付交易数据的访问须经合理授权和确认；

（二）电子支付交易数据须以安全方式保存，并防止其在公共、私人或内部网络上传输时被擅自查看或非法截取；

（三）第三方获取电子支付交易数据必须符合有关法律法规的规定以及银行关于数据使用和保护的标准与控制制度；

（四）对电子支付交易数据的访问均须登记，并确保该登记不被篡改。

第三十一条　银行应确保对电子支付业务处理系统的操作人员、管理人员以及系统服务商有合理的授权控制：

（一）确保进入电子支付业务账户或敏感系统所需的认证数据免遭篡改和破坏。对此类篡改都应是可侦测的，而且审计监督应能恰当地反映出这些篡改的企图。

（二）对认证数据进行的任何查询、添加、删除或更改都应得到必要授权，并具有不可篡改的日志记录。

第三十二条　银行应采取有效措施保证电子支付业务处理系统中的职责分离：

（一）对电子支付业务处理系统进行测试，确保职责分离；

（二）开发和管理经营电子支付业务处理系统的人员维持分离状态；

（三）交易程序和内控制度的设计确保任何单个的雇员和外部服务供应商都无法独立完成一项交易。

第三十三条　银行可以根据有关规定将其部分电子支付业务外包给合法的专业化服务机构，但银行对客户的义务及相应责任不因外包关系的确立而转移。

银行应与开展电子支付业务相关的专业化服务机构签订协议，并确立一套综合性、持续性的程序，以管理其外包关系。

第三十四条　银行采用数字证书或电子签名方式进行客户身份认证和交易授权的，提倡由合法的第三方认证机构提供认证服务。如客户因依据该认证服务进行交易遭受损失，认证服务机构不能证明自己无过错，应依法承担相应责任。

第三十五条　境内发生的人民币电子支付交易信息处理及资金清算应在境内完成。

第三十六条　银行的电子支付业务处理系统应保证对电子支付交易信息进行完整的记录和按有关法律法规进行披露。

第三十七条　银行应建立电子支付业务运作重大事项报告制度，及时向监管部门报告电子支付业务经营过程中发生的危及安全的事项。

第五章　差错处理

第三十八条　电子支付业务的差错处理应遵守据实、准确和及时的原则。

第三十九条　银行应指定相应部门和业务人员负责电子支付业务的差错处理工作，并明确权限和职责。

第四十条　银行应妥善保管电子支付业务的交易记录，对电子支付业务的差错应详细备案登记，记录内容应包括差错时间、差错内容与处理部门及人员姓名、客户资料、差错影响或损失、差错原因、处理结果等。

第四十一条　由于银行保管、使用不当，导致客户资料信息被泄露或篡改的，银行应采取有效措施防止因此造成客户损失，并及时通知和协助客户补救。

第四十二条　因银行自身系统、内控制度或为其提供服务的第三方服务机构的原因，造成电子支付指令无法按约定时间传递、传递不完整或被篡改，并造成客户损失的，银行应按约定予以赔偿。

因第三方服务机构的原因造成客户损失的，银行应予赔偿，再根据与第三方服务机构的协议进行追偿。

第四十三条　接收行由于自身系统或内控制度等原因对电子支付指令未执行、未适当执行或迟延执行致使客户款项未准确入账的，应及时纠正。

第四十四条　客户应妥善保管、使用电子支付交易存取工具。有关电子支付业务资料、存取工具被盗或遗失，应按约定方式和程序及时通知银行。

第四十五条　非资金所有人盗取他人存取工具发出电子支付指令，并且其身份认证和交易授权通过发起行的安全程序的，发起行应积极配合客户查找原因，尽量减少客户损失。

第四十六条　客户发现自身未按规定操作，或由于自身其他原因造成电子支付指令未执行、未适当执行、延迟执行的，应在协议约定的时间内，按照约定程序和方式通知银行。银行应积极调查并告知客户调查结果。

银行发现因客户原因造成电子支付指令未执行、未适当执行、延迟执行的，应主动通知客户改正或配合客户采取补救措施。

第四十七条　因不可抗力造成电子支付指令未执行、未适当执行、延迟执行的，银行应当采取积极措施防止损失扩大。

第六章　附　则

第四十八条　本指引由中国人民银行负责解释和修改。

第四十九条　本指引自发布之日起施行。

非金融机构支付服务管理办法

（中国人民银行令〔2010〕第2号）

第一章　总　则

第一条　为促进支付服务市场健康发展，规范非金融机构支付服务行为，防范支付风险，保护当事人的合法权益，根据《中华人民共和国中国人民银行法》等法律法规，制定本办法。

第二条　本办法所称非金融机构支付服务，是指非金融机构在收付款人之间作为中介机构提供下列部分或全部货币资金转移服务：

（一）网络支付；

（二）预付卡的发行与受理；

（三）银行卡收单；

（四）中国人民银行确定的其他支付服务。

本办法所称网络支付，是指依托公共网络或专用网络在收付款人之间转移货币资金的行为，包括货币汇兑、互联网支付、移动电话支付、固定电话支付、数字电视支付等。

本办法所称预付卡，是指以营利为目的发行的、在发行机构之外购买商品或服务的预付价值，包括采取磁条、芯片等技术以卡片、密码等形式发行的预付卡。

本办法所称银行卡收单，是指通过销售点（POS）终端等为银行卡特约商户代收货币资金的行为。

第三条　非金融机构提供支付服务，应当依据本办法规定取得《支付业务许可证》，成为支付机构。

支付机构依法接受中国人民银行的监督管理。

未经中国人民银行批准，任何非金融机构和个人不得从事或变相从事支付业务。

第四条　支付机构之间的货币资金转移应当委托银行业金融机构办理，不得通过支付机构相互存放货币资金或委托其他支付机构等形式办理。

支付机构不得办理银行业金融机构之间的货币资金转移，经特别许可的除外。

第五条　支付机构应当遵循安全、效率、诚信和公平竞争的原则，不得损害国家利益、社会公共利益和客户合法权益。

第六条　支付机构应当遵守反洗钱的有关规定，履行反洗钱义务。

第二章　申请与许可

第七条　中国人民银行负责《支付业务许可证》的颁发和管理。

申请《支付业务许可证》的，需经所在地中国人民银行分支机构审查后，报中国人民银行批准。

本办法所称中国人民银行分支机构，是指中国人民银行副省级城市中心支行以上的分支机构。

第八条　《支付业务许可证》的申请人应当具备下列条件：

（一）在中华人民共和国境内依法设立的有限责任公司或股份有限公司，且为非金融机构法人；

（二）有符合本办法规定的注册资本最低限额；

（三）有符合本办法规定的出资人；

（四）有5名以上熟悉支付业务的高级管理人员；

（五）有符合要求的反洗钱措施；

（六）有符合要求的支付业务设施；

（七）有健全的组织机构、内部控制制度和风险管理措施；

（八）有符合要求的营业场所和安全保障措施；

（九）申请人及其高级管理人员最近 3 年内未因利用支付业务实施违法犯罪活动或为违法犯罪活动办理支付业务等受过处罚。

第九条 申请人拟在全国范围内从事支付业务的，其注册资本最低限额为 1 亿元人民币；拟在省（自治区、直辖市）范围内从事支付业务的，其注册资本最低限额为 3 千万元人民币。注册资本最低限额为实缴货币资本。

本办法所称在全国范围内从事支付业务，包括申请人跨省（自治区、直辖市）设立分支机构从事支付业务，或客户可跨省（自治区、直辖市）办理支付业务的情形。

中国人民银行根据国家有关法律法规和政策规定，调整申请人的注册资本最低限额。

外商投资支付机构的业务范围、境外出资人的资格条件和出资比例等，由中国人民银行另行规定，报国务院批准。

第十条 申请人的主要出资人应当符合以下条件：

（一）为依法设立的有限责任公司或股份有限公司；

（二）截至申请日，连续为金融机构提供信息处理支持服务 2 年以上，或连续为电子商务活动提供信息处理支持服务 2 年以上；

（三）截至申请日，连续盈利 2 年以上；

（四）最近 3 年内未因利用支付业务实施违法犯罪活动或为违法犯罪活动办理支付业务等受过处罚。

本办法所称主要出资人，包括拥有申请人实际控制权的出资人和持有申请人 10% 以上股权的出资人。

第十一条 申请人应当向所在地中国人民银行分支机构提交下列文件、资料：

（一）书面申请，载明申请人的名称、住所、注册资本、组织机构设置、拟申请支付业务等；

（二）公司营业执照（副本）复印件；

（三）公司章程；

（四）验资证明；

（五）经会计师事务所审计的财务会计报告；

（六）支付业务可行性研究报告；

（七）反洗钱措施验收材料；

（八）技术安全检测认证证明；

（九）高级管理人员的履历材料；

（十）申请人及其高级管理人员的无犯罪记录证明材料；

（十一）主要出资人的相关材料；

（十二）申请资料真实性声明。

第十二条　申请人应当在收到受理通知后按规定公告下列事项：

（一）申请人的注册资本及股权结构；

（二）主要出资人的名单、持股比例及其财务状况；

（三）拟申请的支付业务；

（四）申请人的营业场所；

（五）支付业务设施的技术安全检测认证证明。

第十三条　中国人民银行分支机构依法受理符合要求的各项申请，并将初审意见和申请资料报送中国人民银行。中国人民银行审查批准的，依法颁发《支付业务许可证》，并予以公告。

《支付业务许可证》自颁发之日起，有效期 5 年。支付机构拟于《支付业务许可证》期满后继续从事支付业务的，应当在期满前 6 个月内向所在地中国人民银行分支机构提出续展申请。中国人民银行准予续展的，每次续展的有效期为 5 年。

第十四条　支付机构变更下列事项之一的，应当在向公司登记机关申请变更登记前报中国人民银行同意：

（一）变更公司名称、注册资本或组织形式；

（二）变更主要出资人；

（三）合并或分立；

（四）调整业务类型或改变业务覆盖范围。

第十五条　支付机构申请终止支付业务的，应当向所在地中国人民银行分支机构提交下列文件、资料：

（一）公司法定代表人签署的书面申请，载明公司名称、支付业务开展情况、拟终止支付业务及终止原因等；

（二）公司营业执照（副本）复印件；

（三）《支付业务许可证》复印件；

（四）客户合法权益保障方案；

（五）支付业务信息处理方案。

准予终止的，支付机构应当按照中国人民银行的批复完成终止工作，交回《支付业务许可证》。

第十六条　本章对许可程序未作规定的事项，适用《中国人民银行行政许可实施办法》（中国人民银行令〔2004〕第3号）。

第三章　监督与管理

第十七条　支付机构应当按照《支付业务许可证》核准的业务范围从事经营活动，不得从事核准范围之外的业务，不得将业务外包。

支付机构不得转让、出租、出借《支付业务许可证》。

第十八条　支付机构应当按照审慎经营的要求，制订支付业务办法及客户权益保障措施，建立健全风险管理和内部控制制度，并报所在地中国人民银行分支机构备案。

第十九条 支付机构应当确定支付业务的收费项目和收费标准，并报所在地中国人民银行分支机构备案。

支付机构应当公开披露其支付业务的收费项目和收费标准。

第二十条 支付机构应当按规定向所在地中国人民银行分支机构报送支付业务统计报表和财务会计报告等资料。

第二十一条 支付机构应当制定支付服务协议，明确其与客户的权利和义务、纠纷处理原则、违约责任等事项。

支付机构应当公开披露支付服务协议的格式条款，并报所在地中国人民银行分支机构备案。

第二十二条 支付机构的分公司从事支付业务的，支付机构及其分公司应当分别到所在地中国人民银行分支机构备案。

支付机构的分公司终止支付业务的，比照前款办理。

第二十三条 支付机构接受客户备付金时，只能按收取的支付服务费向客户开具发票，不得按接受的客户备付金金额开具发票。

第二十四条 支付机构接受的客户备付金不属于支付机构的自有财产。

支付机构只能根据客户发起的支付指令转移备付金。禁止支付机构以任何形式挪用客户备付金。

第二十五条 支付机构应当在客户发起的支付指令中记载下列事项：

（一）付款人名称；

（二）确定的金额；

（三）收款人名称；

（四）付款人的开户银行名称或支付机构名称；

（五）收款人的开户银行名称或支付机构名称；

（六）支付指令的发起日期。

客户通过银行结算账户进行支付的，支付机构还应当记载相应的银行结算账号。客户通过非银行结算账户进行支付的，支付机构还应当记载客户有效身份证件上的名称和号码。

第二十六条 支付机构接受客户备付金的，应当在商业银行开立备付金专用存款账户存放备付金。中国人民银行另有规定的除外。

支付机构只能选择一家商业银行作为备付金存管银行，且在该商业银行的一个分支机构只能开立一个备付金专用存款账户。

支付机构应当与商业银行的法人机构或授权的分支机构签订备付金存管协议，明确双方的权利、义务和责任。

支付机构应当向所在地中国人民银行分支机构报送备付金存管协议和备付金专用存款账户的信息资料。

第二十七条 支付机构的分公司不得以自己的名义开立备付金专用存款账户，只能将接受的备付金存放在支付机构开立的备付金专用存款账户。

第二十八条 支付机构调整不同备付金专用存款账户头寸的，由备付金存管银行的法人机构对支付机构拟调整的备付金专用存款账户的余额情况进行复核，并将复核意见告知支付机构及有关备付金存管银行。

支付机构应当持备付金存管银行的法人机构出具的复核意见办理有关备付金专用存款账户的头寸调拨。

第二十九条 备付金存管银行应当对存放在本机构的客户备付金的使用情况进行监督，并按规定向备付金存管银行所在地中国人民银行分支机构及备付金存管银行的法人机构报送客户备付金的存管或使用情况等信息资料。

对支付机构违反第二十五条至第二十八条相关规定使用客户备付金的申请或指令，备付金存管银行应当予以拒绝；发现客户备付金被违法使用或有其他异常情况的，应当立即向备付金存管银行所在地中国人民银行分支机构及备付金存管银行的法人机构报告。

第三十条　支付机构的实缴货币资本与客户备付金日均余额的比例，不得低于10%。

本办法所称客户备付金日均余额，是指备付金存管银行的法人机构根据最近90日内支付机构每日日终的客户备付金总量计算的平均值。

第三十一条　支付机构应当按规定核对客户的有效身份证件或其他有效身份证明文件，并登记客户身份基本信息。

支付机构明知或应知客户利用其支付业务实施违法犯罪活动的，应当停止为其办理支付业务。

第三十二条　支付机构应当具备必要的技术手段，确保支付指令的完整性、一致性和不可抵赖性，支付业务处理的及时性、准确性和支付业务的安全性；具备灾难恢复处理能力和应急处理能力，确保支付业务的连续性。

第三十三条　支付机构应当依法保守客户的商业秘密，不得对外泄露。法律法规另有规定的除外。

第三十四条　支付机构应当按规定妥善保管客户身份基本信息、支付业务信息、会计档案等资料。

第三十五条　支付机构应当接受中国人民银行及其分支机构定期或不定期的现场检查和非现场检查，如实提供有关资料，不得拒绝、阻挠、逃避检查，不得谎报、隐匿、销毁相关证据材料。

第三十六条　中国人民银行及其分支机构依据法律、行政法规、中国人民银行的有关规定对支付机构的公司治理、业务活动、内部控制、风险状况、反洗钱工作等进行定期或不定期现场检查和非现场检查。

中国人民银行及其分支机构依法对支付机构进行现场检查，适用《中国人民银行执法检查程序规定》（中国人民银行令〔2010〕第1号发布）。

第三十七条　中国人民银行及其分支机构可以采取下列措施对支付

机构进行现场检查：

（一）询问支付机构的工作人员，要求其对被检查事项作出解释、说明；

（二）查阅、复制与被检查事项有关的文件、资料，对可能被转移、藏匿或毁损的文件、资料予以封存；

（三）检查支付机构的客户备付金专用存款账户及相关账户；

（四）检查支付业务设施及相关设施。

第三十八条 支付机构有下列情形之一的，中国人民银行及其分支机构有权责令其停止办理部分或全部支付业务：

（一）累计亏损超过其实缴货币资本的50%；

（二）有重大经营风险；

（三）有重大违法违规行为。

第三十九条 支付机构因解散、依法被撤销或被宣告破产而终止的，其清算事宜按照国家有关法律规定办理。

第四章 罚 则

第四十条 中国人民银行及其分支机构的工作人员有下列情形之一的，依法给予行政处分；构成犯罪的，依法追究刑事责任：

（一）违反规定审查批准《支付业务许可证》的申请、变更、终止等事项的；

（二）违反规定对支付机构进行检查的；

（三）泄露知悉的国家秘密或商业秘密的；

（四）滥用职权、玩忽职守的其他行为。

第四十一条 商业银行有下列情形之一的，中国人民银行及其分支机构责令其限期改正，并给予警告或处1万元以上3万元以下罚款；情节严重的，中国人民银行责令其暂停或终止客户备付金存管业务：

（一）未按规定报送客户备付金的存管或使用情况等信息资料的；

（二）未按规定对支付机构调整备付金专用存款账户头寸的行为进行复核的；

（三）未对支付机构违反规定使用客户备付金的申请或指令予以拒绝的。

第四十二条　支付机构有下列情形之一的，中国人民银行分支机构责令其限期改正，并给予警告或处 1 万元以上 3 万元以下罚款：

（一）未按规定建立有关制度办法或风险管理措施的；

（二）未按规定办理相关备案手续的；

（三）未按规定公开披露相关事项的；

（四）未按规定报送或保管相关资料的；

（五）未按规定办理相关变更事项的；

（六）未按规定向客户开具发票的；

（七）未按规定保守客户商业秘密的。

第四十三条　支付机构有下列情形之一的，中国人民银行分支机构责令其限期改正，并处 3 万元罚款；情节严重的，中国人民银行注销其《支付业务许可证》；涉嫌犯罪的，依法移送公安机关立案侦查；构成犯罪的，依法追究刑事责任：

（一）转让、出租、出借《支付业务许可证》的；

（二）超出核准业务范围或将业务外包的；

（三）未按规定存放或使用客户备付金的；

（四）未遵守实缴货币资本与客户备付金比例管理规定的；

（五）无正当理由中断或终止支付业务的；

（六）拒绝或阻碍相关检查监督的；

（七）其他危及支付机构稳健运行、损害客户合法权益或危害支付服务市场的违法违规行为。

第四十四条　支付机构未按规定履行反洗钱义务的，中国人民银行及其分支机构依据国家有关反洗钱法律法规等进行处罚；情节严重的，中国人民银行注销其《支付业务许可证》。

第四十五条　支付机构超出《支付业务许可证》有效期限继续从事支付业务的，中国人民银行及其分支机构责令其终止支付业务；涉嫌犯罪的，依法移送公安机关立案侦查；构成犯罪的，依法追究刑事责任。

第四十六条　以欺骗等不正当手段申请《支付业务许可证》但未获批准的，申请人及持有其5%以上股权的出资人3年内不得再次申请或参与申请《支付业务许可证》。

以欺骗等不正当手段申请《支付业务许可证》且已获批准的，由中国人民银行及其分支机构责令其终止支付业务，注销其《支付业务许可证》；涉嫌犯罪的，依法移送公安机关立案侦查；构成犯罪的，依法追究刑事责任；申请人及持有其5%以上股权的出资人不得再次申请或参与申请《支付业务许可证》。

第四十七条　任何非金融机构和个人未经中国人民银行批准擅自从事或变相从事支付业务的，中国人民银行及其分支机构责令其终止支付业务；涉嫌犯罪的，依法移送公安机关立案侦查；构成犯罪的，依法追究刑事责任。

第五章　附　则

第四十八条　本办法实施前已经从事支付业务的非金融机构，应当在本办法实施之日起1年内申请取得《支付业务许可证》。逾期未取得的，不得继续从事支付业务。

第四十九条　本办法由中国人民银行负责解释。

第五十条　本办法自2010年9月1日起施行。

非金融机构支付服务管理办法实施细则

（中国人民银行公告〔2010〕第17号）

第一条 根据《非金融机构支付服务管理办法》（中国人民银行令〔2010〕第2号发布，以下简称《办法》）及有关法律法规，制定本细则。

第二条 《办法》所称预付卡不包括：

（一）仅限于发放社会保障金的预付卡；

（二）仅限于乘坐公共交通工具的预付卡；

（三）仅限于缴纳电话费等通信费用的预付卡；

（四）发行机构与特约商户为同一法人的预付卡。

第三条 《办法》第八条第（四）项所称有5名以上熟悉支付业务的高级管理人员，是指申请人的高级管理人员中至少有5名人员具备下列条件：

（一）具有大学本科以上学历或具有会计、经济、金融、计算机、电子通信、信息安全等专业的中级技术职称；

（二）从事支付结算业务或金融信息处理业务2年以上或从事会计、经济、金融、计算机、电子通信、信息安全工作3年以上。

前款所称高级管理人员，包括总经理、副总经理、财务负责人、技术负责人或实际履行上述职责的人员。

第四条 《办法》第八条第（五）项所称反洗钱措施，包括反洗钱内部控制、客户身份识别、可疑交易报告、客户身份资料和交易记录保存等预防洗钱、恐怖融资等金融犯罪活动的措施。

第五条 《办法》第八条第（六）项所称支付业务设施，包括支付业务处理系统、网络通信系统以及容纳上述系统的专用机房。

第六条 《办法》第八条第（七）项所称组织机构，包括具有合规管理、风险管理、资金管理和系统运行维护职能的部门。

第七条 《办法》第十条第（二）项所称信息处理支持服务，包括信息处理服务和为信息处理提供支持服务。

第八条 《办法》第十条所称拥有申请人实际控制权的出资人，包括：

（一）直接持有申请人的股权超过50%的出资人；

（二）直接持有申请人股权且与其间接持有的申请人股权累计超过50%的出资人；

（三）直接持有申请人股权且与其间接持有的申请人股权累计不足50%，但依其所享有的表决权足以对股东会、股东大会的决议产生重大影响的出资人。

第九条 《办法》第十条所称持有申请人10%以上股权的出资人，包括：

（一）直接持有申请人的股权超过10%的出资人；

（二）直接持有申请人股权且与其间接持有的申请人股权累计超过10%的出资人。

第十条 《办法》第十一条第（一）项所称书面申请应当明确拟申请支付业务的具体类型。

第十一条 《办法》第十一条第（二）项所称营业执照（副本）复印件应当加盖申请人的公章。

第十二条 《办法》第十一条第（五）项所称财务会计报告，是指截至申请日最近1年内的财务会计报告。

申请人设立时间不足1年的，应当提交存续期间的财务会计报告。

第十三条 《办法》第十一条第（六）项所称支付业务可行性研究

报告，应当包括下列内容：

（一）拟从事支付业务的市场前景分析；

（二）拟从事支付业务的处理流程，载明从客户发起支付业务到完成客户委托支付业务各环节的业务内容以及相关资金流转情况；

（三）拟从事支付业务的技术实现手段；

（四）拟从事支付业务的风险分析及其管理措施，并区分支付业务各环节分别进行说明；

（五）拟从事支付业务的经济效益分析。

申请人拟申请不同类型支付业务的，应当按照支付业务类型分别提供前款规定内容。

第十四条 《办法》第十一条第（七）项所称反洗钱措施验收材料，是指包括下列内容的报告：

（一）反洗钱内部控制制度文件，载明反洗钱合规管理框架、客户身份识别和资料保存措施、可疑交易报告措施、交易记录保存措施、反洗钱审计和培训措施、协助反洗钱调查的内部程序、反洗钱工作保密措施；

（二）反洗钱岗位设置及职责说明，载明负责反洗钱工作的内设机构、反洗钱高级管理人员和专职反洗钱工作人员及其联系方式；

（三）开展可疑交易监测的技术条件说明。

第十五条 《办法》第十一条第（八）项所称技术安全检测认证证明，是指据以表明支付业务设施符合中国人民银行规定的业务规范、技术标准和安全要求的文件、资料，应当包括检测机构出具的检测报告和认证机构出具的认证证书。

前款所称检测机构和认证机构均应当获得中国合格评定国家认可委员会（CNAS）的认可，并符合中国人民银行关于技术安全检测认证能力的要求。

未按照中国人民银行规定的业务规范、技术标准和安全要求进行技术安全检测认证，或技术安全检测认证的程序、方法存在重大缺陷的，中国人民银行及其分支机构可以要求申请人重新进行检测认证。

第十六条 《办法》第十一条第（九）项所称履历材料，包括高级管理人员的履历说明以及学历、技术职称相关证明材料。

第十七条 《办法》第十一条第（十一）项所称主要出资人的相关材料，应当包括下列文件、资料：

（一）申请人关于出资人之间关联关系的说明材料；

（二）主要出资人的公司营业执照（副本）复印件；

（三）主要出资人的信息处理支持服务合作机构出具的业务合作证明，载明服务内容、服务时间，并加盖合作机构的公章；

（四）主要出资人最近 2 年经会计师事务所审计的财务会计报告；

（五）主要出资人最近 3 年内未因利用支付业务实施违法犯罪活动或为违法犯罪活动办理支付业务等受过处罚的证明材料。

主要出资人为金融机构的，还应当提交相关金融业务许可证复印件以及准予其投资支付机构的证明文件。

第十八条 《办法》第十一条第（十二）项所称申请资料真实性声明，是指由申请人出具的、据以表明申请人对所提交的文件、资料的真实性、准确性和完整性承担相应责任的书面文件。

申请资料真实性声明应当由申请人的法定代表人签署并加盖公章。

第十九条 《办法》第十一条、第十三条、第十四条、第十五条所需申请文件、资料均以中文书写为准，并应当提供纸质文档和电子文档（数据光盘）一式三份。

第二十条 申请人应当自收到受理通知之日起 10 日内在所在地中国人民银行分支机构的网站上连续公告《办法》第十二条所列事项 3 日。

第二十一条 《支付业务许可证》分为正本和副本，正本和副本具有同等法律效力。

支付机构应当将《支付业务许可证》（正本）放置其住所显著位置。支付机构有互联网网站的，还应当在网站主页显著位置公示其《支付业务许可证》（正本）的影像信息。

第二十二条　支付机构申请续展《支付业务许可证》有效期的，应当提交下列文件、资料：

（一）公司法定代表人签署的书面申请，载明公司名称、支付业务开展情况、申请续展的理由；

（二）公司营业执照（副本）复印件；

（三）《支付业务许可证》（副本）复印件。

支付机构申请续展《支付业务许可证》有效期的，不得同时申请变更其他事项。

第二十三条　中国人民银行对支付机构的经营情况进行全面审查和综合评价后作出是否准予续展《支付业务许可证》有效期的决定。

中国人民银行准予续展《支付业务许可证》有效期的，支付机构应当交回原许可证，领取新许可证。

第二十四条　《支付业务许可证》在有效期内非因不可抗力灭失、损毁的，支付机构应当自其确认许可证灭失、损毁之日起 10 日内，在中国人民银行指定的全国性报纸和所在地中国人民银行分支机构指定的地方性报纸上连续公告 3 日，声明原许可证作废。

第二十五条　支付机构应当自公告《支付业务许可证》灭失、损毁结束之日起 10 日内持登载声明向所在地中国人民银行分支机构重新申领许可证。

中国人民银行审核后向支付机构补发《支付业务许可证》。

第二十六条　《支付业务许可证》（副本）在有效期内灭失、损毁的，比照本细则第二十四条、第二十五条办理。

第二十七条　支付机构拟变更《办法》第十四条所列事项的，应当向所在地中国人民银行分支机构提交公司法定代表人签署的书面申请，载明公司名称、拟变更事项及变更原因。

第二十八条　《办法》第十五条第（四）项所称客户合法权益保障方案，应当包括下列内容：

（一）对客户知情权的保护措施，明确告知客户终止支付业务的原因、停止受理客户委托支付业务的时间、拟终止支付业务的后续安排；

（二）对客户隐私权的保护措施，明确客户身份信息的接收机构及其移交安排、销毁方式及其监督安排；

（三）对客户选择权的保护措施，明确可供客户选择的、两个以上客户备付金退还方案。

客户合法权益保障方案涉及其他支付机构的，还应当提交与所涉支付机构签订的客户身份信息移交协议、客户备付金退还安排相关证明文件。

第二十九条　《办法》第十五条第（五）项所称支付业务信息处理方案，应当明确支付业务信息的接收机构及其移交安排、销毁方式及其监督安排。

涉及其他支付机构的，还应当提交与所涉支付机构签订的支付业务信息移交协议相关证明文件。

第三十条　支付机构应当根据法律法规、部门规章的有关规定确定其支付业务的收费项目和收费标准。法律法规、部门规章未明确支付业务的收费项目和收费标准的，支付机构可以按照市场原则合理确定其支付业务的收费项目和收费标准。

支付机构应当在营业场所显著位置披露其支付业务的收费项目和收费标准。支付机构有互联网网站的，还应当在网站主页显著位置进行披露。

支付机构调整支付业务的收费项目或收费标准的，应当在实施新的支付业务收费项目或收费标准之前按照前款规定连续公示 30 日。

第三十一条　支付机构应当在每个会计年度结束之日起 4 个月内向所在地中国人民银行分支机构报送上一会计年度经会计师事务所审计的财务会计报告。

第三十二条　《办法》第二十一条所称支付服务协议，包括符合法律法规要求、可供调取查用的纸质形式或数据电文形式的合同。

支付机构应当在营业场所显著位置披露其支付服务协议的格式条款内容。支付机构有互联网网站的，还应当在网站主页显著位置进行披露。

第三十三条　支付机构的支付服务协议格式条款应当遵循公平原则，全面、准确界定支付机构与客户之间的权利、义务和责任。

支付机构应当提请客户注意支付服务协议格式条款中免除或者限制其责任的内容，并予以说明。

支付机构拟调整支付服务协议格式条款的，应当在调整前 30 日告知客户，并提示拟调整的内容。未向客户履行告知义务的，调整后的条款对该客户不具有约束力。

第三十四条　《办法》第二十二条所称支付机构的分公司从事支付业务办理备案手续时，应当提交下列文件、资料：

（一）公司法定代表人签署的书面报告；

（二）《支付业务许可证》（副本）复印件；

（三）分公司营业执照（副本）复印件。

上述文件、资料需提供纸质文档一式两份，由支付机构及其分公司分别报送所在地中国人民银行分支机构。

支付机构可以根据业务需要为备案的分公司申请《支付业务许可证》（副本）。分公司应当将《支付业务许可证》（副本）放置分公司住所显著位置。

第三十五条 《办法》第二十二条所称支付机构的分公司终止支付业务办理备案手续时，应当提交下列文件、资料：

（一）公司法定代表人签署的书面报告；

（二）《支付业务许可证》（副本）复印件；

（三）分公司营业执照（副本）复印件；

（四）客户合法权益保障方案；

（五）中国人民银行要求的其他资料。

前款第（四）项所称客户合法权益保障方案比照本细则第二十八条办理。

上述文件、资料需提供纸质文档一式两份，由支付机构及其分公司分别报送所在地中国人民银行分支机构。

支付机构分公司应当于备案时交回其持有的《支付业务许可证》（副本）。

第三十六条 《办法》第三十二条所称灾难恢复处理能力，是指支付机构应当在支付业务中断后24小时之内恢复支付业务，并至少符合以下要求：

（一）具有应急处理和灾难恢复的制度规定；

（二）具有稳妥的应急处理预案及演练计划；

（三）具有必要的灾难恢复处理人员和应急营业场所；

（四）具有同机房数据备份设施和同城应用级备份设施。

第三十七条 支付机构因突发事件导致支付业务中止超过2小时的，应当立即将有关情况报告所在地中国人民银行分支机构，并在3个工作日内以书面形式报告事故的原因、影响及补救措施。

支付机构的分公司出现上述情形的，支付机构及其分公司应当比照前款分别报告所在地中国人民银行分支机构。

第三十八条 支付机构应当采取必要的管理措施和技术措施，防止客户身份信息和支付业务信息等资料灭失、损毁、泄露。

支付机构不得以任何形式对外提供客户身份信息和支付业务信息等资料。法律法规另有规定的除外。

第三十九条　支付机构对客户身份信息和支付业务信息的保管期限自业务关系结束当年起至少保存 5 年。

司法部门正在调查的可疑交易或违法犯罪活动涉及客户身份信息和支付业务信息，且相关调查工作在前款规定的最低保存期届满时仍未结束的，支付机构应当将其保存至相关调查工作结束。

第四十条　支付机构对会计档案的保管期限适用《会计档案管理办法》（财会字〔1998〕32 号文印发）相关规定。

第四十一条　《办法》第三十八条所称重大违法违规行为，包括：

（一）支付机构的高级管理人员明知他人实施违法犯罪活动仍为其办理支付业务的；

（二）支付机构多次发生工作人员明知他人实施违法犯罪活动仍为其办理支付业务的。

第四十二条　本细则自发布之日起实施。

非银行支付机构网络支付业务管理办法

（中国人民银行公告〔2015〕第 43 号）

第一章 总 则

第一条 为规范非银行支付机构〔以下简称支付机构〕网络支付业务，防范支付风险，保护当事人合法权益，根据《中华人民共和国中国人民银行法》、《非金融机构支付服务管理办法》〔中国人民银行令〔2010〕第 2 号发布〕等规定，制定本办法。

第二条 支付机构从事网络支付业务，适用本办法。本办法所称支付机构是指依法取得《支付业务许可证》，获准办理互联网支付、移动电话支付、固定电话支付、数字电视支付等网络支付业务的非银行机构。本办法所称网络支付业务，是指收款人或付款人通过计算机、移动终端等电子设备，依托公共网络信息系统远程发起支付指令，且付款人电子设备不与收款人特定专属设备交互，由支付机构为收付款人提供货币资金转移服务的活动。本办法所称收款人特定专属设备，是指专门用于交易收款，在交易过程中与支付机构业务系统交互并参与生成、传输、处理支付指令的电子设备。

第三条 支付机构应当遵循主要服务电子商务发展和为社会提供小额、快捷、便民小微支付服务的宗旨，基于客户的银行账户或者按照本办法规定为客户开立支付账户提供网络支付服务。本办法所称支付账户，是指获得互联网支付业务许可的支付机构，根据客户的真实意愿为其开立的，用于记录预付交易资金余额、客户凭以发起支付指令、反映交易明细信息的电子簿记。支付账户不得透支，不得出借、出租、出售，不得利用支付账户从事或者协助他人从事非法活动。

第四条　支付机构基于银行卡为客户提供网络支付服务的，应当执行银行卡业务相关监管规定和银行卡行业规范。支付机构对特约商户的拓展与管理、业务与风险管理应当执行《银行卡收单业务管理办法》[中国人民银行公告〔2013〕第 9 号公布] 等相关规定。支付机构网络支付服务涉及跨境人民币结算和外汇支付的，应当执行中国人民银行、国家外汇管理局相关规定。支付机构应当依法维护当事人合法权益，遵守反洗钱和反恐怖融资相关规定，履行反洗钱和反恐怖融资义务。

第五条　支付机构依照中国人民银行有关规定接受分类评价，并执行相应的分类监管措施。

第二章　客户管理

第六条　支付机构应当遵循"了解你的客户"原则，建立健全客户身份识别机制。支付机构为客户开立支付账户的，应当对客户实行实名制管理，登记并采取有效措施验证客户身份基本信息，按规定核对有效身份证件并留存有效身份证件复印件或者影印件，建立客户唯一识别编码，并在与客户业务关系存续期间采取持续的身份识别措施，确保有效核实客户身份及其真实意愿，不得开立匿名、假名支付账户。

第七条　支付机构应当与客户签订服务协议，约定双方责任、权利和义务，至少明确业务规则 [包括但不限于业务功能和流程、身份识别和交易验证方式、资金结算方式等]，收费项目和标准，查询、差错争议及投诉等服务流程和规则，业务风险和非法活动防范及处置措施，客户损失责任划分和赔付规则等内容。支付机构为客户开立支付账户的，还应在服务协议中以显著方式告知客户，并采取有效方式确认客户充分知晓并清晰理解下列内容："支付账户所记录的资金余额不同于客户本人的银行存款，不受《存款保险条例》保护，其实质为客户委托支付机构保管的、所有权归属于客户的预付价值。该预付价值对应的货币资金虽然属于客户，但不以客户本人名义存放在银行，而是以支付机构名义存放在银行，并且由支付机构向银行发起资金调拨指令。"支付机构应当确保协议内容清晰、易懂，并以显著方式提示客户注意与其有重大利害关系的事项。

第八条 获得互联网支付业务许可的支付机构，经客户主动提出申请，可为其开立支付账户；仅获得移动电话支付、固定电话支付、数字电视支付业务许可的支付机构，不得为客户开立支付账户。支付机构不得为金融机构，以及从事信贷、融资、理财、担保、信托、货币兑换等金融业务的其他机构开立支付账户。

第三章　业务管理

第九条 支付机构不得经营或者变相经营证券、保险、信贷、融资、理财、担保、信托、货币兑换、现金存取等业务。

第十条 支付机构向客户开户银行发送支付指令，扣划客户银行账户资金的，支付机构和银行应当执行下列要求：〔一〕支付机构应当事先或在首笔交易时自主识别客户身份并分别取得客户和银行的协议授权，同意其向客户的银行账户发起支付指令扣划资金；〔二〕银行应当事先或在首笔交易时自主识别客户身份并与客户直接签订授权协议，明确约定扣款适用范围和交易验证方式，设立与客户风险承受能力相匹配的单笔和单日累计交易限额，承诺无条件全额承担此类交易的风险损失先行赔付责任；〔三〕除单笔金额不超过200元的小额支付业务，公共事业缴费、税费缴纳、信用卡还款等收款人固定并且定期发生的支付业务，以及符合第三十七条规定的情形以外，支付机构不得代替银行进行交易验证。

第十一条 支付机构应根据客户身份对同一客户在本机构开立的所

有支付账户进行关联管理，并按照下列要求对个人支付账户进行分类管理：〔一〕对于以非面对面方式通过至少一个合法安全的外部渠道进行身份基本信息验证，且为首次在本机构开立支付账户的个人客户，支付机构可以为其开立Ⅰ类支付账户，账户余额仅可用于消费和转账，余额付款交易自账户开立起累计不超过1000元〔包括支付账户向客户本人同名银行账户转账〕；〔二〕对于支付机构自主或委托合作机构以面对面方式核实身份的个人客户，或以非面对面方式通过至少三个合法安全的外部渠道进行身份基本信息多重交叉验证的个人客户，支付机构可以为其开立Ⅱ类支付账户，账户余额仅可用于消费和转账，其所有支付账户的余额付款交易年累计不超过10万元〔不包括支付账户向客户本人同名银行账户转账〕；〔三〕对于支付机构自主或委托合作机构以面对面方式核实身份的个人客户，或以非面对面方式通过至少五个合法安全的外部渠道进行身份基本信息多重交叉验证的个人客户，支付机构可以为其开立Ⅲ类支付账户，账户余额可以用于消费、转账以及购买投资理财等金融类产品，其所有支付账户的余额付款交易年累计不超过20万元〔不包括支付账户向客户本人同名银行账户转账〕。客户身份基本信息外部验证渠道包括但不限于政府部门数据库、商业银行信息系统、商业化数据库等。其中，通过商业银行验证个人客户身份基本信息的，应为Ⅰ类银行账户或信用卡。

第十二条　支付机构办理银行账户与支付账户之间转账业务的，相关银行账户与支付账户应属于同一客户。支付机构应按照与客户的约定及时办理支付账户向客户本人银行账户转账业务，不得对Ⅱ类、Ⅲ类支付账户向客户本人银行账户转账设置限额。

第十三条　支付机构为客户办理本机构发行的预付卡向支付账户转账的，应当按照《支付机构预付卡业务管理办法》〔中国人民银行公告〔2012〕第12号公布〕相关规定对预付卡转账至支付账户的余额单独管理，仅限其用于消费，不得通过转账、购买投资理财等金融类产品等形式进行套现或者变相套现。

第十四条 支付机构应当确保交易信息的真实性、完整性、可追溯性以及在支付全流程中的一致性，不得篡改或者隐匿交易信息。交易信息包括但不限于下列内容：〔一〕交易渠道、交易终端或接口类型、交易类型、交易金额、交易时间，以及直接向客户提供商品或者服务的特约商户名称、编码和按照国家与金融行业标准设置的商户类别码；〔二〕收付款客户名称，收付款支付账户账号或者银行账户的开户银行名称及账号；〔三〕付款客户的身份验证和交易授权信息；〔四〕有效追溯交易的标识；〔五〕单位客户单笔超过 5 万元的转账业务的付款用途和事由。

第十五条 因交易取消〔撤销〕、退货、交易不成功或者投资理财等金融类产品赎回等原因需划回资金的，相应款项应当划回原扣款账户。

第十六条 对于客户的网络支付业务操作行为，支付机构应当在确认客户身份及真实意愿后及时办理，并在操作生效之日起至少五年内，真实、完整保存操作记录。客户操作行为包括但不限于登录和注销登录、身份识别和交易验证、变更身份信息和联系方式、调整业务功能、调整交易限额、变更资金收付方式，以及变更或挂失密码、数字证书、电子签名等。

第四章　风险管理与客户权益保护

第十七条 支付机构应当综合客户类型、身份核实方式、交易行为特征、资信状况等因素，建立客户风险评级管理制度和机制，并动态调整客户风险评级及相关风险控制措施。支付机构应当根据客户风险评级、交易验证方式、交易渠道、交易终端或接口类型、交易类型、交易金额、交易时间、商户类别等因素，建立交易风险管理制度和交易监测系统，对疑似欺诈、套现、洗钱、非法融资、恐怖融资等交易，及时采取调查核实、延迟结算、终止服务等措施。

第十八条　支付机构应当向客户充分提示网络支付业务的潜在风险，及时揭示不法分子新型作案手段，对客户进行必要的安全教育，并对高风险业务在操作前、操作中进行风险警示。支付机构为客户购买合作机构的金融类产品提供网络支付服务的，应当确保合作机构为取得相应经营资质并依法开展业务的机构，并在首次购买时向客户展示合作机构信息和产品信息，充分提示相关责任、权利、义务及潜在风险，协助客户与合作机构完成协议签订。

第十九条　支付机构应当建立健全风险准备金制度和交易赔付制度，并对不能有效证明因客户原因导致的资金损失及时先行全额赔付，保障客户合法权益。支付机构应于每年1月31日前，将前一年度发生的风险事件、客户风险损失发生和赔付等情况在网站对外公告。支付机构应在年度监管报告中如实反映上述内容和风险准备金计提、使用及结余等情况。

第二十条　支付机构应当依照中国人民银行有关客户信息保护的规定，制定有效的客户信息保护措施和风险控制机制，履行客户信息保护责任。支付机构不得存储客户银行卡的磁道信息或芯片信息、验证码、密码等敏感信息，原则上不得存储银行卡有效期。因特殊业务需要，支付机构确需存储客户银行卡有效期的，应当取得客户和开户银行的授权，以加密形式存储。支付机构应当以"最小化"原则采集、使用、存储和传输客户信息，并告知客户相关信息的使用目的和范围。支付机构不得向其他机构或个人提供客户信息，法律法规另有规定，以及经客户本人逐项确认并授权的除外。

第二十一条　支付机构应当通过协议约定禁止特约商户存储客户银行卡的磁道信息或芯片信息、验证码、有效期、密码等敏感信息，并采取定期检查、技术监测等必要监督措施。特约商户违反协议约定存储上述敏感信息的，支付机构应当立即暂停或者终止为其提供网络支付服务，采取有效措施删除敏感信息、防止信息泄露，并依法承担因相关信息泄露造成的损失和责任。

第二十二条 支付机构可以组合选用下列三类要素，对客户使用支付账户余额付款的交易进行验证：［一］仅客户本人知悉的要素，如静态密码等；［二］仅客户本人持有并特有的，不可复制或者不可重复利用的要素，如经过安全认证的数字证书、电子签名，以及通过安全渠道生成和传输的一次性密码等；［三］客户本人生理特征要素，如指纹等。支付机构应当确保采用的要素相互独立，部分要素的损坏或者泄露不应导致其他要素损坏或者泄露。

第二十三条 支付机构采用数字证书、电子签名作为验证要素的，数字证书及生成电子签名的过程应符合《中华人民共和国电子签名法》、《金融电子认证规范》［JR/T0118－2015］等有关规定，确保数字证书的唯一性、完整性及交易的不可抵赖性。支付机构采用一次性密码作为验证要素的，应当切实防范一次性密码获取端与支付指令发起端为相同物理设备而带来的风险，并将一次性密码有效期严格限制在最短的必要时间内。支付机构采用客户本人生理特征作为验证要素的，应当符合国家、金融行业标准和相关信息安全管理要求，防止被非法存储、复制或重放。

第二十四条 支付机构应根据交易验证方式的安全级别，按照下列要求对个人客户使用支付账户余额付款的交易进行限额管理：［一］支付机构采用包括数字证书或电子签名在内的两类［含］以上有效要素进行验证的交易，单日累计限额由支付机构与客户通过协议自主约定；［二］支付机构采用不包括数字证书、电子签名在内的两类［含］以上有效要素进行验证的交易，单个客户所有支付账户单日累计金额应不超过5000元［不包括支付账户向客户本人同名银行账户转账］；［三］支付机构采用不足两类有效要素进行验证的交易，单个客户所有支付账户单日累计金额应不超过 1000 元〔不包括支付账户向客户本人同名银行账户转账〕，且支付机构应当承诺无条件全额承担此类交易的风险损失赔付责任。

第二十五条 支付机构网络支付业务相关系统设施和技术，应当持续符合国家、金融行业标准和相关信息安全管理要求。如未符合相关标准和要求，或者尚未形成国家、金融行业标准，支付机构应当无条件全额承担客户直接风险损失的先行赔付责任。

第二十六条 支付机构应当在境内拥有安全、规范的网络支付业务处理系统及其备份系统，制定突发事件应急预案，保障系统安全性和业务连续性。支付机构为境内交易提供服务的，应当通过境内业务处理系统完成交易处理，并在境内完成资金结算。

第二十七条 支付机构应当采取有效措施，确保客户在执行支付指令前可对收付款客户名称和账号、交易金额等交易信息进行确认，并在支付指令完成后及时将结果通知客户。因交易超时、无响应或者系统故障导致支付指令无法正常处理的，支付机构应当及时提示客户；因客户原因造成支付指令未执行、未适当执行、延迟执行的，支付机构应当主动通知客户更改或者协助客户采取补救措施。

第二十八条 支付机构应当通过具有合法独立域名的网站和统一的服务电话等渠道，为客户免费提供至少最近一年以内交易信息查询服务，并建立健全差错争议和纠纷投诉处理制度，配备专业部门和人员据实、准确、及时处理交易差错和客户投诉。支付机构应当告知客户相关服务的正确获取途径，指导客户有效辨识服务渠道的真实性。支付机构应当于每年 1 月 31 日前，将前一年度发生的客户投诉数量和类型、处理完毕的投诉占比、投诉处理速度等情况在网站对外公告。

第二十九条 支付机构应当充分尊重客户自主选择权，不得强迫客户使用本机构提供的支付服务，不得阻碍客户使用其他机构提供的支付服务。支付机构应当公平展示客户可选用的各种资金收付方式，不得以任何形式诱导、强迫客户开立支付账户或者通过支付账户办理资金收付，不得附加不合理条件。

第三十条　支付机构因系统升级、调试等原因，需暂停网络支付服务的，应当至少提前 5 个工作日予以公告。支付机构变更协议条款、提高服务收费标准或者新设收费项目的，应当于实施之前在网站等服务渠道以显著方式连续公示 30 日，并于客户首次办理相关业务前确认客户知悉且接受拟调整的全部详细内容。

第五章　监督管理

第三十一条　支付机构提供网络支付创新产品或者服务、停止提供产品或者服务、与境外机构合作在境内开展网络支付业务的，应当至少提前 30 日向法人所在地中国人民银行分支机构报告。支付机构发生重大风险事件的，应当及时向法人所在地中国人民银行分支机构报告；发现涉嫌违法犯罪的，同时报告公安机关。

第三十二条　中国人民银行可以结合支付机构的企业资质、风险管控特别是客户备付金管理等因素，确立支付机构分类监管指标体系，建立持续分类评价工作机制，并对支付机构实施动态分类管理。具体办法由中国人民银行另行制定。

第三十三条　评定为"A"类且Ⅱ类、Ⅲ类支付账户实名比例超过95%的支付机构，可以采用能够切实落实实名制要求的其他客户身份核实方法，经法人所在地中国人民银行分支机构评估认可并向中国人民银行备案后实施。

第三十四条　评定为"A"类且Ⅱ类、Ⅲ类支付账户实名比例超过95%的支付机构，可以对从事电子商务经营活动、不具备工商登记注册条件且相关法律法规允许不进行工商登记注册的个人客户〔以下简称个人卖家］参照单位客户管理，但应建立持续监测电子商务经营活动、对个人卖家实施动态管理的有效机制，并向法人所在地中国人民银行分支机构备案。支付机构参照单位客户管理的个人卖家，应至少符合下列条件：［一］相关电子商务交易平台已依照相关法律法规对其真实身份信息进行审查和登记，与其签订登记协议，建立登记档案并定期核实更新，核发证明个人身份信息真实合法的标记，加载在其从事电子商务经营活动的主页面醒目位置；［二］支付机构已按照开立Ⅲ类个人支付账户的标准对其完成身份核实；［三］持续从事电子商务经营活动满 6 个月，且期间使用支付账户收取的经营收入累计超过 20 万元。

第三十五条　评定为"A"类且Ⅱ类、Ⅲ类支付账户实名比例超过95%的支付机构，对于已经实名确认、达到实名制管理要求的支付账户，在办理第十二条第一款所述转账业务时，相关银行账户与支付账户可以不属于同一客户。但支付机构应在交易中向银行准确、完整发送交易渠道、交易终端或接口类型、交易类型、收付款客户名称和账号等交易信息。

第三十六条　评定为"A"类且Ⅱ类、Ⅲ类支付账户实名比例超过95%的支付机构，可以将达到实名制管理要求的Ⅱ类、Ⅲ类支付账户的余额付款单日累计限额，提高至第二十四条规定的 2 倍。评定为"B"类及以上，且Ⅱ类、Ⅲ类支付账户实名比例超过90%的支付机构，可以将达到实名制管理要求的Ⅱ类、Ⅲ类支付账户的余额付款单日累计限额，提高至第二十四条规定的 1.5 倍。

第三十七条　评定为"A"类的支付机构按照第十条规定办理相关业务时，可以与银行根据业务需要，通过协议自主约定由支付机构代替进行交易验证的情形，但支付机构应在交易中向银行完整、准确发送交易渠道、交易终端或接口类型、交易类型、商户名称、商户编码、商户类别码、收付款客户名称和账号等交易信息；银行应核实支付机构验证手段或渠道的安全性，且对客户资金安全的管理责任不因支付机构代替验证而转移。

第三十八条 对于评定为"C"类及以下、支付账户实名比例较低、对零售支付体系或社会公众非现金支付信心产生重大影响的支付机构，中国人民银行及其分支机构可以在第十九条、第二十八条等规定的基础上适度提高公开披露相关信息的要求，并加强非现场监管和现场检查。

第三十九条 中国人民银行及其分支机构对照上述分类管理措施相应条件，动态确定支付机构适用的监管规定并持续监管。支付机构分类评定结果和支付账户实名比例不符合上述分类管理措施相应条件的，应严格按照第十条、第十一条、第十二条及第二十四条等相关规定执行。中国人民银行及其分支机构可以根据社会经济发展情况和支付机构分类管理需要，对支付机构网络支付业务范围、模式、功能、限额及业务创新等相关管理措施进行适时调整。

第四十条 支付机构应当加入中国支付清算协会，接受行业自律组织管理。中国支付清算协会应当根据本办法制定网络支付业务行业自律规范，建立自律审查机制，向中国人民银行备案后组织实施。自律规范应包括支付机构与客户签订协议的范本，明确协议应记载和不得记载事项，还应包括支付机构披露有关信息的具体内容和标准格式。中国支付清算协会应当建立信用承诺制度，要求支付机构以标准格式向社会公开承诺依法合规开展网络支付业务、保障客户信息安全和资金安全、维护客户合法权益、如违法违规自愿接受约束和处罚。

第六章 法律责任

第四十一条 支付机构从事网络支付业务有下列情形之一的，中国人民银行及其分支机构依据《非金融机构支付服务管理办法》第四十二条的规定进行处理：［一］未按规定建立客户实名制管理、支付账户开立与使用、差错争议和纠纷投诉处理、风险准备金和交易赔付、应急预案等管理制度的；［二］未按规定建立客户风险评级管理、支付账户功能与限额管理、客户支付指令验证管理、交易和信息安全管理、交易监测系统等风险控制机制的，未按规定对支付业务采取有效风险控制措施的；［三］未按规定进行风险提示、公开披露相关信息的；［四］未按规定履行报告义务的。

第四十二条　支付机构从事网络支付业务有下列情形之一的，中国人民银行及其分支机构依据《非金融机构支付服务管理办法》第四十三条的规定进行处理；情节严重的，中国人民银行及其分支机构依据《中华人民共和国中国人民银行法》第四十六条的规定进行处理：［一］不符合支付机构支付业务系统设施有关要求的；［二］不符合国家、金融行业业标准和相关信息安全管理要求的，采用数字证书、电子签名不符合《中华人民共和国电子签名法》、《金融电子认证规范》等规定的；［三］为非法交易、虚假交易提供支付服务，发现客户疑似或者涉嫌违法违规行为未按规定采取有效措施的；［四］未按规定采取客户支付指令验证措施的；［五］未真实、完整、准确反映网络支付交易信息，篡改或者隐匿交易信息的；［六］未按规定处理客户信息，或者未履行客户信息保密义务，造成信息泄露隐患或者导致信息泄露的；［七］妨碍客户自主选择支付服务提供主体或资金收付方式的；［八］公开披露虚假信息的；［九］违规开立支付账户，或擅自经营金融业务活动的。

第四十三条　支付机构违反反洗钱和反恐怖融资规定的，依据国家有关法律法规进行处理。

第七章　附　则

第四十四条　本办法相关用语含义如下：单位客户，是指接受支付机构支付服务的法人、其他组织或者个体工商户。个人客户，是指接受支付机构支付服务的自然人。单位客户的身份基本信息，包括客户的名称、地址、经营范围、统一社会信用代码或组织机构代码；可证明该客户依法设立或者可依法开展经营、社会活动的执照、证件或者文件的名称、号码和有效期限；法定代表人［负责人］或授权办理业务人员的姓名、有效身份证件的种类、号码和有效期限。个人客户的身份基本信息，包括客户的姓名、国籍、性别、职业、住址、联系方式以及客户有效身份证件的种类、号码和有效期限。法人和其他组织客户的有效身份证件，是指政府有权机关颁发的能够证明其合法真实身份的证件或文件，包括但不限于营业执照、事业单位法人证书、税务登记证、组织机构代码证；个体工商户的有效身份证件，包括营业执照、经营者或授权经办人员的有效身份证件。个人客户的有效身份证件，包括：在中国境内已登记常住户口的中国公民为居民身份证，不满十六周岁的，为居民身份证或户口簿；香港、澳门特别行政区居民为港澳居民往来内地通行证；台湾地区居民为台湾居民来往大陆通行证；定居国外的中国公民为中国护照；外国公民为护照或者外国人永久居留证［外国边民，按照边贸结算的有关规定办理］；法律、行政法规规定的其他身份证明文件。客户本人，是指客户本单位［单位客户］或者本人［个人客户］。

第四十五条 本办法由中国人民银行负责解释和修订。

第四十六条 本办法自 2016 年 7 月 1 日起施行。

支付机构客户备付金存管办法

（中国人民银行公告〔2013〕第 6 号）

第一章　总　则

第一条　为规范支付机构客户备付金管理，保障当事人合法权益，促进支付行业健康有序发展，根据《中华人民共和国中国人民银行法》、《非金融机构支付服务管理办法》等规定，制定本办法。

第二条　本办法适用于客户备付金的存放、归集、使用、划转等存管活动。

本办法所称客户备付金，是指支付机构为办理客户委托的支付业务而实际收到的预收待付货币资金。

第三条　支付机构接收的客户备付金必须全额缴存至支付机构在备付金银行开立的备付金专用存款账户。

本办法所称备付金银行，是指与支付机构签订协议、提供客户备付金存管服务的境内银行业金融机构，包括备付金存管银行和备付金合作银行。

本办法所称备付金专用存款账户，是指支付机构在备付金银行开立的专户存放客户备付金的活期存款账户，包括备付金存管账户、备付金收付账户和备付金汇缴账户。

第四条　客户备付金只能用于办理客户委托的支付业务和本办法规定的情形。

任何单位和个人不得擅自挪用、占用、借用客户备付金，不得擅自以客户备付金为他人提供担保。

第五条　支付机构和备付金银行应当按照法律法规、本办法以及双方协议约定，开展客户备付金存管业务，保障客户备付金安全完整，维护客户合法权益。

备付金银行依照本办法对客户备付金的存放、使用、划转实行监督，支付机构应当配合。

第六条　中国人民银行及其分支机构对支付机构和备付金银行的客户备付金存管业务活动进行监督管理。

第二章　备付金银行账户管理

第七条　支付机构的备付金银行应当符合下列条件：

（一）总资产不得低于2000亿元，有关资本充足率、杠杆率、流动性等风险控制指标符合监管规定。支付机构在同一备付金银行仅开立备付金汇缴账户的，该银行的总资产不得低于1000亿元。

（二）具备监督客户备付金的能力和条件，包括有健全的客户备付金业务操作办法和规程，监测、核对客户备付金信息的技术能力，能够按规定建立客户备付金存管系统。

（三）境内分支机构数量和网点分布能够满足支付机构的支付业务需要，并具有与支付机构业务规模相匹配的系统处理能力。

（四）具备必要的灾难恢复处理能力和应急处理能力，能够确保业务的连续性。

第八条　支付机构应当并且只能选择一家备付金存管银行，可以根据业务需要选择备付金合作银行。

本办法所称备付金存管银行是指可以为支付机构办理客户备付金的跨行收付业务，并负责对支付机构存放在所有备付金银行的客户备付金信息进行归集、核对与监督的备付金银行。

本办法所称备付金合作银行是指可以为支付机构办理客户备付金的

收取和本银行支取业务，并负责对支付机构存放在本银行的客户备付金进行监督的备付金银行。

第九条　支付机构应当与备付金银行或其授权的一个境内分支机构签订备付金协议，约定双方的权利、义务和责任。

备付金协议应当约定支付机构从备付金银行划转客户备付金的支付指令，以及客户备付金发生损失时双方应当承担的偿付责任和相关偿付方式。

备付金协议对客户备付金安全保障的责任约定不明的，支付机构和备付金银行应当优先保证客户备付金安全及支付业务的连续性，不得因争议影响客户正当权益。

第十条　支付机构与备付金银行或其授权分支机构应当自备付金协议签订之日起5个工作日内，分别向支付机构所在地中国人民银行分支机构报备。

备付金协议内容发生变更的，比照前款办理。

第十一条　支付机构应当在备付金存管银行开立至少一个自有资金账户。

支付机构的备付金专用存款账户应当与自有资金账户分户管理，不得办理现金支取。

第十二条　备付金存管账户是支付机构在备付金存管银行开立的，可以以现金形式接收客户备付金、以银行转账方式办理客户备付金收取和支取业务的专用存款账户。

支付机构在同一个省（自治区、直辖市、计划单列市），只能开立一个备付金存管账户。

第十三条　备付金收付账户是支付机构在备付金合作银行开立的，可以以现金形式或以银行转账方式接收客户备付金、以本银行资金内部划转方式办理客户备付金支取业务的专用存款账户。

支付机构在同一备付金合作银行或其授权的分支机构只能开立一个备付金收付账户。

第十四条 备付金汇缴账户是支付机构在备付金银行开立的可以以现金形式接收或以本银行资金内部划转方式接收客户备付金的专用存款账户。

备付金银行应当于每日营业终了前,将备付金汇缴账户内的资金全额划转至支付机构的备付金存管账户或在同一备付金合作银行开立的备付金收付账户。

支付机构可以通过备付金汇缴账户将客户备付金直接退回至原资金转出账户。

第十五条 支付机构开立备付金专用存款账户,应当出具其开立基本存款账户规定的证明文件、基本存款账户开户登记证、《支付业务许可证》(副本)和备付金协议。

备付金专用存款账户的名称应当标明支付机构名称和"客户备付金"字样。

第十六条 支付机构在满足办理日常支付业务需要后,可以以单位定期存款、单位通知存款、协定存款或中国人民银行认可的其他形式存放客户备付金。

支付机构以前款规定的非活期存款形式存放客户备付金的,应当将备付金存管账户或备付金收付账户内的客户备付金转存至支付机构在同一开户银行开立的银行账户。该银行账户视同备付金专用存款账户,遵守本办法有关规定。

支付机构通过备付金收付账户转存的非活期存款,存放期限不得超过12个月。非活期存款转为活期存款的,应退回至原转存的备付金账户。

第十七条 支付机构的分支机构应当将接收的客户备付金存放在以

支付机构名义开立的备付金银行账户，不得以该分支机构自身的名义开立备付金银行账户。

第十八条　支付机构拟撤销部分备付金专用存款账户的，应当书面告知该备付金银行或其授权分支机构，并于拟撤销账户内的资金全额转入承接账户后，办理销户手续。

支付机构拟撤销部分备付金存管账户的，承接账户为支付机构在备付金存管银行或其授权分支机构开立的备付金存管账户；拟撤销备付金收付账户的，承接账户为备付金存管账户；拟撤销备付金汇缴账户的，承接账户为支付机构的备付金存管账户或在同一备付金合作银行开立的备付金收付账户。

第十九条　支付机构拟变更备付金存管银行并撤销全部备付金存管账户的，应当提前5个工作日向所在地中国人民银行分支机构报告变更理由、时间安排、变更后的备付金存管银行以及承接账户信息等事项。

变更前的备付金存管银行应当于资金划转结清当日，撤销支付机构在该行开立的全部备付金存管账户。

第二十条　支付机构终止支付业务的，应当在按照《非金融机构支付服务管理办法》规定提交的客户权益保障方案中，说明备付金银行账户撤销事项，并根据批复办理销户手续。

第二十一条　支付机构和备付金合作银行应当在备付金银行账户开立、变更、撤销当日分别书面告知备付金存管银行或其授权分支机构。

支付机构和备付金银行应当在备付金银行账户开立起5个工作日内、变更或撤销起2个工作日内，向支付机构所在地中国人民银行分支机构报备。

第二十二条　支付机构和备付金银行应当妥善保管备付金银行账户信息，保障客户信息安全和交易安全。

第三章　客户备付金的使用与划转

第二十三条　支付机构应当在收到客户备付金或客户划转客户备付金不可撤销的支付指令后，办理客户委托的支付业务，不得提前办理。

第二十四条　支付机构通过银行转账方式接收的客户备付金，应当直接缴存备付金专用存款账户；按规定可以现金形式接收的客户备付金，应当在收讫日起 2 个工作日内全额缴存备付金专用存款账户。

第二十五条　支付机构每月在备付金存管银行存放的客户备付金日终余额合计数，不得低于上月所有备付金银行账户日终余额合计数的 50% 。

第二十六条　支付机构只能通过备付金存管银行办理客户委托的跨行付款业务，以及调整不同备付金合作银行的备付金银行账户头寸。

支付机构在备付金合作银行存放的客户备付金，不得跨行划转至备付金存管银行之外的商业银行。

第二十七条　不同支付机构的备付金银行之间不得办理客户备付金的划转。

第二十八条　支付机构按规定为客户办理备付金赎回的，应当通过备付金专用存款账户划转资金，不得使用现金；按规定可以现金形式为客户办理备付金赎回的，应当先通过自有资金账户办理，再从其备付金存管账户将相应额度的客户备付金划转至自有资金账户。

第二十九条　支付机构应当按季计提风险准备金，存放在备付金存管银行或其授权分支机构开立的风险准备金专用存款账户，用于弥补客户备付金特定损失以及中国人民银行规定的其他用途。

风险准备金按照所有备付金银行账户利息总额的一定比例计提。支付机构开立备付金收付账户的合作银行少于 4 家（含）时，计提比例为10% 。支付机构增加开立备付金收付账户的合作银行的，计提比例动态提高。

风险准备金的计提与管理办法由中国人民银行另行制定。

第三十条　支付机构的支付业务手续费收入划转至客户备付金专用存款账户的，支付机构应当通过备付金存管银行或其授权分支机构结转至自有资金账户。

第三十一条　支付机构因办理客户备付金划转产生的手续费费用，不得使用客户备付金支付。

第三十二条　支付机构因以现金形式为客户办理备付金赎回、结转支付业务手续费收入等涉及的自有资金账户，应当在备付金存管银行开立的自有资金账户中确定，且一家支付机构只能确定一个自有资金账户。

支付机构和备付金存管银行应当自自有资金账户确定之日起5个工作日内，分别向支付机构所在地中国人民银行分支机构报备。支付机构拟变更自有资金账户的，应当提前5个工作日向所在地中国人民银行分支机构报告变更原因、变更后的自有资金账户、变更时间等事项。

第三十三条　支付机构应当按照备付金协议约定向备付金银行提交支付指令，并确保相关资金划转事项的真实性、合规性。

备付金银行应当对支付指令审核无误后，办理资金划转，必要时可以要求支付机构提交相应的证明文件。

备付金银行有权拒绝执行支付机构未按约定发送的支付指令。

第三十四条　支付机构和备付金银行应当建立客户备付金信息核对机制，逐日核对客户备付金的存放、使用、划转等信息，并保存核对记录。

第四章　监督管理

第三十五条　中国人民银行及其分支机构依法对支付机构和备付金银行的客户备付金存管业务活动实施非现场监管以及现场检查。

中国人民银行及其分支机构有权根据监管需要，调阅支付机构和备付金银行相关交易、会计处理和档案资料，要求支付机构对其客户备付金等相关项目进行外部专项审计。

中国人民银行建立支付机构客户备付金信息统计监测、核对校验制度，组织建设相关系统。

第三十六条 中国支付清算协会对支付机构客户备付金存管业务活动进行自律管理。

第三十七条 中国人民银行及其分支机构根据《非金融机构支付服务管理办法》和本办法监督管理支付机构实缴货币资本与客户备付金日均余额比例、备付金存管银行的客户备付金存放比例、风险准备金计提比例。

支付机构在备付金银行账户中存放客户备付金以外资金的，可以在计算前款规定的比例时，向所在地中国人民银行分支机构申请扣减。

第三十八条 支付机构和备付金银行符合下列条件之一的，支付机构可以向中国人民银行申请适当调整第三十七条所规定的比例：

（一）支付机构的支付业务能够被备付金银行实时监测；

（二）支付机构和备付金银行能够逐日逐笔核对客户备付金交易明细；

（三）支付机构能通过备付金银行为客户提供备付金信息查询；

（四）支付机构的公司治理规范、风险管理制度健全、客户备付金安全保障措施有效，以及能够主动配合备付金银行监督、备付金银行对其业务合规性评价较高。

第三十九条 备付金银行应当与支付机构定期或不定期核对账务，发现客户备付金异常的，应当立即督促支付机构纠正，并立即报告支付机构所在地中国人民银行分支机构、备付金银行法人或其授权分支机构。

第四十条 备付金银行与支付机构不在同一省（自治区、直辖市、计划单列市）的，备付金银行向支付机构所在地中国人民银行分支机构报送各类信息、材料时，还应当抄送其所在地中国人民银行分支机构。

第四十一条 备付金银行应当于每年第一个季度内，向中国人民银行提交上年度与其合作的所有支付机构的客户备付金存管业务专项报告，包括备付金存放、归集、使用、年终余额以及对支付机构业务合规性评价等内容。

第四十二条 支付机构或备付金银行违反本办法的，中国人民银行及其分支机构依据《非金融机构支付服务管理办法》的相关规定进行处罚。

第五章 附 则

第四十三条 本办法由中国人民银行负责解释和修订。

第四十四条 本办法自发布之日起施行。

非银行支付机构
风险专项整治工作实施方案

银发〔2016〕112 号

为贯彻落实党中央、国务院决策部署，推动支付服务市场健康发展，提升支付行业服务质量和服务效率，切实防范支付风险，根据《关于促进互联网金融健康发展的指导意见》和《互联网金融风险专项整治工作实施方案》，制定本方案。

一、工作目标和原则

（一）工作目标。

按照安全与效率兼顾、鼓励创新与规范发展相结合、监管与服务并重、监管标准一致性的原则，规范非银行支付机构（以下简称支付机构）经营模式，清理整治无证机构，遏制市场乱象，优化市场环境。促进支付机构坚持服务电子商务发展和为社会提供小额、快捷、便民小微支付服务的宗旨，坚持支付中介的性质和职能。

（二）工作原则。

高度重视，加强协调。全面分析支付服务市场违法违规行为和各种乱象带来的风险隐患，加强组织领导，明确职责分工，加强协调配合，形成工作合力。

突出重点，着眼长远。坚持问题导向，集中力量对当前支付服务市场存在的主要风险开展整治，有效打击违法违规行为，确保取得实效。认真总结整治工作经验，探索建立长效机制。

依法依规，维护稳定。严格按照有关法律法规和规章制度开展整治工作。对涉及资金风险的，区别情况进行处置，讲究方法节奏，稳妥处置风险，避免引发群体性事件。

落实责任，信用约束。对整治过程中发现的备付金管理薄弱、存在挪用备付金行为的支付机构依法从严、从重处理，严肃追究无证机构以及为无证机构违法违规活动提供通道或接口的相关支付机构、商业银行的责任。充分发挥信用约束作用，通过政府部门、行业协会等进行信息公开、公示，让无证机构一处违法、处处受限。

二、整治重点和措施

（一）开展支付机构客户备付金风险和跨机构清算业务整治。

1. 加大对客户备付金问题的专项整治和整改监督力度。一是强化客户备付金监测管理，及时预警客户备付金安全风险，加大执法检查中发现问题的整改力度。二是定期、不定期对支付机构的客户备付金安全性、完整性和合规性开展抽检、核查、整治，重点抽检业务不规范、风险问题较多且经营亏损较为严重的支付机构。三是因地制宜采取监管措施，增强支付机构的"红线"意识和备付金存管银行的责任意识。对备付金管理薄弱、存在挪用备付金行为的支付机构依法从严、从重处理。对未尽职履责甚至与支付机构合谋的备付金存管银行，采取限期改正、警告、罚款、通报批评、暂停或终止备付金存管业务等措施进行处罚。强化备付金存管银行关于客户备付金损失的责任，必要时要提供流动性支持。

2. 建立支付机构客户备付金集中存管制度。以保障客户备付金安全为基本目标，制定客户备付金集中存管方案，要求支付机构将客户备付金统一缴存人民银行或符合要求的商业银行，加强账户资金监测，防范资金风险。研究互联网金融平台资金账户的统一设立和集中监测。

3. 逐步取消对支付机构客户备付金的利息支出，降低客户备付金账户资金沉淀，引导支付机构回归支付本原、创新支付服务，不以变相吸收存款赚取利息收入。

4. 支付机构开展跨行支付业务必须通过人民银行跨行清算系统或者具有合法资质的清算机构进行，实现资金清算的透明化、集中化运作，加强对社会资金流向的实时监测。推动清算机构按照市场化原则共同建设网络支付清算平台，网络支付清算平台应向人民银行申请清算业务牌照。平台建立后，支付机构与银行多头连接开展的业务应全部迁移到平台处理。逐步取缔支付机构与银行直接连接处理业务的模式，确保客户备付金集中存管制度落地。

5. 严格支付机构市场准入和监管，加大违规处罚。按照总量控制、结构优化、提高质量、有序发展的原则，一般不再受理新机构设立申请，重点做好对已获牌机构的监管引导和整改规范。对于业务许可存续期间未实质开展过支付业务、长期连续停止开展支付业务、客户备付金管理存在较大风险隐患的机构，不予续展《支付业务许可证》。加大监督检查力度，严肃处理各种违法违规行为，坚决撤销严重违法违规机构的支付牌照，维护市场秩序，保护消费者合法权益。

（二）开展无证经营支付业务整治。

排查梳理无证机构名单及相关信息，包括但不限于机构工商注册信息、客户或商户数量及分布、交易规模、业务模式，结算方式、资金规模、存放情况，与商业银行、支付机构合作情况，是否存在跨地区开展业务、层层转包业务、与其他无证机构合作情况，是否存在挪用、占用资金的可能，相关机构董事、监事、高级管理人员是否存在违法犯罪记录或其他异常情况。

根据无证机构业务规模、社会危害程度、违法违规性质和情节轻重分类施策。对于业务量小、社会危害程度轻、能够积极配合监管部门行动的无证机构，可给予整改期，限期整改不到位的，依法予以取缔；对于业务规模较大、存在资金风险隐患、不配合监管部门行动的无证机构，依法取缔。采取集中曝光和处理的方式，整治一批未取得《支付业务许可证》、非法开展资金支付结算业务的典型无证机构，发挥震慑作用，维护市场秩序。

三、职责分工

人民银行是支付机构风险专项整治工作牵头部门，会同公安部、工商总局等单位成立支付机构风险专项整治工作领导小组，领导小组办公室设在人民银行。

（一）支付机构客户备付金风险和跨机构清算业务整治职责分工。人民银行负责客户备付金的监管，加大客户备付金专项整治和执法力度，查处和纠正挪用、占用客户备付金情况以及备付金银行账户管理不规范、客户备付金真实性和完整性不足等问题。制定客户备付金集中存管方案并组织实施，改变支付机构通过客户备付金分散存放变相开展跨行清算业务的情况，指导清算机构按照市场化原则建设网络支付清算平台。省级人民政府负责牵头处置支付机构挪用客户备付金造成的风险事件，在业务、维稳、信访、舆情等方面做好应急处理工作。督促当地公安机关对支付机构挪用客户备付金行为依法追究责任。

（二）无证经营支付业务整治职责分工。人民银行负责总体部署及统筹协调工作，牵头制定专项整治方案。组织中国银联、商业银行、支付机构排查梳理无证机构名单及相关信息，在确保商户资金安全的前提下，关闭为无证机构提供的交易处理和资金结算通道。及时出具非法从事资金支付结算业务的行政认定意见。对违规商业银行、支付机构依法追究责任。组织在相关网站以及媒体公布无证机构名单，发布风险提示。会同有关部门稳妥做好相关资金风险处置工作，保障客户合法权益，防范社会群体性事件。牵头做好工作总结，研究完善联合工作机制。工商部门依法在企业信用信息公示系统中公示无证机构情况，将失联企业列入经营异常名录。对经人民银行认定为未经许可从事支付业务且情节严重的企业，依法吊销营业执照。会同人民银行对与无证机构合作开展支付业务的商户进行公示。配合提供相关机构的工商登记监管信息。公安机关负责对有关单位移交和群众举报的无证机构可疑线索进行梳理分类，对涉嫌非法从事资金支付结算的，根据人民银行出具的行政认定意见依法进行查处。中国支付清算协会、中国银联、商业银行、支付机构协助开展无证机构排查、调查取证、提示风险等相关工作。省级人民政府统一领导本地区无证经营支付业务整治工作，建立风险事件应急制度和处置预案，做好本地区维稳工作。在省级人民政府统一领导下，成立省金融办（局）、人民银行省级分支机构、省公安厅（局）、省工商局等单位参加的专项整治工作小组，负责本地区无证经营支付业务整治工作。

四、时间进度

（一）支付机构客户备付金风险和跨机构清算业务整治工作。

人民银行会同有关部门加大对 2015 年客户备付金执法检查中发现问题的整改力度，督促挪用、占用备付金的支付机构限期补足资金，监督备付金存管银行和支付机构落实整改要求，于 2016 年 8 月底前制定客户备付金集中存管方案。强化客户备付金安全监测管理，全面排查挪用、占用客户备付金等风险隐患，摸清风险底数，整治违法违规行为。

（二）无证机构支付业务整治工作。

1. 深入排查，制定方案。排查梳理无证机构名单及相关信息，根据排查情况制定专项整治方案。对于存在较大风险隐患，可能涉及风险处置工作的，制定风险处置方案和应急预案，明确商户和消费者权益保障措施及维稳方案，确保不发生群体性事件。此项工作于 2016 年 7 月底前完成。

2. 集中清理，分类处置。各有关部门、各省级人民政府按照职责分工开展专项整治和责任追究工作，对无证机构根据情况区别对待、分类处置。此项工作于 2016 年 11 月底前完成。

3. 总结工作，完善机制。各地方专项整治工作小组对本地区专项整治工作进行总结，形成报告报非银行支付机构风险专项整治工作领导小组办公室。人民银行与工商部门、公安机关共同研究完善制度措施，推动建立无证机构常态化整治工作机制。此项工作于 2017 年 1 月底前完成。

中国人民银行办公厅关于实施支付机构
客户备付金集中存管有关事项的通知

（银办发〔2017〕10号）

中国人民银行上海总部，各分行、营业管理部，各省会（首府）城市中心支行，各副省级城市中心支行；各国有商业银行，股份制商业银行，中国邮政储蓄银行；各非银行支付机构：

为贯彻落实党中央、国务院关于互联网金融风险专项整治工作总体部署，根据《国务院办公厅关于印发互联网金融风险专项整治工作实施方案的通知》（国办发〔2016〕21号）提出的"非银行支付机构不得挪用、占用客户备付金，客户备付金账户应开立在人民银行或符合要求的商业银行。人民银行或商业银行不向非银行支付机构备付金账户计付利息"相关要求，人民银行决定对支付机构客户备付金实施集中存管。现通知如下：

一、自2017年4月17日起，支付机构应将客户备付金按照一定比例交存至指定机构专用存款账户，该账户资金暂不计付利息。

二、人民银行根据支付机构的业务类型和最近一次分类评级结果确定支付机构交存客户备付金的比例，并根据管理需要进行调整。

三、2017年4月17日起，支付机构交存客户备付金执行以下比例，获得多项支付业务许可的支付机构，从高适用交存比例。

网络支付业务：12%（A类）、14%（B类）、16%（C类）、18%（D类）、20%（E类）；

银行卡收单业务：10%（A类）、12%（B类）、14%（C类）、16%（D类）、18%（E类）；

预付卡发行与受理：16%（A 类）、18%（B 类）、20%（C 类）、22%（D 类）、24%（E 类）。

四、支付机构应交存客户备付金的金额根据上季度客户备付金日均余额与支付机构适用的交存比例计算得出，每季度调整一次，每季度首月 16 日完成资金划转（遇节假日顺延）。

五、商业银行为支付机构交存的客户备付金不计入一般存款，不纳入存款准备金交存基数。

六、支付机构和备付金交存银行未按照本通知有关要求执行的，人民银行及其分支机构将视情节轻重，按照《非金融机构支付服务管理办法》第四十一条至第四十三条规定予以处罚，并将支付机构相关行为纳入分类评级管理。

七、人民银行分支机构应根据本通知要求切实履行职责，指导支付机构和备付金交存银行做好相关工作，并加强相关工作的检查、监督。

请人民银行分支机构将本通知转发至辖区内各有客户备付金存管资质的商业银行。执行中如遇问题，请及时告知人民银行支付结算司。

中国人民银行关于改进个人银行 账户服务加强账户管理的通知

银发〔2015〕392 号

中国人民银行上海总部，各分行、营业管理部、省会（首府）城市中心支行，深圳市中心支行；国家开发银行，各政策性银行、国有商业银行、股份制商业银行，中国邮政储蓄银行：

为改进个人人民币银行结算账户（以下简称个人银行账户）服务，便利存款人开立和使用个人银行账户，加强银行内部管理，切实落实银行账户实名制，现就有关事项通知如下：

一、落实个人银行账户实名制

银行业金融机构（以下简称银行）为开户申请人开立个人银行账户时，应核验其身份信息，对开户申请人提供身份证件的有效性、开户申请人与身份证件的一致性和开户申请人开户意愿进行核实，不得为身份不明的开户申请人开立银行账户并提供服务，不得开立匿名或假名银行账户。

（一）审核身份证件。银行为开户申请人开立个人银行账户时，应要求其提供本人有效身份证件，并对身份证件的真实性、有效性和合规性进行认真审查。银行通过有效身份证件仍无法准确判断开户申请人身份的，应要求其出具辅助身份证明材料。

有效身份证件包括：1. 在中华人民共和国境内已登记常住户口的中国公民为居民身份证；不满十六周岁的，可以使用居民身份证或户口簿。2. 香港、澳门特别行政区居民为港澳居民往来内地通行证。3. 台湾地区居民为台湾居民来往大陆通行证。4. 定居国外的中国公民为中国护照。
5. 外国公民为护照或者外国人永久居留证（外国边民，按照边贸结算的有关规定办理）。6. 法律、行政法规规定的其他身份证明文件。

辅助身份证明材料包括但不限于：1. 中国公民为户口簿、护照、机动车驾驶证、居住证、社会保障卡、军人和武装警察身份证件、公安机关出具的户籍证明、工作证。2. 香港、澳门特别行政区居民为香港、澳门特别行政区居民身份证。3. 台湾地区居民为在台湾居住的有效身份证明。4. 定居国外的中国公民为定居国外的证明文件。5. 外国公民为外国居民身份证、使领馆人员身份证件或者机动车驾驶证等其他带有照片的身份证件。6. 完税证明、水电煤缴费单等税费凭证。

军人、武装警察尚未领取居民身份证的，除出具军人和武装警察身份证件外，还应出具军人保障卡或所在单位开具的尚未领取居民身份证的证明材料。

（二）核验身份信息。银行可利用政府部门数据库、本银行数据库、商业化数据库、其他银行账户信息等，采取多种手段对开户申请人身份信息进行多重交叉验证，全方位构建安全可靠的身份信息核验机制。

提供个人银行账户开立服务时，有条件的银行可探索将生物特征识别技术和其他安全有效的技术手段作为核验开户申请人身份信息的辅助手段。

（三）留存身份信息。成功开立个人银行账户的，银行应登记存款人的基本信息、与存款人身份信息核验有关的身份证明文件信息、完整的身份信息核验记录，留存存款人身份证件、辅助身份证明文件的复印件或者影印件、以电子方式存储的身份信息，有条件的可留存开户过程的音频或视频等。

银行在确保分支机构能够及时获得相关存款人身份信息的前提下，可以将分支机构登记的存款人身份信息集中管理。

（四）建立健全个人银行账户数据库。银行应建立健全以存款人为中心的个人银行账户管理系统，按照公民身份号码、护照号等实现对个人银行账户的统一查询和管理。对于存款人为非中国居民的，银行应按照存款人国籍（地区）进行标识并实现对非中国居民银行账户的分类查询和管理。

（五）停用或注销银行账户。银行发现或者收到被冒用身份的个人声明，并确认该银行账户为假名或虚假代理开户的，应立即停止相关个人银行账户的使用；在征得被冒用人或被代理人同意后予以销户，账户资金列入久悬未取专户管理。

二、建立银行账户分类管理机制

银行应按照"了解你的客户"原则，采用科学、合理的方法对存款人进行风险评级，根据存款人身份信息核验方式及风险等级，审慎确定银行账户功能、支付渠道和支付限额，并进行分类管理和动态管理。银行可通过柜面、远程视频柜员机和智能柜员机等自助机具、网上银行和手机银行等电子渠道为开户申请人开立个人银行账户。银行通过自助机具和电子渠道提供个人银行账户开立服务的，开户申请人只能持居民身份证办理。

在现有个人银行账户基础上，增加银行账户种类，将个人银行账户分为Ⅰ类银行账户、Ⅱ类银行账户和Ⅲ类银行账户（以下分别简称Ⅰ类户、Ⅱ类户和Ⅲ类户）。银行可通过Ⅰ类户为存款人提供存款、购买投资理财产品等金融产品、转账、消费和缴费支付、支取现金等服务。银行可通过Ⅱ类户为存款人提供存款、购买投资理财产品等金融产品、限定金额的消费和缴费支付等服务。银行可通过Ⅲ类户为存款人提供限定金额的消费和缴费支付服务。银行不得通过Ⅱ类户和Ⅲ类户为存款人提供存取现金服务，不得为Ⅱ类户和Ⅲ类户发放实体介质。

（一）柜面开户。通过柜面受理银行账户开户申请的，银行可为开户申请人开立Ⅰ类户、Ⅱ类户或Ⅲ类户。

（二）自助机具开户。通过远程视频柜员机和智能柜员机等自助机具受理银行账户开户申请，银行工作人员现场核验开户申请人身份信息的，银行可为其开立Ⅰ类户；银行工作人员未现场核验开户申请人身份信息的，银行可为其开立Ⅱ类户或Ⅲ类户。

（三）电子渠道开户。通过网上银行和手机银行等电子渠道受理银行账户开户申请的，银行可为开户申请人开立Ⅱ类户或Ⅲ类户。

1. 通过电子渠道开立Ⅱ类户的，银行应通过绑定开户申请人的同名Ⅰ类户（以下简称绑定账户，信用卡除外），作为核验开户申请人身份信息的手段之一，确认绑定账户的所有人是开户申请人本人，绑定账户的开户银行名称和账号与开户申请人提供的信息一致。Ⅱ类户与绑定账户的资金划转限额由银行与存款人协商确定；银行应根据自身风险管理水平和存款人风险等级，与存款人约定办理消费和缴费支付的单日累计支付限额，但最高额度不超过 10000 元。银行不得通过绑定Ⅱ类户、Ⅲ类户或支付机构的支付账户进行开户申请人身份信息核验。

银行可通过小额支付系统或其他渠道向拟绑定账户的开户行查询，确定拟绑定账户是否属于Ⅰ类户。银行可根据自身经营策略以及与其他银行协议，自主决定是否开通小额支付系统客户账户信息查询功能。约定通过小额支付系统实现客户账户信息查询的，查询行通过"批量客户账户信息查询报文"（beps. 394. 001. 01，见附件 1）发起查询，被查询行通过批量客户账户查询应答报文"（beps. 395. 001. 01，见附件 2）进行回复，回复期限不超过 7 天。当拟绑定账户状态正常时，被查询行应反馈"已开户为Ⅰ类户"、"已开户为Ⅱ类户"或"已开户为Ⅲ类户"。

人民银行将对小额支付系统"批量客户账户查询应答报文"中"账户状态"类型进行调整，删除"AS01 已开户"，新增"AS07 已开户为

Ⅰ类户"、"AS08 已开户为Ⅱ类户"、"AS09 已开户为Ⅲ类户"、"AS10 无此户"。相关调整自 2016 年 4 月 1 日起生效。开通小额支付系统客户账户信息查询功能的，银行应据此完成行内业务系统相关信息的更新工作。

2. 通过电子渠道开立Ⅲ类户的，银行应通过开户申请人从同名Ⅰ户向Ⅲ类户转入任意金额的方式激活账户，并确认开户申请人是同名Ⅰ类户的所有人。Ⅲ类户账户余额不得超过 1000 元，账户剩余资金应原路返回同名Ⅰ类户。已开立Ⅰ类户再申请在同一银行开立Ⅲ类户的，银行可在Ⅰ类户实体介质上加载Ⅲ类账户功能。

3. 银行应于 2016 年 4 月 1 日在系统中实现对Ⅰ类户、Ⅱ类户和Ⅲ类户的有效区分、标识，并按规定向人民币银行结算账户管理系统报备。同时，将银行账户区分方法和标识方法向人民银行备案。其中，国家开发银行、政策性银行、国有商业银行、股份制商业银行和中国邮政储蓄银行向人民银行支付结算司备案；城市商业银行、农村商业银行、农村合作银行、农村信用社、村镇银行和外资银行向所在地人民银行省会（首府）城市中心支行以上分支机构或深圳市中心支行备案。

（四）账户功能升级。对于Ⅱ类户，银行可按规定对存款人身份信息进行进一步核验后，将其转为Ⅰ类户。对于Ⅲ类户，银行可按规定对存款人身份信息进行进一步核验后，将其转为Ⅰ类户或Ⅱ类户。

对于已在本银行开户的存款人再次提出开立同一种类银行账户申请的，银行在有效核验存款人身份信息的前提下，可自主确定简易开户流程。?

三、规范个人银行账户代理事宜

开户申请人开立个人银行账户或者办理其他个人银行账户业务，原则上应当由开户申请人本人亲自办理；符合条件的，可以由他人代理办理。银行可根据自身风险管理水平、存款人身份信息核验方式及风险等级，审慎确定代理开立的个人银行账户功能。

（一）身份信息核验。他人代理开立个人银行账户的，银行应要求代理人出具代理人、被代理人的有效身份证件以及合法的委托书等。银行认为有必要的，应要求代理人出具证明代理关系的公证书。

银行应严格审核代理人、被代理人的身份证件以及委托书等，对代理人身份信息的核验应比照本人申请开立银行账户进行，并联系被代理人进行核实。无法确认代理关系的，银行不得办理该代理业务。

（二）代理开户业务管理。如开户申请人确因行动不便等原因不能前往银行网点，银行可以采取上门办理等方式办理开户。银行应合理控制个人以委托代理方式代理他人或者被他人代理开立的个人银行账户数量。

（三）身份信息留存。他人代理开立个人银行账户的，银行应当登记代理人和被代理人的身份信息，留存代理人和被代理人有效身份证件的复印件或者影印件、以电子方式存储的身份信息以及委托书原件等，有条件的可留存开户过程的音频或视频等。

（四）特殊情形的处理。

1. 存款人开立代发工资、教育、社会保障（如社保、医保、军保）、公共管理（如公共事业、拆迁、捐助、助农扶农）等特殊用途个人银行账户时，可由所在单位代理办理。单位代理个人开立银行账户的，应提供单位证明材料、被代理人有效身份证件的复印件或影印件。

单位代理开立的个人银行账户，在被代理人持本人有效身份证件到开户银行办理身份确认、密码设（重）置等激活手续前，该银行账户只收不付。

2. 无民事行为能力或限制民事行为能力的开户申请人，由法定代理人或者人民法院、有关部门依法指定的人员代理办理。

3. 因身患重病、行动不便、无自理能力等无法自行前往银行的存款人办理挂失、密码重置、销户等业务时，银行可采取上门服务方式办理，也可由配偶、父母或成年子女凭合法的委托书、代理人与被代理人的关系证明文件、被代理人所在社区居委会（村民委员会）及以上组织或县级以上医院出具的特殊情况证明代理办理。

四、强化银行内部管理

（一）银行应针对不同的业务处理渠道制定业务操作规程和管理制度，细化个人银行账户开立处理流程；加强对临柜人员、自助机具客服人员的培训和指导，要求客服人员通过询问开户申请人个人基本信息等方式，严格核验开户申请人身份信息，保障开户申请人与身份证件的一致性，重点防范不法分子冒用他人身份信息开立假名银行账户。

（二）银行应根据存款人风险等级、支付指令验证方式等因素，对存款人办理的非柜面业务进行限额管理：

1. 按照与存款人的约定，设置存款人通过网上银行、手机银行等电子渠道办理的非同名银行账户转账、消费和缴费支付业务的限额。

2. 对于存款人本人同名银行账户之间、存款人银行账户向本人同名支付账户的转账业务，存款人采用数字证书或电子签名等安全可靠的支付指令验证方式的，银行不得设置限额，存款人有设置限额意愿的除外；存款人采用不包括数字证书、电子签名在内的其他要素验证支付指令的，银行应按照与存款人的约定设置限额。

3. 银行应根据存款人风险等级、日常交易行为、资产状况等因素，在存款人设定的交易限额内确定交易风险提示额度，并对交易风险提示额度进行动态管理。

对于超过交易风险提示额度的大额交易、短时高频和短时跨地区等疑似风险交易，银行应及时向存款人提示交易风险。交易风险提示方式由银行与存款人协商确定，具体包括交易前电话确认、账户余额实时提醒等。

（三）本通知发布前，按照《人民币银行结算账户管理办法》相关规定开立的个人银行账户，纳入Ⅰ类户管理；试点开立的其他个人银行账户，纳入Ⅱ类户管理。银行应按本通知要求于2016年4月1日前，完成对通过自助机具、电子渠道开立的个人银行账户的核实。

（四）银行应根据自身风险管理能力和内控水平，合理确定存款人开立的个人银行账户数量，避免无序竞争和盲目开户，不得单纯以开户数量作为内部考核指标；建立健全投诉评估机制，防止因片面降低客户投诉率而放松业务审核，切实保障银行账户实名制贯彻落实。

五、进一步改进银行账户服务

（一）银行应积极利用新技术创新支付服务产品，不断改进账户服务，满足存款人日益增长的、多样化的支付服务需求。

（二）银行应针对不同的业务处理渠道，制定差异化的收费策略，为存款人提供低成本或免费的支付结算服务。银行可自行确定或调整免费转账限额，并向社会公告。

鼓励银行对存款人通过网上银行、手机银行办理的一定金额以下的转账汇款业务免收手续费。实行部分或全部免收费的银行须将具体方案报送人民银行。自2016年4月1日起，对于未报告的银行和未实行免收费的业务，人民银行将不再对其通过网上支付跨行清算系统办理的相应业务免费。具体办法另行通知。

（三）鼓励银行探索建立风险补偿机制，通过计提支付风险基金、购买商业保险等方式，锁定存款人支付风险，切实保护其合法权益。

请人民银行分支机构将本通知转发至辖区内城市商业银行、农村商业银行、农村合作银行、农村信用社、村镇银行和外资银行。

中国人民银行关于加强支付结算管理防范电信网络新型违法犯罪有关事项的通知

（银发〔2016〕261号）

中国人民银行上海总部，各分行、营业管理部，各省会（首府）城市中心支行，深圳市中心支行；国家开发银行，各政策性银行、国有商业银行、股份制商业银行，中国邮政储蓄银行；中国银联股份有限公司，中国支付清算协会；各非银行支付机构：

为有效防范电信网络新型违法犯罪，切实保护人民群众财产安全和合法权益，现就加强支付结算管理有关事项通知如下：

一、加强账户实名制管理

（一）全面推进个人账户分类管理。

1. 个人银行结算账户。自2016年12月1日起，银行业金融机构（以下简称银行）为个人开立银行结算账户的，同一个人在同一家银行（以法人为单位，下同）只能开立一个Ⅰ类户，已开立Ⅰ类户，再新开户的，应当开立Ⅱ类户或Ⅲ类户。银行对本银行行内异地存取现、转账等业务，收取异地手续费的，应当自本通知发布之日起三个月内实现免费。

个人于2016年11月30日前在同一家银行开立多个Ⅰ类户的，银行应当对同一存款人开户数量较多的情况进行摸排清理，要求存款人作出说明，核实其开户的合理性。对于无法核实开户合理性的，银行应当引导存款人撤销或归并账户，或者采取降低账户类别等措施，使存款人运用账户分类机制，合理存放资金，保护资金安全。

2. 个人支付账户。自 2016 年 12 月 1 日起，非银行支付机构（以下简称支付机构）为个人开立支付账户的，同一个人在同一家支付机构只能开立一个Ⅲ类账户。支付机构应当于 2016 年 11 月 30 日前完成存量支付账户清理工作，联系开户人确认需保留的账户，其余账户降低类别管理或予以撤并；开户人未按规定时间确认的，支付机构应当保留其使用频率较高和金额较大的账户，后续可根据其申请进行变更。

（二）暂停涉案账户开户人名下所有账户的业务。自 2017 年 1 月 1 日起，对于不法分子用于开展电信网络新型违法犯罪的作案银行账户和支付账户，经设区的市级及以上公安机关认定并纳入电信网络新型违法犯罪交易风险事件管理平台"涉案账户"名单的，银行和支付机构中止该账户所有业务。

银行和支付机构应当通知涉案账户开户人重新核实身份，如其未在 3 日内向银行或者支付机构重新核实身份的，应当对账户开户人名下其他银行账户暂停非柜面业务，支付账户暂停所有业务。银行和支付机构重新核实账户开户人身份后，可以恢复除涉案账户外的其他账户业务；账户开户人确认账户为他人冒名开立的，应当向银行和支付机构出具被冒用身份开户并同意销户的声明，银行和支付机构予以销户。

（三）建立对买卖银行账户和支付账户、冒名开户的惩戒机制。自 2017 年 1 月 1 日起，银行和支付机构对经设区的市级及以上公安机关认定的出租、出借、出售、购买银行账户（含银行卡，下同）或者支付账户的单位和个人及相关组织者，假冒他人身份或者虚构代理关系开立银行账户或者支付账户的单位和个人，5 年内暂停其银行账户非柜面业务、支付账户所有业务，3 年内不得为其新开立账户。人民银行将上述单位和个人信息移送金融信用信息基础数据库并向社会公布。

（四）加强对冒名开户的惩戒力度。银行在办理开户业务时，发现个人冒用他人身份开立账户的，应当及时向公安机关报案并将被冒用的身份证件移交公安机关。

（五）建立单位开户审慎核实机制。对于被全国企业信用信息公示系统列入"严重违法失信企业名单"，以及经银行和支付机构核实单位注册地址不存在或者虚构经营场所的单位，银行和支付机构不得为其开户。银行和支付机构应当至少每季度排查企业是否属于严重违法企业，情况属实的，应当在3个月内暂停其业务，逐步清理。

对存在法定代表人或者负责人对单位经营规模及业务背景等情况不清楚、注册地和经营地均在异地等异常情况的单位，银行和支付机构应当加强对单位开户意愿的核查。银行应当对法定代表人或者负责人面签并留存视频、音频资料等，开户初期原则上不开通非柜面业务，待后续了解后再审慎开通。支付机构应当留存单位法定代表人或者负责人开户时的视频、音频资料等。

支付机构为单位开立支付账户，应当参照《人民币银行结算账户管理办法》（中国人民银行令〔2003〕第5号发布）第十七条、第二十四条、第二十六条等相关规定，要求单位提供相关证明文件，并自主或者委托合作机构以面对面方式核实客户身份，或者以非面对面方式通过至少三个合法安全的外部渠道对单位基本信息进行多重交叉验证。对于本通知发布之日前已经开立支付账户的单位，支付机构应当于2017年6月底前按照上述要求核实身份，完成核实前不得为其开立新的支付账户；逾期未完成核实的，支付账户只收不付。支付机构完成核实工作后，将有关情况报告法人所在地人民银行分支机构。

支付机构应当加强对使用个人支付账户开展经营性活动的资金交易监测和持续性客户管理。

（六）加强对异常开户行为的审核。有下列情形之一的，银行和支付机构有权拒绝开户：

1. 对单位和个人身份信息存在疑义，要求出示辅助证件，单位和个人拒绝出示的。

2. 单位和个人组织他人同时或者分批开立账户的。

3. 有明显理由怀疑开立账户从事违法犯罪活动的。

银行和支付机构应当加强账户交易活动监测，对开户之日起 6 个月内无交易记录的账户，银行应当暂停其非柜面业务，支付机构应当暂停其所有业务，银行和支付机构向单位和个人重新核实身份后，可以恢复其业务。

（七）严格联系电话号码与身份证件号码的对应关系。银行和支付机构应当建立联系电话号码与个人身份证件号码的一一对应关系，对多人使用同一联系电话号码开立和使用账户的情况进行排查清理，联系相关当事人进行确认。对于成年人代理未成年人或者老年人开户预留本人联系电话等合理情形的，由相关当事人出具说明后可以保持不变；对于单位批量开户，预留财务人员联系电话等情形的，应当变更为账户所有人本人的联系电话；对于无法证明合理性的，应当对相关银行账户暂停非柜面业务，支付账户暂停所有业务。

二、加强转账管理

（八）增加转账方式，调整转账时间。自 2016 年 12 月 1 日起，银行和支付机构提供转账服务时应当执行下列规定：

1. 向存款人提供实时到账、普通到账、次日到账等多种转账方式选择，存款人在选择后才能办理业务。

2. 除向本人同行账户转账外，个人通过自助柜员机（含其他具有存取款功能的自助设备，下同）转账的，发卡行在受理 24 小时后办理资金转账。在发卡行受理后 24 小时内，个人可以向发卡行申请撤销转账。受理行应当在受理结果界面对转账业务办理时间和可撤销规定作出明确提示。

3. 银行通过自助柜员机为个人办理转账业务的，应当增加汉语语音提示，并通过文字、标识、弹窗等设置防诈骗提醒；非汉语提示界面应当对资金转出等核心关键字段提供汉语提示，无法提示的，不得提供转账。

（九）加强银行非柜面转账管理。自2016年12月1日起，银行在为存款人开通非柜面转账业务时，应当与存款人签订协议，约定非柜面渠道向非同名银行账户和支付账户转账的日累计限额、笔数和年累计限额等，超出限额和笔数的，应当到银行柜面办理。

除向本人同行账户转账外，银行为个人办理非柜面转账业务，单日累计金额超过5万元的，应当采用数字证书或者电子签名等安全可靠的支付指令验证方式。单位、个人银行账户非柜面转账单日累计金额分别超过100万元、30万元的，银行应当进行大额交易提醒，单位、个人确认后方可转账。

（十）加强支付账户转账管理。自2016年12月1日起，支付机构在为单位和个人开立支付账户时，应当与单位和个人签订协议，约定支付账户与支付账户、支付账户与银行账户之间的日累计转账限额和笔数，超出限额和笔数的，不得再办理转账业务。

（十一）加强交易背景调查。银行和支付机构发现账户存在大量转入转出交易的，应当按照"了解你的客户"原则，对单位或者个人的交易背景进行调查。如发现存在异常的，应当按照审慎原则调整向单位和个人提供的相关服务。

（十二）加强特约商户资金结算管理。银行和支付机构为特约商户提供T+0资金结算服务的，应当对特约商户加强交易监测和风险管理，不得为入网不满90日或者入网后连续正常交易不满30日的特约商户提供T+0资金结算服务。

三、加强银行卡业务管理

（十三）严格审核特约商户资质，规范受理终端管理。任何单位和个人不得在网上买卖 POS 机（包括 MPOS）、刷卡器等受理终端。银行和支付机构应当对全部实体特约商户进行现场检查，逐一核对其受理终端的使用地点。对于违规移机使用、无法确认实际使用地点的受理终端一律停止业务功能。银行和支付机构应当于 2016 年 11 月 30 日前形成检查报告备查。

（十四）建立健全特约商户信息管理系统和黑名单管理机制。中国支付清算协会、银行卡清算机构应当建立健全特约商户信息管理系统，组织银行、支付机构详细记录特约商户基本信息、启动和终止服务情况、合规风险状况等。对同一特约商户或者同一个人控制的特约商户反复更换服务机构等异常状况的，银行和支付机构应当审慎为其提供服务。

中国支付清算协会、银行卡清算机构应当建立健全特约商户黑名单管理机制，将因存在重大违规行为被银行和支付机构终止服务的特约商户及其法定代表人或者负责人、公安机关认定为违法犯罪活动转移赃款提供便利的特约商户及相关个人、公安机关认定的买卖账户的单位和个人等，列入黑名单管理。中国支付清算协会应当将黑名单信息移送金融信用信息基础数据库。银行和支付机构不得将黑名单中的单位以及由相关个人担任法定代表人或者负责人的单位拓展为特约商户；已经拓展为特约商户的，应当自该特约商户被列入黑名单之日起 10 日内予以清退。

四、强化可疑交易监测

（十五）确保交易信息真实、完整、可追溯。支付机构与银行合作开展银行账户付款或者收款业务的，应当严格执行《银行卡收单业务管理办法》（中国人民银行令〔2013〕第 9 号发布）、《非银行支付机构网络支付业务管理办法》（中国人民银行公告〔2015〕第43号公布）等制度规定，确保交易信息的真实性、完整性、可追溯性以及在支付全流程中的一致性，不得篡改或者隐匿交易信息，交易信息应当至少保存5年。银行和支付机构应当于2017年3月31日前按照网络支付报文相关金融行业技术标准完成系统改造，逾期未完成改造的，暂停有关业务。

（十六）加强账户监测。银行和支付机构应当加强对银行账户和支付账户的监测，建立和完善可疑交易监测模型，账户及其资金划转具有集中转入分散转出等可疑交易特征的（详见附件1），应当列入可疑交易。

对于列入可疑交易的账户，银行和支付机构应当与相关单位或者个人核实交易情况；经核实后银行和支付机构仍然认定账户可疑的，银行应当暂停账户非柜面业务，支付机构应当暂停账户所有业务，并按照规定报送可疑交易报告或者重点可疑交易报告；涉嫌违法犯罪的，应当及时向当地公安机关报告。

（十七）强化支付结算可疑交易监测的研究。中国支付清算协会、银行卡清算机构应当根据公安机关、银行、支付机构提供的可疑交易情形，构建可疑交易监测模型，向银行和支付机构发布。

五、健全紧急止付和快速冻结机制

（十八）理顺工作机制，按期接入电信网络新型违法犯罪交易风险事件管理平台。2016年11月30日前，支付机构应当理顺本机构协助有权机关查询、止付、冻结和扣划工作流程；实现查询账户信息和交易流水以及账户止付、冻结和扣划等；指定专人专岗负责协助查询、止付、冻结和扣划工作，不得推诿、拖延。银行、从事网络支付的支付机构应当根据有关要求，按时完成本单位核心系统的开发和改造工作，在2016年底前全部接入电信网络新型违法犯罪交易风险事件管理平台。

六、加大对无证机构的打击力度

（十九）依法处置无证机构。人民银行分支机构应当充分利用支付机构风险专项整治工作机制，加强与地方政府以及工商部门、公安机关的配合，及时出具相关非法从事资金支付结算的行政认定意见，加大对无证机构的打击力度，尽快依法处置一批无证经营机构。人民银行上海总部，各分行、营业管理部、省会（首府）城市中心支行应当按月填制《无证经营支付业务专项整治工作进度表》（见附件2），将辖区工作进展情况上报总行。

七、建立责任追究机制

（二十）严格处罚，实行责任追究。人民银行分支机构、银行和支付机构应当履职尽责，确保打击治理电信网络新型违法犯罪工作取得实效。

凡是发生电信网络新型违法犯罪案件的，应当倒查银行、支付机构的责任落实情况。银行和支付机构违反相关制度以及本通知规定的，应当按照有关规定进行处罚；情节严重的，人民银行依据《中华人民共和国中国人民银行法》第四十六条的规定予以处罚，并可采取暂停1个月至6个月新开立账户和办理支付业务的监管措施。

凡是人民银行分支机构监管责任不落实，导致辖区内银行和支付机构未有效履职尽责，公众在电信网络新型违法犯罪活动中遭受严重资金损失，产生恶劣社会影响的，应当对人民银行分支机构进行问责。

人民银行分支机构、银行、支付机构、中国支付清算协会、银行卡清算机构应当按照规定向人民银行总行报告本通知执行情况并填报有关统计表。

请人民银行上海总部，各分行、营业管理部、省会（首府）城市中心支行，深圳市中心支行及时将该通知转发至辖区内各城市商业银行、农村商业银行、农村合作银行、村镇银行、城市信用社、农村信用社和外资银行等。

各单位在执行中如遇问题，请及时向人民银行报告。

中国人民银行关于落实
个人银行账户分类管理制度的通知

（银发〔2016〕302号）

中国人民银行上海总部，各分行、营业管理部、省会（首府）城市中心支行，深圳市中心支行；国家开发银行，各政策性银行、国有商业银行、股份制商业银行，中国邮政储蓄银行：

为进一步落实个人银行账户分类管理制度，现将有关事项通知如下：

一、关于Ⅱ、Ⅲ类个人银行账户的开立、变更和撤销

（一）个人开立Ⅱ类、Ⅲ类银行账户（以下简称Ⅱ、Ⅲ类户）可以绑定本人Ⅰ类银行账户（以下简称Ⅰ类户）或者信用卡账户进行身份验证，不得绑定非银行支付机构（以下简称支付机构）开立的支付账户进行身份验证。

（二）个人可以凭有效身份证件通过银行业金融机构（以下简称银行）柜面开立Ⅰ、Ⅱ、Ⅲ类户。个人在银行柜面开立的Ⅱ、Ⅲ类户，无需绑定Ⅰ类户或者信用卡账户进行身份验证。

银行依托自助机具为个人开立Ⅰ类户的，应当经银行工作人员现场面对面审核开户人身份。

（三）银行开办Ⅱ、Ⅲ类户业务，应当遵守银行账户实名制规定和反洗钱客户身份资料保存制度要求，留存开户申请人身份证件的复印件、影印件或者影像等。有条件的银行，可以通过视频或者人脸识别等安全有效的技术手段作为辅助核实个人身份信息的方式。

（四）银行通过电子渠道非面对面为个人开立Ⅱ类户，应当向绑定账户开户行验证Ⅱ类户与绑定账户为同一人开立且绑定账户为Ⅰ类户或者信用卡账户，第三方机构只能作为验证信息传输通道。验证的信息应当至少包括开户申请人姓名、居民身份证号码、手机号码、绑定账户账号（卡号）、绑定账户是否为Ⅰ类户或者信用卡账户等5个要素。人民银行小额支付系统已增加对手机号码和信用卡账户的验证功能（具体接口报文见附件），银行应当于2016年12月底前完成相关接口开发和修改工作。

银行通过电子渠道非面对面为个人开立Ⅲ类户，应当向绑定账户开户行验证Ⅲ类户与绑定账户为同一人开立，验证的信息应当至少包括开户申请人姓名、居民身份证号码、手机号码、绑定账户账号（卡号）等4个要素。

银行通过电子渠道非面对面为个人开立Ⅱ、Ⅲ类户时，应当要求开户申请人登记验证的手机号码与绑定账户使用的手机号码保持一致。

（五）银行可以通过柜面或者电子渠道为个人办理Ⅱ、Ⅲ类户变更业务。

银行通过电子渠道非面对面为个人办理Ⅱ、Ⅲ类户的姓名、居民身份证号码、手机号码、绑定账户变更业务时，应当按照新开户要求重新验证信息，并采取措施核实个人变更信息的真实意愿。

银行通过电子渠道非面对面为个人办理Ⅱ、Ⅲ类户姓名、居民身份证号码变更，且绑定账户为他行账户的，应当要求个人先将Ⅱ类户所有投资理财等金融产品赎回、提前支取定期存款，将Ⅱ、Ⅲ类户资金全部转回绑定账户后再予以变更。

（六）银行可以通过柜面或者电子渠道为个人办理Ⅱ、Ⅲ类户销户业务。

银行通过电子渠道非面对面为个人办理Ⅱ、Ⅲ类户销户时，绑定账户已销户的，个人可按照银行新开户要求重新验证个人身份信息后绑定新的账户，将Ⅱ、Ⅲ类户资金转回新绑定账户后再办理销户。

（七）银行在联网核查公民身份信息系统运行时间以外办理Ⅱ、Ⅲ类户开户业务的，可以采取以下两种方式对开户申请人身份进行联网核查：一是银行可先为开户申请人开立Ⅱ、Ⅲ类户，该账户只收不付，在银行按规定联网核查个人身份信息后账户才能正常使用；二是银行可以通过公安部认可的其他查询渠道联网核查。

（八）银行应按照《中国人民银行办公厅关于发布〈全国集中银行账户管理系统接入接口规范——个人银行账户部分〉的通知》（银办发〔2016〕168号）要求，对Ⅰ、Ⅱ、Ⅲ类户和信用卡账户有效区分、标识，并按规定向人民币银行结算账户管理系统报备（报备时间另行通知）。

（九）银行为个人开立Ⅱ、Ⅲ类户时，应在与客户签订的账户管理协议中约定长期不动户、零余额账户处置方法。

（十）社会保障卡、军人保障卡管理事项另行通知。

二、关于Ⅱ、Ⅲ类户的使用

（一）银行应当积极引导个人使用Ⅱ、Ⅲ类户办理小额网络支付业务，在移动支付中便捷应用，建立个人银行账户资金保护机制。

（二）Ⅱ类户可以办理存款、购买投资理财产品等金融产品、限额消费和缴费、限额向非绑定账户转出资金业务。经银行柜面、自助设备加以银行工作人员现场面对面确认身份的，Ⅱ类户还可以办理存取现金、非绑定账户资金转入业务，可以配发银行卡实体卡片。其中，Ⅱ类户非绑定账户转入资金、存入现金日累计限额合计为1万元，年累计限额合计为20万元；消费和缴费、向非绑定账户转出资金、取出现金日累计限额合计为1万元，年累计限额合计为20万元。

Ⅲ类户可以办理限额消费和缴费、限额向非绑定账户转出资金业务。

经银行柜面、自助设备加以银行工作人员现场面对面确认身份的，Ⅲ类户还可以办理非绑定账户资金转入业务。其中，Ⅲ类户账户余额不得超过 1000 元；非绑定账户资金转入日累计限额为 5000 元，年累计限额为 10 万元；消费和缴费支付、向非绑定账户转出资金日累计限额合计为 5000 元，年累计限额合计为 10 万元。

银行可以根据自身风险管理能力和客户需求，在规定限额下设定本银行的具体限额。在确保支付指令的唯一性、完整性及交易的不可抵赖性的前提下，Ⅱ类户向绑定账户转账可以不采用数字证书或者电子签名的支付指令验证方式。Ⅱ类户购买投资理财产品是指购买银行自营或代理销售的投资理财等金融产品。

（三）银行可以通过Ⅱ、Ⅲ类户开展基于主机的卡模拟（HCE）、手机安全单元（SE）、支付标记化（Tokenization）等技术的移动支付业务。

（四）个人可以将在支付机构开立的支付账户绑定本人同名Ⅱ、Ⅲ类户使用。

（五）银行可以向Ⅱ类户发放本银行贷款资金并通过Ⅱ类户还款，Ⅱ类户不得透支。发放贷款和贷款资金归还，不受转账限额规定。

（六）银行可以在确保个人账户资金安全的前提下，通过Ⅱ、Ⅲ类户向绑定账户发送指令扣划资金。

三、建立健全绑定账户信息验证机制

（一）人民银行上海总部，各分行、营业管理部、省会（首府）城市中心支行，深圳市中心支行应当发挥协调作用，推动辖区内地方性法人银行积极利用小额支付系统或者其他渠道，协助建立辖区内地方性法人银行的绑定账户互验机制，实现对绑定账户的客户账户信息查验。

（二）除小额支付系统外，银行可以使用中国银联等机构提供的验证通道，实现Ⅱ类户开户银行与绑定账户开户银行间的信息验证，并严

格按照《中国人民银行关于进一步加强银行卡风险管理的通知》（银发〔2016〕170号）规定，加强账户信息安全保护。

四、相关要求

（一）人民银行分支机构应当督促辖区内银行全面落实个人银行账户分类管理制度，指导银行加快行内系统的改造，开办Ⅱ、Ⅲ类户业务，实现账户分类标识。

（二）银行应当以个人银行账户分类管理为契机提升银行服务水平，加大对网点柜员的培训和对社会公众的宣传力度，使社会公众充分了解并积极利用Ⅱ、Ⅲ类户来满足多样化支付需求和资金保护需求。

（三）银行应当按照本通知要求规范存量Ⅱ、Ⅲ类户的开立和使用管理，不符合本通知要求的，应当立即整改。对未按照规定验证绑定账户信息的Ⅱ、Ⅲ类户，自2017年4月1日起暂停业务办理。

请人民银行上海总部，各分行、营业管理部、省会（首府）城市中心支行，深圳市中心支行将本通知转发至辖区内人民银行分支机构、城市商业银行、农村商业银行、农村合作银行、农村信用社、村镇银行和外资银行。

中国人民银行关于改进个人银行账户
分类管理有关事项的通知

银发〔2018〕16 号

中国人民银行上海总部，各分行、营业管理部、省会（首府）城市中心支行，深圳市中心支行；国家开发银行，各政策性银行、国有商业银行、股份制商业银行，中国邮政储蓄银行：为进一步推动落实个人银行账户分类管理制度，现就有关事项通知如下：

一、关于便利个人 Ⅱ 类银行结算账户、Ⅲ 类银行结算账户（以下简称 Ⅱ、Ⅲ 类户）开户

（一）2018 年 6 月底前，国有商业银行、股份制商业银行等银行业金融机构（以下简称银行）应当实现在本银行柜面和网上银行、手机银行、直销银行、远程视频柜员机、智能柜员机等电子渠道办理个人 Ⅱ、Ⅲ 类户开立等业务。2018 年 12 月底前，其他银行应当实现上述要求。

（二）个人通过采用数字证书或电子签名等安全可靠验证方式登录电子渠道开立 Ⅱ、Ⅲ 类户时，如绑定本人本银行 Ⅰ 类银行结算账户（以下简称 Ⅰ 类户）或者信用卡账户开立的，且确认个人身份资料或信息未发生变化的，开立 Ⅱ、Ⅲ 类户时无需个人填写身份信息、出示身份证件等。

银行电子渠道采用的数字证书或生成电子签名过程应当符合《中华人民共和国电子签名法》、金融电子认证规范（JR/T0118－2015）等有关规定。

（三）银行在为个人开立 Ⅰ 类户时，应当在尊重个人意愿的前提下，积极主动引导个人同时开立 Ⅱ、Ⅲ 类户。

（四）银行为已经本银行面对面核实身份且留存有效身份证件复印件、影印件或者影像等资料的个人开立 Ⅱ、Ⅲ 类户时，如个人身份证件未发生变化的，可复用已有留存资料，不需重复留存身份证件复印件、影印件或者影像等。

（五）银行为个人开立 Ⅲ 类户时，应当按照账户实名制原则通过绑定账户验证开户人身份，当同一个人在本银行所有 Ⅲ 类户资金双边收付金额累计达到 5 万元（含）以上时，应当要求个人在 7 日内提供有效身份证件，并留存身份证件复印件、影印件或影像，登记个人职业、住所地或者工作单位地址、证件有效期等其他身份基本信息。个人在 7 日内未按要求提供有效身份证件、登记身份信息的，银行应当中止该账户所有业务。

（六）自本通知印发之日起，同一银行法人为同一个人开立 Ⅱ 类户、Ⅲ 类户的数量原则上分别不得超过 5 个。

二、关于 Ⅱ、Ⅲ 类户使用要求

（一）银行应当基于个人银行账户分类管理制度开展业务创新，打造多元化非现金支付方式，提升便民支付水平。积极引导个人使用 Ⅱ、Ⅲ 类户替代 Ⅰ 类户用于网络支付和移动支付业务，利用 Ⅱ、Ⅲ 类户办理日常消费、缴纳公共事业费、向支付账户充值等业务。

（二）Ⅱ、Ⅲ 类户可以通过基于主机卡模拟（HCE）、手机安全单元（SE）、支付标记化（Tokenization）等技术的移动支付工具进行小额取现，取现额度应当在遵守 Ⅱ、Ⅲ 类户出金总限额规定的前提下，由银行根据客户风险等级和交易情况自行设定。

（三）Ⅲ 类户任一时点账户余额不得超过 2000 元。

（四）银行通过电子渠道非面对面为个人新开立 Ⅲ 类户后，通过绑定账户转入资金验证的，可以接收非绑定账户小额转入资金；消费和缴费支付、非绑定账户资金转出等出金日累计限额合计为2000元，年累计限额合计为5万元。本通知印发之日前，银行非面对面为个人开立的Ⅲ类户，个人已通过绑定账户向该Ⅲ类户转入资金的，经本人同意后，银行可为该Ⅲ类户开通非绑定账户入金功能，账户限额按本通知管理。经银行面对面核实身份新开立的Ⅲ类户，消费和缴费支付、非绑定账户资金转出等出金日累计限额合计调整为2000元，年累计限额合计调整为5万元。

本通知印发之日前经银行面对面核实身份开立的Ⅲ类户，可按照原限额管理。同一家银行通过电子渠道非面对面方式为同一个人只能开立一个允许非绑定账户入金的Ⅲ类户。

（五）银行可以向Ⅲ类户发放本银行小额消费贷款资金并通过Ⅲ类户还款，Ⅲ类户不得透支。发放贷款和贷款资金归还，应当遵守Ⅲ类户余额限制规定，但贷款资金归还不受出金限额控制。

（六）银行为个人非面对面开立的Ⅱ、Ⅲ类户向本人同名支付账户充值的，充值资金可提回Ⅱ、Ⅲ类户，但提现金额不得超过该Ⅱ、Ⅲ类户向支付账户的原充值金额。除充值资金提回外，支付账户不得向Ⅱ、Ⅲ类户入金，但允许非绑定账户入金的Ⅱ、Ⅲ类户除外。

三、其他要求

（一）银行应当充分认识个人银行账户分类管理制度对改进个人银行业务的意义，创新账户产品，优化业务流程，提升客户体验，切实引导个人通过账户分类管理制度保护账户资金和信息安全。

（二）人民银行分支机构应当指导、督促辖区内银行加快系统改造，积极推动Ⅱ、Ⅲ类户业务发展，全面落实个人银行账户分类管理制度。

（三）人民银行分支机构、银行应当加强个人银行账户分类管理制度宣传。通过线上、线下各种渠道和营销活动引导个人开立和使用Ⅱ、Ⅲ类户，加强Ⅱ、Ⅲ类户对于保护银行账户资金和信息安全宣传教育，培养使用Ⅱ、Ⅲ类户习惯，提高个人对Ⅱ、Ⅲ类户的认知度和接受度。

（四）银行应当加强对Ⅱ、Ⅲ类户异常开立和可疑交易的监测，对于个人存在异常开户和可疑交易行为的，应当严格按照《中国人民银行关于加强支付结算管理防范电信网络新型违法犯罪有关事项的通知》（银发〔2016〕261号）、《中国人民银行关于加强开户管理及可疑交易报告后续控制措施的通知》（银发〔2017〕117号）等制度规定，采取拒绝开户或暂停账户非柜面业务等措施。

（五）银行应当严格落实《中国人民银行金融消费者权益保护实施办法》（银发〔2016〕314号文印发）、《中国人民银行关于银行业金融机构做好个人金融信息保护工作的通知》（银发〔2011〕17号）、《中国人民银行关于进一步加强银行卡风险管理的通知》（银发〔2016〕170号）等制度要求，加强Ⅱ、Ⅲ类户和绑定账户信息安全管理，确保信息安全，防止信息泄露和滥用。

本通知印发前有关规定与本通知相抵触的，以本通知规定为准。

请人民银行上海总部，各分行、营业管理部、省会（首府）城市中心支行，深圳市中心支行将本通知转发至辖区内人民银行分支机构、城市商业银行、农村商业银行、农村合作银行、农村信用社、村镇银行和外资银行等。

第二章　相关案例

南京某电子技术公司与中国银联某分公司、某支付公司江苏分公司服务合同纠纷

【案情简介】

2015 年 12 月 8 日，南京某电子技术公司与南京某信息科技公司签订《中国银联 POS 终端特约商户服务条款》，约定南京某电子技术公司向南京某信息科技公司租赁移动 4G 版机型的某支付 POS 终端及配件，POS 费率为 78%，26 元封顶，某支付公司是中国银联第三方支付运营服务商，旨在为各类企业及个人提供安全、便捷和保密的电子支付服务。2012 年 12 月，南京某电子技术公司将原预留的户名杨某，开户行中国银行，账号 62××××31 入账账户更改为户名杨某，开户行南京银行，账号 62××××87 账户。南京某电子技术公司法定代表人杨某于 2016 年 2 月 21 日、22 日用其名下平安银行信用卡，于 2016 年 2 月 21 日、3 月 15 日用其名下光大银行信用卡，于 2016 年 2 月 28 日用其名下招商银行信用卡，通过拉卡拉 POS 终端分别刷卡消费 16 397 元、9 000 元、14 000元、9 800 元、15 500 元。

中国建设银行某支行出具的对公活动存款交易明细报表和南京银行

的客户卡对账单由与本案无涉的第三方出具，证据来源合法，证据客观、真实，应予采信。中国建设银行某支行出具的对公活动存款交易明细报表证明某支付公司分别于 2016 年 2 月 22 日、23 日、29 日、3 月 16 日向南京某电子技术公司 POS 终端指定的杨某 62××××87 账户转账 44 319 元、8 974 元、33 298 元、9 774 元，杨某的 62××××87 南京银行的客户卡对账单亦收到上述款项，加上扣除的手续费，其转账金额与杨某转账的金额一致。

【法律分析】

一审法院认为：本案的争议焦点在于杨某的信用卡通过某支付 POS 终端刷卡的 5 笔资金有没有支付到南京某电子技术公司的指定账户。对公活动存款交易明细报表及南京银行客户卡对账单均能反映某支付公司已将杨某 POS 刷卡金额支付到南京某电子技术公司的指定账户。此外，62××××87 为杨某本人名下银行卡且由杨某本人持有，其理应清楚并掌握该卡的资金往来。杨某认为南京银行客户卡对账单不真实，该卡的资金并非来源于某支付公司，但未能提交证据证明，应承担相应的法律责任。综上所述，当事人对自己的主张有责任提供证据。某支付公司江苏分公司已提交证据证明杨某 POS 刷卡金额已支付到南京某电子技术公司的指定账户。南京某电子技术公司未能证明收到款项不是杨某刷卡转账款，南京某电子技术公司认为某支付公司未将款项支付到南京某电子技术公司，证据不足，故南京某电子技术公司要求银联某分公司、某支付公司江苏分公司赔偿损失的诉讼请求，一审法院不予支持。

本案二审的争议焦点归纳为：银联某分公司、某支付公司江苏分公司是否应当向南京某电子技术公司支付诉争的 39 300 元。二审法院认为，当事人对自己提出的诉讼请求所依据的事实或者反驳对方诉讼请求所依据的事实，应当提供证据加以证明，未能提供证据或者证据不足以证明其事实主张的，由负有举证证明责任的当事人承担不利的后果。本案中，南京某电子技术公司系与某支付公司之间有交易资金结算协议的特约商户，持卡人在案涉南京某电子技术公司 POS 机上刷卡成功消费后，应由某支付公司根据协议将相关款项结算至指定的账户。现某支付公司江苏分公司已经提交证据证明南京某电子技术公司于本案中诉请的相应款项已按约支付，而南京某电子技术公司对此不予认可，认为某支付公司江苏分公司提交的由中国建设银行某支行出具的交易明细及一审法院调取的案涉南京银行指定账户 62××87 对账单均不真实，应提交相应的证据予以证明，但其未能就上述反驳主张予以有效举证，应承担相应不利的法律后果。故南京某电子技术公司的上诉主张，缺乏事实依据，本院不予支持。

【判决结果】

一审法院判决：驳回南京某电子技术公司的诉讼请求。

二审法院判决：驳回上诉，维持原判。

【相关法条】

《非金融机构支付服务管理办法》

第二条　本办法所称非金融机构支付服务，是指非金融机构在收付款人之间作为中介机构提供下列部分或全部货币资金转移服务：

（一）网络支付；

（二）预付卡的发行与受理；

（三）银行卡收单；

（四）中国人民银行确定的其他支付服务。

本办法所称网络支付，是指依托公共网络或专用网络在收付款人之间转移货币资金的行为，包括货币汇兑、互联网支付、移动电话支付、固定电话支付、数字电视支付等。

本办法所称预付卡，是指以营利为目的发行的、在发行机构之外购买商品或服务的预付价值，包括采取磁条、芯片等技术以卡片、密码等形式发行的预付卡。

本办法所称银行卡收单，是指通过销售点（POS）终端等为银行卡特约商户代收货币资金的行为。

第三条　非金融机构提供支付服务，应当依据本办法规定取得《支付业务许可证》，成为支付机构。

支付机构依法接受中国人民银行的监督管理。

未经中国人民银行批准，任何非金融机构和个人不得从事或变相从事支付业务。

第三十一条　支付机构应当按规定核对客户的有效身份证件或其他有效身份证明文件，并登记客户身份基本信息。

支付机构明知或应知客户利用其支付业务实施违法犯罪活动的，应当停止为其办理支付业务。

（本章由蚂蚁金服集团提供支持）

第五部分
互联网股权融资

- 互联网股权融资
- 股权众筹

第一章　制度规定

关于对通过互联网开展股权融资活动的机构进行专项检查的通知

（证监办发〔2015〕44号）

中国证监会各监管局：

2015年7月18日，人民银行等十部委发布《关于促进互联网金融健康发展的指导意见》（银发〔2015〕221号，以下简称《指导意见》），社会各界高度关注。根据《指导意见》关于互联网金融监管责任分工，我会正在抓紧研究制定股权众筹融资试点的监管规则，积极推进试点各项准备工作。

股权众筹融资主要是指通过互联网形式进行公开小额股权融资的活动，具体而言，是指创新创业者或小微企业通过股权众筹融资中介机构互联网平台（互联网网站或其他类似的电子媒介）公开募集股本的活动。由于其具有"公开、小额、大众"的特征，涉及社会公众利益和国家金融安全，必须依法监管。未经国务院证券监督管理机构批准，任何单位和个人不得开展股权众筹融资活动。目前，一些市场机构开展的冠以"股权众筹"名义的活动，是通过互联网形式进行的非公开股权融资或私募股权投资基金募集行为，不属于《指导意见》规定的股权众筹融资范围。根据《公司法》《证券法》等有关规定，未经国务院证券监督管理机构批准，任何单位和个人都不得向不特定对象发行证券、向特定对象发行证券累计不得超过 200 人，非公开发行证券不得采用广告、公开劝诱和变相公开方式。根据《证券投资基金法》《私募投资基金监督管理暂行办法》等有关规定，私募基金管理人不得向合格投资者之外的单位和个人募集资金，不得向不特定对象宣传推介，合格投资者累计不得超过 200 人，合格投资者的标准应符合《私募投资基金监督管理暂行办法》的规定。目前，我会向各省级人民政府印发了《关于商请规范通过互联网开展股权融资活动的函》，对相关要求予以明确。

为规范通过互联网开展股权融资的活动，我会决定近期对通过互联网开展股权融资中介活动的机构平台（以下简称股权融资平台）进行专项检查。现将有关事项通知如下：

一、检查目的

（一）了解股权融资平台的实际运行情况，发现和纠正违法违规行为，督促其规范运作。

（二）摸清股权融资平台的底数，排查潜在的风险隐患。

（三）引导股权融资平台围绕市场需求明确定位，切实发挥服务实体经济的功能和作用。

二、检查对象

此次检查的对象包括但不限于以"私募股权众筹""股权众筹""众筹"名义开展股权融资活动的平台。

三、检查内容

检查的重点内容包括平台上的融资者是否进行公开宣传，是否向不特定对象发行证券，股东人数是否累计超过 200 人，是否以股权众筹名义募集私募股权投资基金。

四、实施主体

此次检查由各证监局组织实施，必要时，可以提请当地省级人民政府协调相关职能部门支持配合。

五、检查要求

（一）做好检查准备。各证监局应当会同当地省级人民政府金融、工商等部门，分析本辖区股权融资平台运行情况，确定专项检查对象，制定检查方案，制作检查工作底稿。

（二）实施专项检查。各证监局在做好准备工作后，应及时进行现场检查。检查组应当参考证券公司现场检查的程序和方法，不搞形式、不走过场，认真做好检查工作，并填写检查工作底稿，留存必要的证据材料。

（三）检查总结及后续处置。检查结束后，各证监局要及时做好汇总分析。请各证监局于 2015 年 9 月 15 日前，将专项检查总结报告报送至私募部、打非局、创新部，并通报中国证券业协会。专项检查总结报告应当包括检查对象基本情况、检查发现的问题以及处理情况、加强股权融资平台监管的建议等内容。2015 年 9 月 15 日对检查发现的问题尚未处理完毕的，应当列明进一步的监管措施，并扎实落实到位。

六、其他事项

（一）各证监局应当高度重视此次专项检查工作，主动向当地省级人民政府汇报本次专项检查的组织实施情况。

（二）各证监局应当加强监管执法，严格落实《国务院办公厅关于严厉打击非法发行股票和非法经营证券业务有关问题的通知》（国办发〔2006〕99号）、《中国证券监督管理委员会关于贯彻〈国务院办公厅关于严厉打击非法发行股票和非法经营证券业务有关问题的通知〉有关事项的通知》（证监发〔2007〕40号）等文件的要求。检查发现股权融资平台或融资者涉嫌非法发行股票或者非法经营证券业务的，按照打击非法证券活动工作机制，及时提请省级人民政府做好案件查处和处置善后工作。发现涉嫌犯罪的，应当及时移送公安机关，依法追究刑事责任。未构成犯罪的，应当责令其限期改正，并依法立案查处。

（三）各证监局应当指定一名负责人具体负责专项检查工作，选派足够数量的业务强、作风硬的干部参与检查。检查过程出现新情况、新问题的，及时报告私募部。

股权众筹风险专项整治工作实施方案

（证监发〔2016〕29号）

股权众筹融资具有公开、小额、大众的特征，涉及社会公共利益和经济金融安全，必须依法监管。为贯彻落实党中央、国务院决策部署，根据《关于促进互联网金融健康发展的指导意见》（以下简称《指导意见》）和《互联网金融风险专项整治工作实施方案》，制定本方案。

一、工作目标和原则

（一）工作目标

规范互联网股权融资行为，惩治通过互联网从事非法发行证券、非法集资等非法金融活动，切实保护投资者合法权益。建立和完善长效机制，实现规范与发展并举、创新与防范风险并重，为股权众筹融资试点创造良好环境，切实发挥互联网股权融资支持大众创业、万众创新的积极作用。一是通过全覆盖的集中排查，全面掌握互联网股权融资现状。对排查中发现并确认的问题，依法依规责令整改；对有关机构和个人逾期不改或整改不力的，予以严肃处理。二是集中力量查处一批涉及互联网股权融资的非法金融活动案件，依法严肃处理涉案机构和人员，对典型案件予以曝光，对不法分子起到震慑作用。三是加大有关政策法规的宣传解读，使投资者和互联网股权融资从业机构及人员了解和掌握有关规定，增强依法经营、审慎投资的意识。四是进一步健全法规制度，完善监管长效机制，为互联网股权融资健康发展创造有利条件。

（二）工作原则

高度重视，加强协作。各有关部门、各省级人民政府要高度重视，加强组织领导，完善工作机制，坚持部门与地方条块联动、协作配合。

周密部署，全面排查。结合互联网股权融资的特点，拟定具体方案，精心组织实施，全面排查和纠正违法违规行为，落实证券法等法律法规和《指导意见》的相关要求。

突出重点，集中整治。既要坚持问题导向，对当前存在的突出问题开展重点整治，有力打击各类非法证券活动及非法集资行为；又要集中整治不规范行为，消除风险隐患，实现风险有效整治和监管全面覆盖。

积极稳妥，讲究策略。讲究方式方法，把握力度节奏，妥善化解存量风险，有效控制增量风险，防范风险蔓延和叠加，切实管控好整治过程中产生的风险，严守不发生系统性区域性金融风险的底线。

近远结合，注重实效。既要立足当前，切实防范化解互联网股权融资领域存在的风险，对违法违规行为形成有效震慑；又要着眼长远，以专项整治为契机，及时总结提炼经验，建立健全互联网股权融资长效监管机制。

二、整治重点和要求

（一）整治重点

一是互联网股权融资平台（以下简称平台）以"股权众筹"等名义从事股权融资业务。

二是平台以"股权众筹"名义募集私募股权投资基金。

三是平台上的融资者未经批准，擅自公开或者变相公开发行股票。

四是平台通过虚构或夸大平台实力、融资项目信息和回报等方法，进行虚假宣传，误导投资者。

五是平台上的融资者欺诈发行股票等金融产品。

六是平台及其工作人员挪用或占用投资者资金。

七是平台和房地产开发企业、房地产中介机构以"股权众筹"名义从事非法集资活动。

八是证券公司、基金公司和期货公司等持牌金融机构与互联网企业合作，违法违规开展业务。

（二）工作要求

1. 明确界限。平台及平台上的融资者进行互联网股权融资，严禁从事以下活动：

一是擅自公开发行股票。向不特定对象发行股票或向特定对象发行股票后股东累计超过 200 人的，为公开发行，应依法报经证监会核准。未经核准擅自发行的，属于非法发行股票。

二是变相公开发行股票。向特定对象发行股票后股东累计不超过 200 人的，为非公开发行。非公开发行股票及其股权转让，不得采用广告、公告、广播、电话、传真、信函、推介会、说明会、网络、短信、公开劝诱等公开方式或变相公开方式向社会公众发行，不得通过手机APP、微信公众号、QQ 群和微信群等方式进行宣传推介。严禁任何公司股东自行或委托他人以公开方式向社会公众转让股票。向特定对象转让股票，未依法报经证监会核准的，股票转让后公司股东累计不得超过200 人。

三是非法开展私募基金管理业务。根据证券投资基金法、私募投资基金监督管理暂行办法等有关规定，私募基金管理人不得向合格投资者之外的单位和个人募集资金，不得变相乱集资，不得向不特定对象宣传推介，不得通过分拆、分期、与资产管理计划嵌套等方式变相增加投资者数量，合格投资者累计不得超过 200 人，合格投资者的标准应当符合私募投资基金监督管理暂行办法的规定。

四是非法经营证券业务。股票承销、经纪（代理买卖）、证券投资咨询等证券业务由证监会依法批准设立的证券机构经营，未经证监会批准，其他任何机构和个人不得经营证券业务，不得向投资人提供购买建议。

五是对金融产品和业务进行虚假违法广告宣传。平台及融资者发布的信息应当真实准确，不得违反相关法律法规规定，不得虚构项目误导或欺诈投资者，不得进行虚假陈述和误导性宣传。宣传内容涉及的事项需要经有权部门许可的，应当与许可的内容相符合。

六是挪用或占用投资者资金。根据《指导意见》，互联网金融从业机构应当严格落实客户资金第三方存管制度，对客户资金进行管理和监督，实现客户资金与自身资金分账管理，平台应严格落实客户资金第三方存管制度。平台及其工作人员，不得利用职务上的便利，将投资者资金非法占为己有，或挪用归个人使用、借贷给他人、进行营利或非法活动。

此外，对于证券公司、基金公司和期货公司等持牌金融机构与互联网企业合作开展业务的情况进行排查，持牌金融机构不得与未取得相应业务资质的互联网金融从业机构开展合作，持牌金融机构与互联网企业合作开展业务不得违反相关法律法规规定，不得通过互联网跨界开展金融活动进行监管套利。

2. 分类处置。对于整治中发现以"股权众筹"等名义从事股权融资业务或募集私募股权投资基金的，积极予以规范。发现涉嫌非法发行股票或非法从事证券活动的，按照打击非法证券活动工作机制予以查处。发现涉嫌非法集资的，按照处置非法集资工作机制予以查处。发现存在虚假陈述或误导性宣传行为的，依据相关法律法规进行处理。发现发布的网络信息内容违反相关规定的，按照互联网信息管理规定予以处理。发现挪用或占用投资者资金、欺诈发行等涉嫌犯罪行为的，依法追究刑事责任。

查处违法违规行为过程中，要区别情况，分类处理。对违法情节轻微、主动整改、有效控制风险、积极消除危害后果的，依法从轻处理；

对违法情节严重、拒不配合整改、提供虚假情况或造成严重后果的，依法从重处罚。

三、职责分工

证监会是股权众筹风险专项整治工作的牵头部门，成立股权众筹风险专项整治工作领导小组，负责牵头制定股权众筹风险专项整治工作实施方案，指导、协调、督促开展专项整治工作，做好专项整治工作总结，汇总提出长效机制建设意见。

各省级人民政府按整治方案要求，组织开展本地区专项整治，建立风险事件应急制度和处理预案，做好本地区维稳工作，防范处置风险的风险。建立互联网股权融资违法违规行为有奖举报制度，鼓励广大群众积极举报互联网股权融资风险专项整治范围内的违法违规行为；对举报情况进行核查，对提供重要线索或为侦破案件提供重大帮助的举报人予以奖励。

在省级人民政府统一领导下，省金融办（局）与证监会省级派出机构共同牵头负责本地区分领域整治工作，共同承担分领域整治任务。

四、时间进度

按照摸底排查、清理整顿、督查和评估、验收和总结四个步骤，稳步推进股权众筹风险专项整治工作。具体要求和时间进度按照《互联网金融风险专项整治工作实施方案》要求进行，即摸底排查工作于2016年7月底前完成，清理整顿工作于2016年11月底前完成，督查和评估工作于2016年11月底前完成，验收和总结工作于2017年1月底前完成。

五、其他事项

按照边整治、边研究、边总结、边完善的总体思路，通过专项整治工作着力解决目前互联网股权融资领域面临的突出问题，建章立制，弥补立法空白。

对互联网非公开股权融资，结合其业务特点和规范引导的客观要求，证监会会同有关部门研究制定并择机出台指导意见，划清监管边界，明确政策底线。

对股权众筹融资试点，证监会会同有关部门继续做好试点各项准备工作，根据国务院统一部署，适时发布股权众筹融资试点监管规则，启动试点。

第二章　相关案例

A 公司诉 B 公司居间合同纠纷案

——平台定位与责任

【案情简介】

2015 年 1 月 21 日，A 公司与 B 公司签署了《融资协议》，约定 A 公司拟出资 17.6 万元，并拟通过 B 公司运营管理的"某某投"平台进行互联网非公开股权融资，目标融资金额为 70.4 万元。融资用途为在海淀区设立"某快时尚餐厅"分店。双方在《融资协议》中就店内宣传合作方案、A 公司应履行的义务、B 公司作为平台应履行的义务等内容进行了约定。在《融资协议》签署前，A 公司工作人员刘某已代表 A 公司在"某某投"平台上实名注册为平台会员，并在线勾选同意了《某某投网站服务协议》。刘某将 17.6 万元出资款汇至"某某投"在某第三方支付机构开通的第三方资金托管账户。在融资期限内，A 公司成功通过"某某投"平台募集资金 70.4 万元，该融资项目共有 86 名投资者参与。

为履行上述合同，开设"某快时尚餐厅"分店，A 公司选定位于东城区的一处房产作为经营用房。合同签订后，A 公司将上述房屋租赁情况及合同提交 B 公司。B 公司工作人员以及投资者在之后的合同履行阶段，前往实地考察，发现上述房屋实际为三层楼房，可能涉嫌违建，要求 A 公司进一步提供房屋产权凭证，但是 A 公司未向 B 公司及投资者出示房屋产权证等文件，最终导致各方交易破裂。

B 公司收到 A 公司发出的《合同解除通知书》，A 公司称由于 B 公司一直以各种理由拒绝其支付融资款的申请，致使双方协议目的落空，融资店面无法如期开业，给 A 公司及投资者造成了重大损失。故要求解除《融资协议》，并在收到解除通知书三日内，将 86 名投资者的投资款返还各投资者，并返还 A 公司 17.6 万元；赔偿 A 公司损失 5 万元。

B 公司向 A 公司发出《合同解除通知书》：B 公司经审核 A 公司提供的房屋是三层楼房而非租赁协议约定的平房。房屋租赁信息不真实，且项目负责人迟迟不肯提供房屋产权证以核实房屋真实信息；租赁房屋租金与"某某投"调查的周边租金存在较大出入，但 A 公司无法提供足够证据证明上述问题不存在。根据协议约定，因项目涉及的经营房屋重要信息不完整，真实性难以查证，并未达成"确认无误"的申请付款条件，B 公司有权终止与 A 公司的协议，并要求 A 公司赔偿损失。由于合伙企业尚未设立，现经得有限合伙人的同意，代为办理退出本项目的退款手续，并向 A 公司追讨违约金，A 公司应承担支付委托融资的全部费用。

A 公司认为其与 B 公司为居间合同关系，在"某某投"成为平台会员，合伙人数超限，事后 A 公司才知悉《中华人民共和国合伙企业法》规定有限合伙人数不得超过 50 人，但本案已有 87 位合伙人，且 B 公司公开融资未取得人民银行批准，其融资行为违法。导致后续履行合同存在障碍，也违反了法律规定。而 B 公司陈述，"某某投"主要从事互联网非公开股权融资交易，B 公司与 A 公司之间是委托关系，但 B 公司为融资者和投资者提供的服务不仅仅是简单的居间服务。对于合伙人数超过 50 人上限问题，B 公司陈述，股权众筹行业作为新生事物和业态，很多模式和流程都是摸着石头过河，遇到问题，完全可以合法合规地解决。现行法律明显滞后，即使投资者数超过 50 人，在我国现行法律框架内，也完全可以设计不同的方案予以圆满解决。

【法律分析】

一审法院认为：

本案核心争议主要为以下两方面：第一，涉案《融资协议》的法律效力和合同主体之间法律关系的具体界定；第二，双方当事人是否存在违约以及应承担何种违约责任。就此，本院分析如下：

一、《融资协议》的法律效力和合同主体之间法律关系的具体界定

（一）《融资协议》的法律效力判断

根据《合同法》第五十二条第（五）项以及《最高人民法院关于适用〈中华人民共和国合同法〉若干问题的解释（二）》第十四条的规定，如违反法律、行政法规的强制性规定，则合同无效；上述强制性规定，是指效力性强制性规定。根据上述规定可知，确定本案《融资协议》法律效力的裁判依据为属于效力性强制性规定的法律和行政法规。具体到本案中，由于涉及众筹融资此种新型金融业务模式，本院结合与此相关的法律法规以及其他规范性文件加以评析：

首先，在法律层面，主要涉及《中华人民共和国证券法》（以下简称《证券法》）第十条的规定，即"公开发行证券，必须符合法律、行政法规规定的条件，并依法报经国务院证券监督管理机构或者国务院授权的部门核准；未经依法核准，任何单位和个人不得公开发行证券。有下列情形之一的，为公开发行：（一）向不特定对象发行证券的；（二）向特定对象发行证券累计超过二百人的；（三）法律、行政法规规

定的其他发行行为。非公开发行证券，不得采用广告、公开劝诱和变相公开方式。"从上述规定可知，在我国现行法律规定下，如果单位或个人向社会公众公开募集股本，因涉及社会公众利益和国家金融安全，需要首先取得监管部门核准；如果系非公开发行，则在不超过人数上限的情况下，依法予以保护。具体到本案中，一方面，我国通过出台《关于促进互联网金融健康发展的指导意见》（银发〔2015〕221号）（以下简称《指导意见》）等规范性文件，对包括众筹融资交易在内的互联网金融创新交易予以鼓励和支持，为上述交易的实际开展提供了空间；另一方面，本案中的投资人均为经过"某某投"众筹平台实名认证的会员，且人数未超过200人上限。在此情况下，本院认为，从鼓励创新的角度，本案所涉众筹融资交易不属于"公开发行证券"，其交易未违反上述《证券法》第十条的规定。

其次，在行政法规、部门规章以及其他监管规范性文件层面。目前，我国还未出台专门针对众筹融资的行政法规和部门规章，涉及的其他文件主要是中国人民银行等十部委出台的《指导意见》、中国证券业协会发布的《场外证券业务备案管理办法》（以下简称《管理办法》）等。其中，《指导意见》属于国家部委出台的规范性文件；《管理办法》属于中国证券业协会的自律性文件。上述文件也均未对本案所涉及的众筹交易行为予以禁止或给予否定性评价。至于下一步对众筹交易如何进行监管，则需根据我国法律法规和监管文件的进一步出台而加以明确。另外，在B公司的主体资质方面，在其取得营业执照、电信与信息服务业务经营许可证等手续的情况下开展业务，目前也无法律法规上的障碍。

综上，案中《融资协议》于法不悖，应为有效。

（二）合同主体之间法律关系的具体界定

B公司主张双方之间是委托关系，A公司主张双方之间是居间关系。根据我国《合同法》有关规定，委托合同是委托人和受托人约定，由受托人处理委托人事务的合同；而居间合同是居间人向委托人报告订立合同的机会或者提供订立合同的媒介服务，委托人支付报酬的合同。具体到本案中，虽然双方签订的合同名为《融资协议》，但委托融资只是双方当事人整体交易的一部分，相对于项目展示、筹集资金等服务，B公司还提供信息审核、风险防控以至交易结构设计、交易过程监督等服务，其核心在于促成交易。从该角度分析，双方当事人之间的法律关系主要是居间合同关系。需说明的是，界定为居间合同关系是基于对本案争议的相对概括，但众筹融资作为一种新型金融业态，众筹平台提供的服务以及功能仍在不断创新、变化和调整当中，其具体法律关系也会随之而发生变化。

二、双方当事人是否存在违约行为以及违约责任的承担

根据双方陈述，二者虽主张对方违约导致合同不能继续履行，但在庭审中共同确认《融资协议》已于 2015 年 4 月 14 日解除，此系双方对合同解除的一致意见，对此本院不持异议。根据《合同法》第九十七条规定："合同解除后，尚未履行的，终止履行；已经履行的，根据履行情况和合同性质，当事人可以要求恢复原状、采取其他补救措施，并有权要求赔偿损失。"就本案具体违约行为的确定，本院分析如下：

（一）案中双方违约行为的具体认定

结合双方当事人以及投资人的陈述，合同不能继续履行的源起为交易各方对融资项目经营用房的样态、租金标准以及产权等问题产生的分歧。就上述房屋的租金标准问题，B公司未向本院提交证据加以证明，本院对此主张不予支持。就上述房屋的样态，根据在案证据显示，其确系楼房而非平房。在此情况下，B公司认为A公司存在信息披露不实，具有相应依据。本案中，投资人与B公司发现租赁房屋系楼房而非平房后，二者即要求A公司进一步提供房屋产权证及转租文件等。因上述问

题涉及房屋可能存在违建等隐患，此事项又直接关系到众多投资人的核心利益，在 A 公司已明确承诺其提供的重要信息真实、准确、完整的情况下，投资人与 B 公司有权要求 A 公司进一步提供信息；另外，在整个交易过程中，"某某投"平台对项目方融资信息的真实性实际负有相应审查义务，其严格掌握审查标准亦是对投资人利益的保护。此时，A 公司提供的相关证件仍难以完全排除可能的交易风险，直接导致交易各方信任关系丧失。故 B 公司依据《融资协议》第 7.1 条解除合同，具有相应依据。纵观合同履行的全部过程，本院认为，B 公司应就合同的不能履行承担更大的责任。

对于 A 公司主张 B 公司投资人数超过有限合伙企业人数上限的问题。本院认为，本案中双方当事人未在《融资协议》中约定关于融资交易的具体人数问题，A 公司也未在发函解除《融资协议》时将其作为理由；更重要的是，双方合同关系在有限合伙企业成立前即被解除，B 公司就此是否会发生违约行为仍然仅是一种预测，其是否能通过其他方法解决此问题也未实际发生和得以检验。故在此情况下，在本案审理范围内，对上述问题是否产生相应责任，本院不做过多评述，亦不再就此问题在违约责任承担方面做其他界定。

（二）各方违约责任的具体承担以及本诉、反诉诉请的处理

首先，对于 B 公司请求判令 A 公司支付委托融资费用的部分，双方在合同中具体约定了付款时间即"融资成功后"，但上述融资费用系对全部合同义务的对价，合同期限依约定应至"A 完成融资并设立某某快时尚餐厅分店之日"止，在本案合同未履行完毕即予以解除的情况下，本院结合 B 公司已完成合同义务的情况，对其主张的 44 000 元融资费数额予以酌减，酌定为 34 000 元。鉴于目前 B 公司已经扣除了 8 800 元的融资费用，A 公司应支付费用为 25 200 元。

根据《合同法》第一百一十四条第一款、第二款以及《最高人民法

院关于适用〈中华人民共和国合同法〉若干问题的解释（二）》第二十九条的相关规定，当事人可以约定一方违约时应当根据违约情况向对方支付一定数额的违约金，约定的违约金过分高于造成的损失的，当事人可以请求人民法院予以适当减少。当事人主张约定的违约金过高请求予以适当减少的，人民法院应当以实际损失为基础，兼顾合同的履行情况、当事人的过错程度以及预期利益等综合因素，根据公平原则和诚实信用原则予以衡量，并作出裁决。本案中，就 B 公司本诉诉请的违约金 44 000 元和经济损失 19 712.5 元，应首先确定 B 公司的实际违约损失。B 公司主张的 19 712.5 元经济损失具体包括赔偿投资人利息 14 347.3 元、宣传制作费用 2 905.2 元、托管手续费 2 460 元。上述费用中如果正常融资成功，则宣传制作费用和托管手续费应由 B 公司承担；在已主张融资费用的情况下，B 公司再行主张上述费用已无依据，本院不予支持；故 B 公司因本次交易所产生的损失内容主要即赔偿投资人利息 14 347.3 元。庭审中，A 公司认为 B 公司主张的违约金标准过高请求法院酌减，因 44 000 元违约金明显高于 B 公司实际违约损失，本院综合全案情况加以酌定，在已判令 A 公司支付相应融资费用的基础上酌定为 15 000 元，超过部分不予支持。因已支持违约金部分，故对 B 公司主张的其他违约损失不再支持。

就 A 公司诉请返还 17.6 万元出资款的反诉请求，B 公司已无冻结和占有的权利，应当返还 A 公司。因本院已支持 B 公司扣除其中 8 800 元的诉请，上述返还金额确定为 167 200 元。就 A 公司的其他反诉请求，结合上述对双方违约行为的具体认定和处理结果，本院不予支持。

二审法院认为：

本案双方当事人签订的《融资协议》所涉及的法律关系虽为居间合同纠纷，但是居间服务的对象是股权众筹融资，众筹融资在我国属于新型金融业务模式。《指导意见》对包括众筹融资交易在内的互联网金融创新交易予以鼓励和支持，为上述交易的实际开展提供了空间，但是我国尚未出台专门针对众筹融资的行政法规和部门规章，涉及其他的文件主要有中国人民银行等十部委出台的《指导意见》、中国证券业协会发布的《管理办法》，上述文件亦未对本案所涉及的众筹融资交易行为予以禁止，同时B公司取得的营业执照、电信与信息服务业务经营许可证等手续，在主体资质方面目前并无法律法规上的障碍，故B公司与A公司签订的《融资协议》系双方当事人的真实意思表示，其内容并未违反国家法律、行政法规等禁止性规定，故合法有效。

在合同履行过程中，双方均称因对方违约导致合同不能继续履行，且双方在一审中共同确认《融资协议》已于2015年4月14日解除，鉴于双方对合同的解除已达成一致，本院对此不持异议。《合同法》第九十七条规定："合同解除后，尚未履行的，终止履行；已经履行的，根据履行情况和合同性质，当事人可以要求恢复原状、采取补救措施，并有权要求赔偿。"

本案中，B公司通过"某某投"平台为A公司融资70.4万元，双方在合同中具体约定了付款时间即"融资成功后"，但上述融资费用系对全部合同义务的对价，合同期限依约定应至"A完成融资并设立某快时尚餐厅分店之日"止，在本案合同未履行完毕即予以解除的情况下，一审法院结合B公司已完成合同义务的情况，对其主张的44 000元融资费数额予以酌减，酌定为34 000元，且鉴于B公司已经扣除了8 800元的融资费用，A公司应支付费用为25 200元的处理并无不当。A公司不同意给付B公司融资费用的第三项上诉理由，缺乏依据，本院不予采信。

关于A公司的第一项及第二项上诉理由，本院认为，A公司融资用于北京市某区的经营用房在其所签订的《房屋租赁合同》中显示为平房，但根据本案现有证据能够确认其系楼房。因上述问题涉及房屋可能存在违建等隐患以及即使是合法建筑，但房屋所有权人是否允许案外人田某某进行转租等问题，直接关系到众多投资人的核心利益并有可能加大投资人的风险，B 公司及投资人要求 A 公司进一步提供房屋产权证及转租文件等属于维护自身的正当权益。同时，B 公司必须对 A 公司融资信息的真实性负有审查义务，以此降低投资人的风险，因此，B 公司认为 A 公司存在信息披露不实一节具有相应的事实依据。在 A 公司提供的相关证件仍难以完全排除可能存在的交易风险的情况下，导致《融资协议》解除的主要责任在于 A 公司。综上，A 公司的第一、第二项上诉理由，本院不予采信。A 公司的上诉请求，缺乏事实依据，本院不予支持。

【判决结果】

一审判决结果：

依照《中华人民共和国合同法》第八条、第九十七条、第一百零七条、第一百一十四条，《中华人民共和国证券法》第十条，《最高人民法院关于适用〈中华人民共和国合同法〉若干问题的解释（二）》第十四条、第二十九条之规定，判决：一、A 公司于判决生效之日起十日内给付 B 公司委托融资费用二万五千二百元、违约金一万五千元；二、B 公司于判决生效之日起十日内返还 A 公司出资款十六万七千二百元；三、驳回 B 公司其他诉讼请求；四、驳回 A 公司其他反诉请求。如果未按判决指定的期间履行给付金钱义务，应当依照《中华人民共和国民事诉讼法》第二百五十三条之规定，加倍支付迟延履行期间的债务利息。

二审判决结果：

一审法院认定事实清楚，适用法律正确，程序合法，应予维持。本院依照《中华人民共和国民事诉讼法》第一百七十条第一款第（一）项之规定，判决如下：

驳回上诉，维持原判。

【相关法条】

《中华人民共和国证券法》

第十条 公开发行证券，必须符合法律、行政法规规定的条件，并依法报经国务院证券监督管理机构或者国务院授权的部门核准；未经依法核准，任何单位和个人不得公开发行证券。

有下列情形之一的，为公开发行：

（一）向不特定对象发行证券的；

（二）向特定对象发行证券累计超过二百人的；

（三）法律、行政法规规定的其他发行行为。

非公开发行证券，不得采用广告、公开劝诱和变相公开方式。

《中华人民共和国合同法》

第八条 依法成立的合同，对当事人具有法律约束力。当事人应当按照约定履行自己的义务，不得擅自变更或者解除合同。依法成立的合同，受法律保护。

第九十七条 合同解除后，尚未履行的，终止履行；已经履行的，根据履行情况和合同性质，当事人可以要求恢复原状、采取其他补救措施，并有权要求赔偿损失。

第一百零七条 当事人一方不履行合同义务或者履行合同义务不符合约定的，应当承担继续履行、采取补救措施或者赔偿损失等违约责任。

第一百一十四条 当事人可以约定一方违约时应当根据违约情况向对方支付一定数额的违约金，也可以约定因违约产生的损失赔偿额的计算方法。

约定的违约金低于造成的损失的，当事人可以请求人民法院或者仲裁机构予以增加；约定的违约金过分高于造成的损失的，当事人可以请求人民法院或者仲裁机构予以适当减少。

当事人就迟延履行约定违约金的，违约方支付违约金后，还应当履行债务。

《最高人民法院关于使用〈中华人民共和国合同法〉若干问题的解释（二）》。

第十四条　合同法第五十二条第（五）项规定的"强制性规定"，是指效力性强制性规定。

第二十九条　当事人主张约定的违约金过高请求予以适当减少的，人民法院应当以实际损失为基础，兼顾合同的履行情况、当事人的过错程度以及预期利益等综合因素，根据公平原则和诚实信用原则予以衡量，并作出裁决。

当事人约定的违约金超过造成损失的百分之三十的，一般可以认定为合同法第一百一十四条第二款规定的"过分高于造成的损失"。

（本章由京东金融提供支持）

第六部分
互联网保险

● 互联网保险

第一章 制度规定

互联网保险业务监管暂行办法

（保监发〔2015〕69 号）

第一章 总 则

第一条 本办法所称互联网保险业务，是指保险机构依托互联网和移动通信等技术，通过自营网络平台、第三方网络平台等订立保险合同、提供保险服务的业务。

本办法所称保险机构，是指经保险监督管理机构批准设立，并依法登记注册的保险公司和保险专业中介机构。保险专业中介机构是指经营区域不限于注册地所在省、自治区、直辖市的保险专业代理公司、保险经纪公司和保险公估机构。

本办法所称自营网络平台，是指保险机构依法设立的网络平台。

本办法所称第三方网络平台，是指除自营网络平台外，在互联网保险业务活动中，为保险消费者和保险机构提供网络技术支持辅助服务的网络平台。

第二条 保险机构开展互联网保险业务，应遵守法律、行政法规以及本办法的有关规定，不得损害保险消费者合法权益和社会公共利益。

保险机构应科学评估自身风险管控能力、客户服务能力，合理确定适合互联网经营的保险产品及其销售范围，不能确保客户服务质量和风险管控的，应及时予以调整。

保险机构应保证互联网保险消费者享有不低于其他业务渠道的投保和理赔等保险服务，保障保险交易信息和消费者信息安全。

第三条 互联网保险业务的销售、承保、理赔、退保、投诉处理及客户服务等保险经营行为，应由保险机构管理和负责。

第三方网络平台经营开展上述保险业务的，应取得保险业务经营资格。

第二章 经营条件与经营区域

第四条 互联网保险业务应由保险机构总公司建立统一集中的业务平台和处理流程，实行集中运营、统一管理。

除本办法第一条规定的保险公司和保险专业中介机构外，其他机构或个人不得经营互联网保险业务。保险机构的从业人员不得以个人名义开展互联网保险业务。

第五条 保险机构开展互联网保险业务的自营网络平台，应具备下列条件：

（一）具有支持互联网保险业务运营的信息管理系统，实现与保险机构核心业务系统的无缝实时对接，并确保与保险机构内部其他应用系统的有效隔离，避免信息安全风险在保险机构内外部传递与蔓延；

（二）具有完善的防火墙、入侵检测、数据加密以及灾难恢复等互联网信息安全管理体系；

（三）具有互联网行业主管部门颁发的许可证或者在互联网行业主管部门完成网站备案，且网站接入地在中华人民共和国境内；

（四）具有专门的互联网保险业务管理部门，并配备相应的专业人员；

（五）具有健全的互联网保险业务管理制度和操作规程；

（六）互联网保险业务销售人员应符合保监会有关规定；

（七）中国保监会规定的其他条件。

第六条　保险机构通过第三方网络平台开展互联网保险业务的，第三方网络平台应具备下列条件：

（一）具有互联网行业主管部门颁发的许可证或者在互联网行业主管部门完成网站备案，且网站接入地在中华人民共和国境内；

（二）具有安全可靠的互联网运营系统和信息安全管理体系，实现与保险机构应用系统的有效隔离，避免信息安全风险在保险机构内外部传递与蔓延；

（三）能够完整、准确、及时向保险机构提供开展保险业务所需的投保人、被保险人、受益人的个人身份信息、联系信息、账户信息以及投保操作轨迹等信息；

（四）最近两年未受到互联网行业主管部门、工商行政管理部门等政府部门的重大行政处罚，未被中国保监会列入保险行业禁止合作清单；

（五）中国保监会规定的其他条件。

第三方网络平台不符合上述条件的，保险机构不得与其合作开展互联网保险业务。

第七条　保险公司在具有相应内控管理能力且能满足客户服务需求的情况下，可将下列险种的互联网保险业务经营区域扩展至未设立分公司的省、自治区、直辖市：

（一）人身意外伤害保险、定期寿险和普通型终身寿险；

（二）投保人或被保险人为个人的家庭财产保险、责任保险、信用保险和保证保险；

（三）能够独立、完整地通过互联网实现销售、承保和理赔全流程服务的财产保险业务；

（四）中国保监会规定的其他险种。

中国保监会可以根据实际情况，调整并公布上述可在未设立分公司的省、自治区、直辖市经营的险种范围。

对投保人、被保险人、受益人或保险标的所在的省、自治区、直辖市，保险公司没有设立分公司的，保险机构应在销售时就其可能存在的服务不到位、时效差等问题做出明确提示，要求投保人确认，并留存确认记录。

保险专业中介机构开展互联网保险业务的业务范围和经营区域，应与提供相应承保服务的保险公司保持一致。

第三章　信息披露

第八条　保险机构开展互联网保险业务，不得进行不实陈述、片面或夸大宣传过往业绩、违规承诺收益或者承担损失等误导性描述。

保险机构应在开展互联网保险业务的相关网络平台的显著位置，以清晰易懂的语言列明保险产品及服务等信息，需列明的信息包括下列内容：

（一）保险产品的承保公司、销售主体及承保公司设有分公司的省、自治区、直辖市清单；

（二）保险合同订立的形式，采用电子保险单的，应予以明确说明；

（三）保险费的支付方式，以及保险单证、保险费发票等凭证的配送方式、收费标准；

（四）投保咨询方式、保单查询方式及客户投诉渠道；

（五）投保、承保、理赔、保全、退保的办理流程及保险赔款、退保金、保险金的支付方式；

（六）针对投保人（被保险人或者受益人）的个人信息、投保交易信息和交易安全的保障措施；

（七）中国保监会规定的其他内容。

其中，互联网保险产品的销售页面上应包含下列内容：

（一）保险产品名称（条款名称和宣传名称）及批复文号、备案编号或报备文件编号；

（二）保险条款、费率（或保险条款、费率的链接），其中应突出提示和说明免除保险公司责任的条款，并以适当的方式突出提示理赔要求、保险合同中的犹豫期、费用扣除、退保损失、保险单现金价值等重点内容；

（三）销售人身保险新型产品的，应按照《人身保险新型产品信息披露管理办法》的有关要求进行信息披露和利益演示，严禁片面使用"预期收益率"等描述产品利益的宣传语句；

（四）保险产品为分红险、投连险、万能险等新型产品的，须以不小于产品名称字号的黑体字标注收益不确定性；

（五）投保人的如实告知义务，以及违反义务的后果；

（六）保险产品销售区域范围；

（七）其他直接影响消费者利益和购买决策的事项。

网络平台上公布的保险产品相关信息，应由保险公司统一制作和授权发布，并确保信息内容合法、真实、准确、完整。

第九条　开展互联网保险业务的保险机构，应在其官方网站建立互联网保险信息披露专栏，需披露的信息包括下列内容：

（一）经营互联网保险业务的网站名称、网址，如为第三方网络平台，还要披露业务合作范围；

（二）互联网保险产品信息，包括保险产品名称、保险条款、费率（或链接）及批复文号、备案编号、报备文件编号或条款编码；

（三）已设立分公司名称、办公地址、电话号码等；

（四）客户服务及消费者投诉方式；

（五）中国保监会规定的其他内容。

保险专业中介机构开展互联网保险业务的，应披露的信息还应包括中国保监会颁发的业务许可证、营业执照登载的信息或营业执照的电子链接标识、保险公司的授权范围及内容。

第四章 经营规则

第十条 保险机构应将保险监管规定及有关要求告知合作单位，并留存告知记录。保险机构与第三方网络平台应签署合作协议，明确约定双方权利义务，确保分工清晰、责任明确。因第三方网络平台原因导致保险消费者或者保险机构合法权益受到损害的，第三方网络平台应承担赔偿责任。

第十一条 第三方网络平台应在醒目位置披露合作保险机构信息及第三方网络平台备案信息，并提示保险业务由保险机构提供。

第三方网络平台应于收到投保申请后 24 个小时内向保险机构完整、准确地提供承保所需的资料信息，包括投保人（被保险人、受益人）的姓名、证件类型、证件号码、联系方式、账户等资料。除法律法规规定的情形外，保险机构及第三方网络平台不得将相关信息泄露给任何机构和个人。

第三方网络平台为保险机构提供宣传服务的，宣传内容应经保险公司审核，以确保宣传内容符合有关监管规定。保险公司对宣传内容的真实性、准确性和合规性承担相应责任。

第十二条 保险公司应加强对互联网保险产品的管理，选择适合互联网特性的保险产品开展经营，并应用互联网技术、数据分析技术等开发适应互联网经济需求的新产品，不得违反社会公德、保险基本原理及相关监管规定。

第十三条　投保人交付的保险费应直接转账支付至保险机构的保费收入专用账户，第三方网络平台不得代收保险费并进行转支付。保费收入专用账户包括保险机构依法在第三方支付平台开设的专用账户。

第十四条　保险机构及第三方网络平台以赠送保险、或与保险直接相关物品和服务的形式开展促销活动的，应符合中国保监会有关规定。不得以现金或同类方式向投保人返还所交保费。

第十五条　保险机构应完整记录和保存互联网保险业务的交易信息，确保能够完整、准确地还原相关交易流程和细节。交易信息应至少包括：产品宣传和销售文本、销售和服务日志、投保人操作轨迹等。第三方网络平台应协助和支持保险机构依法取得上述信息。

第十六条　保险公司应加强互联网保险业务的服务管理，建立支持咨询、投保、退保、理赔、查询和投诉的在线服务体系，探索以短信、即时通讯工具等多种方式开展客户回访，简化服务流程，创新服务方式，确保客户服务的高效和便捷。

对因需要实地核保、查勘和调查等因素而影响向消费者提供快速和便捷保险服务的险种，保险机构应立即暂停相关保险产品的销售，并采取有效措施进行整改，整改后仍不能解决的，应终止相关保险产品的销售。

第十七条　保险机构应加强业务数据的安全管理，采取防火墙隔离、数据备份、故障恢复等技术手段，确保与互联网保险业务有关交易数据和信息的安全、真实、准确、完整。

保险机构应防范假冒网站、APP 应用等针对互联网保险的违法犯罪活动，检查网页上对外链接的可靠性，开辟专门渠道接受公众举报，发现问题后应立即采取防范措施，并及时向保监会报告。

第十八条　保险机构应加强客户信息管理，确保客户资料信息真实有效，保证信息采集、处理及使用的安全性和合法性。

对开展互联网保险业务过程中收集的客户信息，保险机构应严格保密，不得泄露，未经客户同意，不得将客户信息用于所提供服务之外的目的。

第十九条　保险公司应制定应急处置预案，妥善应对因突发事件、不可抗力等原因导致的互联网保险业务经营中断。

保险机构互联网保险业务经营中断的，应在自营网络平台或第三方网络平台的主页显著位置进行及时公布，并说明原因及后续处理方式。

第二十条　保险机构应建立健全客户身份识别制度，加强对大额交易和可疑交易的监控和报告，严格遵守反洗钱有关规定。

保险机构应要求投保人原则上使用本人账户支付保险费，退保时保险费应退还至原交费账户，赔款资金应支付到投保人本人、被保险人账户或受益人账户。对保险期间超过一年的人身保险业务，保险机构应核对投保人账户信息的真实性，确保付款人、收款人为投保人本人。

保险机构应建立健全互联网保险反欺诈制度，加强对互联网保险欺诈的监控和报告，第三方网络平台应协助保险机构开展反欺诈监控和调查。

第二十一条　保险公司向保险专业中介机构及第三方网络平台支付相关费用时，应当由总公司统一结算、统一授权转账支付。

保险公司应按照合作协议约定的费用种类和标准，向保险专业中介机构支付中介费用或向第三方网络平台支付信息技术费用等，不得直接或间接给予合作协议约定以外的其他利益。

第二十二条　中国保监会及其派出机构依据法律法规及相关监管规定，对保险机构和第三方网络平台的互联网保险经营行为进行日常监管和现场检查，保险机构和第三方网络平台应予以配合。

第二十三条　中国保险行业协会依据法律法规及中国保监会的有关规定，对互联网保险业务进行自律管理。

中国保险行业协会应在官方网站建立互联网保险信息披露专栏，对开展互联网保险业务的保险机构及其合作的第三方网络平台等信息进行披露，便于社会公众查询和监督。中国保监会官方网站同时对相关信息进行披露。

第五章　监督管理

第二十四条　开展互联网保险业务的保险机构具有以下情形之一的，中国保监会可以责令整改；情节严重的，依法予以行政处罚：

（一）擅自授权分支机构开办互联网保险业务的；

（二）与不符合本办法规定的第三方网络平台合作的；

（三）发生交易数据丢失或客户信息泄露，造成不良后果的；

（四）未按照本办法规定披露信息或做出提示，进行误导宣传的；

（五）违反本办法关于经营区域、费用支付等有关规定的；

（六）不具备本办法规定的开展互联网保险业务条件的；

（七）违反中国保监会规定的其他行为。

第二十五条　开展互联网保险业务的第三方网络平台具有以下情形之一的，中国保监会可以要求其改正；拒不改正的，中国保监会可以责令有关保险机构立即终止与其合作，将其列入行业禁止合作清单，并在全行业通报：

（一）擅自与不符合本办法规定的机构或个人合作开展互联网保险业务；

（二）未经保险公司同意擅自开展宣传，造成不良后果的；

（三）违反本办法关于信息披露、费用支付等规定的；

（四）未按照本办法规定向保险机构提供或协助保险机构依法取得承保所需信息资料的；

（五）不具备本办法规定的开展互联网保险业务条件的；

（六）不配合保险监管部门开展监督检查工作的；

（七）违反中国保监会规定的其他行为。

第二十六条　中国保监会统筹负责互联网保险业务的监管，各保监局负责辖区内互联网保险业务的日常监测与监管，并可根据中国保监会授权对有关保险机构开展监督检查。

保险机构或其从业人员违反本办法，中国保监会及其派出机构可以通过监管谈话、监管函等措施，责令限期整改；拒不整改、未按要求整改，或构成《保险法》等法律、行政法规规定的违法行为的，依法进行处罚。

第六章　附　则

第二十七条　专业互联网保险公司的经营范围和经营区域，中国保监会另有规定的，适用其规定。

再保险业务不适用本办法。

第二十八条　对保险机构通过即时通讯工具、应用软件、社交平台等途径销售保险产品的管理，参照适用本办法。

保险公司、保险集团（控股）公司下属非保险类子公司依法设立的网络平台，参照第三方网络平台管理。

第二十九条　本办法由中国保监会负责解释和修订。

第三十条　本办法自 2015 年 10 月 1 日起施行，施行期限为 3 年。《保险代理、经纪公司互联网保险业务监管办法（试行）》（保监发〔2011〕53 号）同时废止。

互联网保险风险专项整治工作实施方案

（保监发〔2016〕31 号）

为贯彻落实党中央、国务院决策部署，推动互联网保险风险专项整治工作有序开展，根据《关于促进互联网金融健康发展的指导意见》和《互联网金融风险专项整治工作实施方案》，制定本方案。

一、工作目标和原则

（一）工作目标

规范互联网保险经营模式，优化市场发展环境，完善监管制度规则，实现创新与防范风险并重，促进互联网保险健康可持续发展，切实发挥互联网保险在促进普惠金融发展、服务经济社会方面的独特优势。

（二）工作原则

突出重点，积极稳妥。坚持问题导向，集中力量对存在的风险进行整治，有效打击各类违法违规活动，同时广泛排查保险业互联网经营模式和保险产品，为完善监管奠定基础。

分类施策，标本兼治。根据违法违规情节分类施策纠偏，讲究方式方法、力度节奏，妥善化解存量风险，有效控制增量风险。既要立足当前，切实防范化解风险，震慑违法违规行为；又要着眼长远，以专项整治为契机，建立健全长效监管机制。

明确责任，加强协作。保监会各相关部门和各省级派出机构要高度重视此次专项整治工作，加强组织领导，落实主体责任，充分考虑互联网保险跨区域、跨领域的特点，完善工作机制，加强内外协调和上下联动。

二、整治重点和措施

（一）互联网高现金价值业务

重点查处和纠正以下问题：保险公司通过互联网销售保险产品，进行不实描述、片面或夸大宣传过往业绩、违规承诺收益或者承担损失等误导性描述。具体措施：一是加强互联网保险信息披露监管，要求保险公司严格按照有关规定披露产品信息，满足消费者知情权。二是排查万能型人身保险产品（包括高现金价值产品）相关风险，出台有针对性的监管政策。三是加大互联网高现价业务查处力度，对于存在违规问题的公司予以严肃查处。

（二）保险机构依托互联网跨界开展业务

重点查处和纠正以下问题：一是保险公司与不具备经营资质的第三方网络平台合作开展互联网保险业务的行为。二是保险公司与存在提供增信服务、设立资金池、非法集资等行为的互联网信贷平台合作，引发风险向保险领域传递。三是保险公司在经营互联网信贷平台融资性保证保险业务过程中，存在风控手段不完善、内控管理不到位等情况。

（三）非法经营互联网保险业务

一是清理互联网保险经营资质，重点查处非持牌机构违规开展互联网保险业务，互联网企业未取得业务资质依托互联网开展保险业务等问题。二是查处不法机构和不法人员通过互联网利用保险公司名义或假借保险公司信用进行非法集资。

保险机构不得与未取得相应业务资质的互联网金融从业机构开展合作，保险机构与互联网企业合作开展业务不得违反相关法律法规规定，不得通过互联网跨界开展金融活动实现监管套利。

（四）配套措施

互联网保险从业机构应严格落实客户资金第三方存管制度要求，保护客户资金安全。依靠举报和重罚机制及时发现问题，纠正不当行为，对违法违规机构进行严厉查处。

三、组织领导和职责分工

（一）组织机构

保监会成立互联网保险专项整治工作领导小组，领导小组组长由保监会负责同志担任。设立领导小组办公室，负责组织协调相关工作。

（二）职责分工

保监会负责专项整治工作的总体部署和重大事项的协调处理，制定互联网保险风险专项整治工作实施方案，按进度推进专项整治工作，组织研究专项整治工作中遇到的新问题，做好专项整治工作总结汇报，汇总提出长效机制建设建议。在省级人民政府统一领导下，省金融办（局）与保监会省级派出机构共同牵头负责本地区分领域整治工作，共同承担分领域整治任务。

四、时间进度

（一）摸底排查

通过全面排查、随机抽查等方式摸排风险底数，制定整改方案。对行业万能险存在的流动性风险、资产负债错配风险、利差损风险和销售误导风险等进行排查。此项工作于 2016 年 7 月底前完成。

（二）查处整改

严格按照制度规定，对相关问题限时、全面整改。适时下发专项通知，规范中短存续期产品。严肃查处，对于违规经营的市场主体采取叫停业务、责令整改等监管措施。此项工作于 2016 年 11 月底前完成。

（三）总结报告

按照《互联网金融风险专项整治工作实施方案》要求，认真总结此次专项整治工作，将有关情况汇总形成书面报告，报送互联网金融风险专项整治工作领导小组办公室。此项工作于 2017 年 1 月底前完成。

五、保障措施

（一）加强组织领导

高度重视本次专项整治工作，深刻认识防范化解互联网金融风险的重要意义，按照工作方案的统一部署，细化整治内容，认真开展工作，狠抓落实，确保专项整治工作落到实处。

（二）务求工作实效

创新方式方法，确保专项整治工作不走过场。深入剖析问题成因，分类处理。坚持即查即改，对于需要协调解决的问题，要说明情况，并提出有针对性和可操作性的意见建议。

（三）加强协调配合

针对互联网金融保险活动跨区域、跨领域、难追责的特点，做好上下沟通及内外协调，形成风险防范合力。加强协作配合，明确职责与分工，推动各有关部门纵横联动和信息共享，确保专项整治工作顺利推进。

（四）建立长效机制

以整治工作中发现的问题为导向，从完善制度、深化改革、加强监督入手，及时积累总结经验，加强对互联网保险的监测预警，引导保险机构加强风险管控，形成对互联网保险领域全覆盖的长效监管体制机制。

中国保监会关于专业网络保险公司
开业验收有关问题的通知

保监发〔2013〕66号

各中资保险公司筹备组：

为了有效防范风险，保护保险消费者利益，维护保险市场公平竞争，根据《中华人民共和国保险法》《保险公司管理规定》等有关规定，在《保险公司开业验收指引》基础上，我们针对专业网络保险公司开业验收，制定了有关补充条件，现通知如下，请遵照执行。

一、设立独立的信息安全部门，配备专职信息安全工作人员，明确分管信息安全工作的公司主管领导和责任人。建立明确的信息安全风险战略，并提交信息安全审计和风险评估报告（以后至少每年开展一次）。

二、具有支持投保、报价、承保、支付、理赔、客户服务等保险业务全流程的电子商务系统和核心业务系统等应用系统，并建立相应管理规范，明确各关键环节与过程的安全要求，采取必要的安全技术和管理措施，确保客户信息和敏感商业信息不泄露。

三、建立健全日志留痕功能，保留交易相关日志，确保交易行为可稽核，满足风险控制和业务审计要求。能够按照监管部门数据采集要求，将需报送的统计数据按业务属地划分上报。

四、网上电子商务、交易系统应建立与内部财务系统、其他核心业务系统，以及合作单位网络、信息系统的有效隔离机制，避免风险通过公司内外部传递与蔓延。

五、依托于云计算模式的电子商务系统等应用系统，应明确与虚拟化资源相对应的具体物理机器设备，以满足保险监管机关检查工作的需要。公司应与云计算服务提供商签订书面协议，确保数据安全和业务连续性。

六、建立同城应用级、异地数据级灾难备份体系，公司开业后 3 年之内做到异地应用级灾难备份。定期（至少每年一次）进行系统应急演练。

七、电子保单应实现条款通俗解释和网络动态演示，保障消费者的知情权和选择权。能够根据有关监管规定或投保人要求提供纸质保单并送达。

八、投保流程设置确认环节，确保投保人阅读保险条款的全部内容，了解并接受包括免除保险公司责任条款、犹豫期、费用扣除、退保、保险单现金价值等在内的重要事项。

九、确保消费者享有的咨询、保单信息查询、保全、退保、业务接报案、理赔等各项服务标准不低于其他业务渠道消费者享有的服务。

十、具有完善的外包业务管理制度，有效控制外包业务的风险源。

十一、合理使用股东单位的公共平台资源，不得采取排他性协议等妨碍保险市场公平竞争的行为。

第二章　相关案例

投保人身份引发的保险合同效力争议案

【案情简介】

2013 年 3 月，被告保险公司通过合作第三方网络平台签发"百万金领意外保障"保险单，载明：投保人廖某，被保险人廖某，生效日 2013 年 3 月 10 日，到期日 2014 年 3 月 9 日，保险项目包括意外身故、残疾（保险金额 300 万元）及其他项目。保险手册载明：本保险的身故保险金受益人为法定。保险条款第四条约定：投保人指定受益人时须经被保险人同意。被保险人死亡后，受益人依法丧失受益权，没有其他受益人的，保险金作为被保险人的遗产，由保险人依照《中华人民共和国继承法》的规定履行给付保险金的义务。被保险人或投保人可以变更身故保险金受益人，但需书面通知保险人，由保险人在本保险合同上批注。投保人指定或变更身故保险金受益人的，应经被保险人书面同意。第五条约定：保险期间内，被保险人因遭受意外伤害事故导致身故的，保险人按保险金额给付身故保险金。

审理中，被告保险公司确认：（1）涉案保单的受益人已由法定变更为李某。（2）根据规定，涉案保险为短期网络销售保险，不需要电话回访被保险人，因此投保时没有对廖某进行回访。（3）第三方网络平台的客服在收到被保险人签名为廖某的变更申请表后，打过其电话核实情况，廖某确认同意变更受益人为其丈夫，被告在系统里做了相应变更，并将变更受益人的批单发送给廖某，并电话通知了她。

另查明，2014 年 1 月 17 日，某中级人民法院出具刑事判决书，载明：经审理查明，被告人李某因无力偿还债务等原因，遂产生寻找结婚对象，制造保险事故进而实施保险诈骗之念。2013 年 2 月，被告人李某与被害人廖某相识，并于同年 3 月登记结婚。当月，李某购买了保险公司的保额为 300 万元的意外保险（被保险人为廖某，受益人原为法定受益人，后经李某申请变更为自己）。为制造保险事故，李某指使周某于 2013 年 5 月杀害廖某……。判决如下：被保人李某犯故意杀人罪，判处死刑，剥夺政治权利终身；犯保险诈骗罪（未遂），判处有期徒刑八年，并处罚金人民币五万元，决定执行死刑，剥夺政治权利终身，并处罚金人民币五万元……。后李某不服一审判决，上诉至高级人民法院，被裁定"驳回上诉，维持原判"。2014 年 12 月，最高人民法院复核核准死刑。

再查明，原告陈某等三人系被保险人廖某之父母及非婚生子女。2016 年 2 月，某律师事务所吴律师接受本案三位原告的委托，致函被告，认为涉案保单的指定受益人李某因故意犯罪丧失受益权，三位原告作为被保险人廖某的第一顺位继承人依法享有保险理赔权益，要求被告支付 300 万元身故保险金。被告认为，涉案保单系李某为骗保而购买，以合法形式掩盖非法目的，属无效合同，故于 2016 年 3 月回函拒绝赔付。三位原告遂诉至本院。

审理中，被告称，其向第三方网络平台了解到涉案保单的保费系李某使用自己的信用卡支付，但未能提供相关证据。被告还提供一份网名为"驾驭"的与第三方网络平台客服的网络聊天记录，被告认为"驾驳"系李某的网名，其在购买涉案保险之前向客服询问相关产品的情况；被告还提供李某与第三方网络平台客服的电话录音，其咨询指定受益人的方式，并在购买时询问："我问一下，就是投保的时候上面的通讯地址写现在的还是身份证上的？""我现在正在投保。"客服："您是买哪几款保险呢？"李某："就是某保险计划 C。"原告对该组证据的真实性不予认可，并认为：不能证明"驾驭"即李某，且录音也无法确认系李某的声音，被告也未就通话录音系统来源提供证据说明；即使证据为真，也不能证明李某系投保人。关于网上投保操作过程，被告确认该过程无法识别实际投保人是谁，但被告认为从聊天记录、通话记录可以看出操作投保的人系李某，而登记的投保人为廖某。

【法律分析】

法院认为，案件的争议焦点为：如何认定涉案保单的投保人。首先，保险合同系书面合同，应以书面记载为准。《保险法》第十三条规定，投保人提出保险要求，经保险人同意承保，保险合同成立。保险人应当及时向投保人签发保险单或者其他保险凭证。保险单或者其他保险凭证应当载明当事人双方约定的合同内容。当事人也可以约定采用其他书面形式载明合同内容。第十八条规定，保险合同应当包括投保人、被保险人的姓名等内容。可见，保险合同系书面合同，投保人系合同应当载明的内容，应当以书面记载为准。本案中，保险单明确记载投保人为廖某，又因为本案系网上投保，保险单内容均基于投保人在网上填写内容而生成，故可推定投保流程中记载的投保人亦为廖某，也就是说，根据保险合同书面记载，投保人为廖某。其次，被告认为投保人与书面记载不符，应当就订立本案保险合同并非廖某的真实意思表示承担举证责任。现被告提出投保人为李某，理由为：（1）李某是购买涉案保险的实施人，购买前向第三方网络平台客服咨询、实际填写投保单、使用自己的信用卡支付保费，因此李某是实际投保人，廖某仅仅是李某实施保险诈骗的"工具"；（2）刑事判决书查明事实载明"李某购买"涉案保险，也确认李某系投保人。对此，法院认为：第一，被告混淆了"投保人"与"实际操作人"。投保人系具有投保意愿并提出投保要求的民事主体，"提出投保要求"并不等同于投保人本人亲历亲为，且被告也确认网上投保操作过程无法识别实际投保人是何人。即使如被告所述，咨询客服、选定保险产品、填写投保单均系李某所为，李某系整个购买保险过程的实际操作人，但这并不能证明购买涉案保险产品并非廖某本人意愿。关于支付保费，被告并未举证证明系李某信用卡支付，即使确系李某信用卡支付，购买涉案保险产品时，李某与廖某系夫妻关系，使用夫妻共同财产支付保费亦属合理。第二，刑事判决书认定事实虽然描述为"李某购买"涉案保险产品，但是并未认定李某为投保人；根据《刑法》关于保险诈骗罪的规定，投保人、受益人故意造成被保险人死亡、伤残或者疾病，骗取保险金的，构成保险诈骗罪，可见故意造成被保险人死亡而构成保险诈骗罪的主体并非只有投保人，李某作为受益人亦可构成保险诈骗罪的主体。第三，被告确认"第三方网络平台客服在收到被保险人签名为廖某的变更申请表后，打过其电话核实情况，廖某确认同意变更受益人为其丈夫，被告在系统里做了相应变更，并将变更受益人的批单发送给廖某，并电话通知了她"，可见，廖某本人对本案保单的存在明确知晓，亦可佐证廖某应对其本人为投保人系为知悉，进而佐证廖某对于本案投保系其真实意思表示。

综上，法院确认，涉案保单的投保人为廖某。根据《保险法》第四十三条规定，投保人故意造成被保险人死亡等的，保险人不承担给付保险金的责任。受益人故意造成被保险人死亡等的，该受益人丧失受益权。本案中，投保人和被保险人均系廖某，李某作为受益人故意造成被保险人廖某的死亡，故丧失受益权。根据《保险法》第四十二条规定，被保险人死亡后，受益人依法丧失受益权，没有其他受益人的，保险金作为被保险人的遗产，由保险人依照《中华人民共和国继承法》的规定履行给付保险金的义务。现涉案保单已无其他受益人，根据继承法，被保险人廖某的法定继承人为三位原告，保险人应当向三位原告支付保险金300万元。三位原告主张保险金的利息损失，按照中国人民银行同期贷款利率、自被告回函拒绝赔付之日2016年3月14日起算至实际清偿之日，尚属合理，本院予以支持。

【判决结果】

依照《中华人民共和国合同法》第六十条第一款、《中华人民共和国保险法》第二条、第十三条第一款、第二款、第十八条第一款第（二）项、第四十二条第一款、第四十三条第二款、《中华人民共和国继承法》第五条、第十条、《最高人民法院关于适用〈中华人民共和国民事诉讼法〉的解释》第九十条之规定，法院作出判决如下：

一、被告保险公司应于本判决生效之日起十日内赔付原告陈某等保险金300万元及利息。

二、案件受理费，由被告保险公司负担。

【相关法条】

《中华人民共和国保险法》

第二条　本法所称保险，是指投保人根据合同约定，向保险人支付保险费，保险人对于合同约定的可能发生的事故因其发生所造成的财产损失承担赔偿保险金责任，或者当被保险人死亡、伤残、疾病或者达到合同约定的年龄、期限时承担给付保险金责任的商业保险行为。

第十三条 投保人提出保险要求，经保险人同意承保，保险合同成立。保险人应当及时向投保人签发保险单或者其他保险凭证。

保险单或者其他保险凭证应当载明当事人双方约定的合同内容。当事人也可以约定采用其他书面形式载明合同内容。

第十八条 保险合同应当包括下列事项：

（二）投保人、被保险人的姓名或者名称、住所，以及人身保险的受益人的姓名或者名称、住所；

第四十二条 被保险人死亡后，有下列情形之一的，保险金作为被保险人的遗产，由保险人依照《中华人民共和国继承法》的规定履行给付保险金的义务：

（三）受益人依法丧失受益权或者放弃受益权，没有其他受益人的。

第四十三条 受益人故意造成被保险人死亡、伤残、疾病的，或者故意杀害被保险人未遂的，该受益人丧失受益权。

《中华人民共和国继承法》

第五条 继承开始后，按照法定继承办理；有遗嘱的，按照遗嘱继承或者遗赠办理；有遗赠扶养协议的，按照协议办理。

第十条 遗产按照下列顺序继承：

第一顺序：配偶、子女、父母。

第二顺序：兄弟姐妹、祖父母、外祖父母。

继承开始后，由第一顺序继承人继承，第二顺序继承人不继承。没有第一顺序继承人继承的，由第二顺序继承人继承。

《最高人民法院关于适用
〈中华人民共和国民事诉讼法〉的解释》

第九十条 当事人对自己提出的诉讼请求所依据的事实或者反驳

对方诉讼请求所依据的事实，应当提供证据加以证明，但法律另有规定的除外。在作出判决前，当事人未能提供证据或者证据不足以证明其事实主张的，由负有举证证明责任的当事人承担不利的后果。

（本章由腾讯金融研究中心提供支持）

第七部分

通过互联网
开展资产管理业务

● 资产管理

制度规定

关于做好通过互联网开展资产管理及跨界
从事金融业务风险专项整治清理整顿工作的通知

整治办函〔2016〕96号

各省（区、市）互联网金融风险专项整治领导小组办公室：根据《通过互联网开展资产管理及跨界从事金融业务风险专项整治工作实施方案》（银发〔2016〕113号）、《关于稳妥有序开展互联网金融风险专项整治清理整顿工作的通知》（银发〔2016〕281号）要求，为做好通过互联网开展资产管理及跨界从事金融业务风险专项整治清理整顿工作，现将有关事项通知如下：

一、扎实推进现场检查。各省整治办要组织专业力量，对摸底排查工作中确认为通过互联网开展资产管理及跨界从事金融活动的重点机构，实施现场检查，依法获取各种违法违规的事实和资料。

二、认真界定业务性质。各省整治办应坚持"穿透式"监管方法，梳理从资金来源到最终投向的全流程信息，参照《通过互联网开展资产管理及跨界从事金融业务风险清理整顿工作认定和处置标准》（以下简称《认定和处置标准》，见附件），提出整改意见。

三、加强组织协调。对于持牌金融机构，由各省整治办协调地方银监、证监、保监部门开展整治；对于不持有金融牌照的机构，由各省整治办组织辖内相关部门，根据《认定和处置标准》分工由相关部门进行整治；对于业务交叉嵌套难以界定的，由各省整治办组织有关部门予以研判，共同整治，确保问题全面覆盖、风险全面整治。

四、稳妥开展分类处置。各省整治办应综合考虑风险程度、违法违规性质、社会危害程度等要素，采取差异化分类处置措施，同时防范处置风险的风险。

五、及时进行信息报送。各省整治办要定期汇报清理整顿进展情况，深入剖析典型案例，不断总结经验，做好以案说法，遇到新情况、新问题，及时向互联网金融风险专项整治领导小组办公室报告。

附件：通过互联网开展资产管理及跨界从事金融业务风险清理整顿工作认定和处置标准

附件

通过互联网开展资产管理及跨界
从事金融业务风险清理整顿工作认定和处置标准

一、通过互联网开展资产管理业务

对于通过互联网开展资产管理业务的机构，必须采取"穿透式"监管方法，综合资金来源、中间环节、最终投向等全流程信息，对业务实质进行界定，落实整治责任。

（一）经银监会、证监会、保监会等金融监管部门许可的机构，由相应金融监管部门依据有关法律法规综合全业务流程进行清理整顿。（由地方整治办会同地方银监、证监、保监等部门落实）

（二）未经金融监管部门许可，但通过财产权益（包括财产权益的"收益权"）的份额化交易转让等方式公开募集资金的机构，参照公开募集资金的相关规定进行清理整顿。对于向不特定对象或者超过 200 人的特定对象进行财产权益份额的交易转让；采用广告、公告、广播、公开劝诱等公开方式向社会公众发行；以及通过"大拆小""团购""分期发行"等方式突破200人限制，进行变相公开发行的情形，需参照《证券法》、《证券投资基金法》等规定，报经国务院证券监督管理机构或者国务院授权的部门核准。（由地方整治办会同地方证监部门落实）

未经许可从事公开募集资金的行为，移交非法集资、非法证券活动处置机制进行研判。（由地方整治办会同地方有关部门落实）

（三）未经金融监管部门许可，但通过财产权益（包括财产权益的"收益权"）的份额化交易转让等方式非公开募集资金的机构，参照非公开募集资金的相关规定进行清理整顿。

1. 被界定为私募基金的机构，按照《私募基金管理暂行办法》等规定进行清理整顿。（由地方整治办会同地方证监部门落实）

2. 对于其他机构，在专项整治期间需遵循以下业务规范。（由地方整治办会同地方有关部门落实）

（1）应当聘请第三方受托管理人并订立受托管理协议。受托管理人需为经金融监管部门批准的金融机构或实缴货币资本不低于1亿元、最近三年没有重大违法违规行为且能胜任受托管理人职责的其他机构。

（2）应建立投资者适当性管理制度，合理划分金融产品和服务风险等级及投资者的风险承受等级，确保将合适的金融产品和服务提供给适当的投资者，不得向低风险承受等级的投资者推荐高风险产品。

（3）应真实、准确、完整、及时地向投资人披露机构经营信息、金融产品和服务信息以及其他可能影响投资人权益的重大信息。

（4）应及时、真实、准确、全面地向投资者充分提示风险，不得发布夸大产品收益、掩饰产品风险等欺诈信息，不得作虚假或引人误解的宣传。

（5）应严格落实投资者资金第三方存管制度，保证投资者在购买、使用金融产品和服务时的财产安全，不得非法挪用、占用投资者资金。

（6）资金投向应遵守国家有关法律法规的规定，符合国家宏观调控政策方向，不得从事证券市场场外配资活动。

（7）各地互联网资产管理专项整治办公室提出的其他要求。

（四）对于业务嵌套关系复杂、认定有疑议或确实无法认定业务性质的情形，各省整治办要建立会商机制，组织当地有关部门进行联合整治。（由地方整治办会同地方人民银行落实）

二、通过互联网跨界从事金融业务

通过互联网从事其他金融业务的机构（不含 P2P 网络借贷、股权众筹、互联网保险、第三方支付、资产管理），应按照线上线下一致的原则，适用与从事同类业务的传统金融企业一致的监管要求。（由地方整治办会同地方有关部门落实）

（一）地方各类交易场所按照《国务院关于清理整顿各类交易场所切实防范金融风险的决定》（国发〔2011〕38 号）、《国务院办公厅关于清理整顿各类交易场所的实施意见》（国办发〔2012〕37 号）等有关规定进行清理整顿。

（二）小额贷款公司按照《关于小额贷款公司试点的指导意见》（银监发〔2008〕23 号）等有关规定进行清理整顿。

（三）从事融资性担保业务的机构参照《关于进一步明确融资性担保业务监管职责的通知》（国办发〔2009〕7 号）、《融资性担保公司管理暂行办法》等有关规定进行清理整顿。

（四）典当行按照《典当管理办法》等有关规定进行清理整顿。

（五）从事期货交易相关活动按照《期货交易管理条例》等有关规定进行清理整顿。

（六）从事消费金融业务的机构参照《消费金融公司试点管理办法》等有关规定进行清理整顿。

（七）从事金融租赁业务的机构参照《金融租赁公司管理办法》等有关规定进行清理整顿。

三、具有多项金融业务资质、综合经营特征明显的互联网企业（由地方整治办会同地方人民银行、银监、证监、保监等部门落实）

（一）建立有效的集团内控和公司治理体系。

（二）建立防火墙制度、做好各业务板块之间的风险隔离。

（三）不得违反监管规定实施利益输送、不得利用集团优势规避监管、扰乱市场秩序。

（四）建立投资者保护制度体系，确保投资者资金安全和信息安全。

四、处置标准

（一）对运营基本合法合规、未违反国办发〔2016〕21号文、银发〔2016〕113号文等要求、基本符合各项业务标准要求的机构，支持鼓励其合规发展，督促其规范运营。

（二）对违法违规情节较轻、主动整改、有效控制风险、积极消除不良后果的机构，对照各项业务标准，限期整改并验收通过后，支持鼓励其合规发展，督促其规范运营。

（三）对于违法违规情节严重、涉嫌非法开展金融活动的机构，责令其限期停止开办金融业务，工商部门依法吊销营业执照，通信主管部门对机构网站及移动应用程序依法予以处置，公安机关依法查处相关从业机构及责任人。

关于对互联网平台与各类交易场所
合作从事违法违规业务开展清理整顿的通知

整治办函〔2017〕64号

各省（自治区、直辖市）、深圳市互联网金融风险专项整治工作领导小组办公室；人民银行上海总部，各分行、营业管理部、省会（首府）城市中心支行、深圳市中心支行：

前期，人民银行会同银监会、证监会、保监会等16部委，共同印发《关于进一步做好互联网金融风险专项整治清理整顿工作的通知》（银发〔2017〕119号），明确了互联网金融专项整治期间各项违法违规业务"严控增量、化解存量"的要求。近期我办发现，一些互联网平台仍然与各类交易场所合作开展违法违规业务，存在较大风险隐患。现将有关情况及工作要求通知如下：

一、有关情况

2011年、2012年，国务院先后下发了《国务院关于清理整顿各类交易场所切实防范金融风险的决定》（国发〔2011〕38号）、《国务院办公厅关于清理整顿各类交易场所的实施意见》（国办发〔2012〕37号），明确各类交易场所不得将任何权益拆分为均等份额公开发行、不得将权益按照标准化交易单位持续挂牌交易、权益持有人累计不得超过200人等要求。今年以来，清理整顿各类交易场所部际联席会议部署清理整顿"回头看"工作，再次明确了交易场所不得将权益拆分发行、降低投资者门槛、变相突破200人私募上限等政策红线。

一些互联网平台明知上述要求，仍然与各类交易场所合作，将权益拆分面向不特定对象发行，或以"大拆小""团购""分期"等各种方式变相突破200人限制。一些产品无固定期限、资金和资产无法对应，存在资金池问题；一些产品未向投资者披露信息和提示风险，甚至将高风险资产进行包装粉饰，向不具备风险承受能力的中小投资者出售，一旦信用风险爆发，可能影响社会稳定。

二、清理整顿工作要求

请各地整治办高度重视互联网平台与各类交易场所合作从事违法违规业务的危害性，从防范金融风险、维护金融安全、服务经济社会发展大局出发，坚决整治乱象、消除危害。具体要求如下：

（一）请各地整治办会同人民银行分支机构责令辖内互联网平台认真学习并自觉遵守国发〔2011〕38号和国办发〔2012〕37号文、清理整顿各类交易场所"回头看"工作、及本通知相关要求，并于2017年7月15日前，停止与各类交易场所合作开展涉嫌突破政策红线的违法违规业务的增量。同时，互联网平台须积极配合各类交易场所，妥善化解存量违法违规业务。

（二）对于2017年7月16日以后仍继续与各类交易场所合作开展违法违规业务的互联网平台，请各地整治办会同人民银行分支机构及其他相关部门，对相关互联网平台开展现场检查，查实互联网平台是否存在变相吸收公众存款、非法发放贷款、代销违法违规产品、无代销资质销售金融产品、未取得相关资质开办资产管理业务等问题，并按相关法律法规进行处罚。

（三）防范处置风险。各地整治办在相关工作开展过程中，要讲究方式方法，制定风险预案，注意风险隔离，避免形成连锁反应和交叉感染，坚决守住风险底线。

（四）请各地整治办会同人民银行分支机构对辖内互联网平台与各

类交易场所合作开展违法违规业务的情况进行全面排查和持续监测，保证问题全面整治，防止相关违法违规业务死灰复燃。

（五）请人民银行分支机构会同各地整治办，于7月I5日前，将辖内互联网平台与各类交易场所合作开展违法违规业务清理整顿情况，报告全国整治办。报告内容需含与各类交易场所合作的辖内互联网平台名录、合作业务（产品）名称和情况、相关违法违规业务存量规模和增量停止情况。

关于加大通过互联网开展资产管理业务
整治力度及开展验收工作的通知

整治办函〔2018〕29 号

各省（自治区、直辖市）、深圳市互联网金融风险专项整治工作领导小组办公室；人民银行上海总部，各分行、营业管理部、省会（首府）城市中心支行、深圳市中心支行：

为做好通过互联网开展资产管理业务领域清理整顿工作，我办先后下发《关于做好通过互联网开展资产管理及跨界从事金融业务风险专项整治清理整顿工作的通知》（整治办函〔2C16〕96 号）、《关于进一步做好互联网金融风险专项整治清理整顿工作的通知》（银发〔2017〕119 号）、《关于对互联网平台与各类交易场所合作从事违法违规业务开展清理整顿的通知》（整治办函〔2017〕64 号）等文件，明确了合法合规标准和清理整顿要求。各省领导小组办公室（以下简称各省整治办）认真落实各项要求，相关工作取得积极进展，存量违法违规业务规模有所下降，增量风险有所控制。

根据专项整治总体进度安排，下一阶段将进入验收及总结阶段。验收是本领域专项整治工作的关键环节，是对专项整治开展以来工作成效的检验。请各省整治办高度重视，明确工作目标，加大工作力度，引导从业机构依法合规开展业务，坚决打击违法违规互联网资产管理活动，打赢防范化解金融风险攻坚战。根据《国务院办公厅关于印发互联网金融风险专项整治工作实施方案的通知》（国办发〔2016〕21 号）、《通过互联网开展资产管理及跨界从事金融业务风险专项整治工作实施方案》（银发〔2016〕113 号）文件精神，现就本领域验收工作有关事宜通知如下：

一、验收标准

1. 通过互联网开展资产管理业务的本质是开展资产管理业务。资产管理业务作为金融业务，属于特许经营行业，须纳入金融监管。非金融机构不得发行、销售资产管理产品，国家另有规定的除外。

依托互联网公开发行、销售资产管理产品，须取得中央金融管理部门颁发的资产管理业务牌照或资产管理产品代销牌照。未经许可，不得依托互联网公开发行、销售资产管理产品。

2. 未经许可，依托互联网以发行销售各类资产管理产品（包括但不限于"定向委托计划""定向融资计划""理财计划""资产管理计划""收益权转让"）等方式公开募集资金的行为，应当明确为非法金融活动，具体可能构成非法集资、非法吸收公众存款、非法发行证券等。相关认定标准参照《中华人民共和国刑法》《最高人民法院关于审理非法集资刑事案件具体应用法律若干问题的解释》《非法金融机构和非法金融业务活动取缔办法》《中华人民共和国证券法》等相关法律法规规定执行。

3. 未经许可，依托互联网发行销售资产管理产品的行为，须立即停止，存量业务应当最迟于2018年6月底前压缩至零。个别从业机构情况特别复杂、确有必要适当延长整改时限的，应经省级人民政府批准，并由省级人民政府指定相关部门负责后续整改监督及验收。

4. 互联网平台不得为各类交易场所代销（包括"引流"等方式变相提供代销服务）涉嫌突破国发〔2011〕38号文、国办发〔2012〕37号文以及清理整顿各类交易场所"回头看"政策要求的资产管理产品。互联网平台应配合各类交易场所妥善化解存量业务。

二、验收流程

1. 成立验收专班，制定工作方案。各省整治办应成立由省金融办（局）、人民银行分支机构以及银监局、证监局、保监局、公安、通信管理、市场监督管理等部门组成的验收工作专班，并充分调动第三方专业机构力量，制定验收工作方案并组织开展验收。

2. 验收阶段工作从 2018 年 4 月至 2018 年 6 月底，各省整治办可根据实际情况，对辖内从业机构进行分批次验收。验收应当实现重点对象全覆盖，对前期随机抽查发现仍在开展互联网资产管理业务的非重点对象也应纳入验收工作范围。

3. 各省整治办应要求辖内从业机构提交整改落实报告及验收申请，对照整治办函〔2016〕96 号文、银发〔2017〕119 号文、整治办函〔2017〕64 号文以及本通知明确的各项验收标准和相关法律法规，组织开展验收。验收措施可包括网络巡查、现场访谈、核查合同、调取账务数据、信息公示等，切实掌握从业机构违法违规业务化解情况。

三、分类处置

1. 对于已补齐资产管理业务相关牌照的机构，由各省整治办出具验收合格意见，并移交相关牌照发放部门进行 13 常监管。

2. 对于仍未持有资产管理业务相关牌照，但存量业务已经化解至零、未新增业务的机构，各省整治办应要求机构及其控制人出具不再从事互联网资产管理业务的承诺书，并限期办理工商及 ICP 备案变更等，确保工商注册信息及网站内容等不得含有与资产管理业务相关的误导性陈述。

3. 对于存量互联网资产管理业务未化解至零的机构，应明确为从事非法金融活动，纳入取缔类进行处置。各省整治办应当组织地方金融监管部门及中央金融管理部门派驻机构共同出具行政认定和处置意见，协调相关职能部门予以处置，包括注销电信经营许可、封禁网站、下架移动 APP、吊销工商营业执照，要求从事金融业务的持牌机构不得向其提供各类金融服务等。

各省整治办应组织相关部门对非法金融活动是否涉及非法集资、非法发行证券等进一步研判定性，并根据定性情况移送处置非法集资、打击非法证券活动等工作机制予以查处。

4. 对于网贷机构将互联网资产管理业务剥离、分立为不同实体的，应当将分立后的实体视为原网贷机构的组成部分，一并进行验收，承接互联网资产管理业务的实体未将存量业务压缩至零前，不得对相关网贷机构予以备案登记。各地应加强拟备案网贷机构的股东资质审核，对于存量违法违规业务未化解完成的互联网资产管理机构，不得对其实际控制人或股东投资设立的网贷机构予以备案登记。

各省整治办应当建立辖内网贷领域风险整治和互联网资产管理领域风险整治的协调（办作机制，并加强与其他相关地区的沟通协作，加强信息互通。

四、其他相关要求

1. 以罚促改。对于未经许可依托互联网公开发行、销售资产管理产品的，应开展行政处罚，特别是对存量业务化解不力的机构，各省整治办应组织中央金融管理部门当地派驻机构对其是否存在变相吸收公众存款、非法发行证券等行为进行行政调查，按照《非法金融机构和非法金融业务活动取缔办法》《中华人民共和国证券法》《中华人民共和国商业银行法》等法律法规从重处罚。

2. 做好预案。各省整治办在相关工作开展过程中，要做好风险应对预案，避免形成连锁反应和交叉传染。对拟取缔丕象要稳妥制定取缔方案，协调机构实际控制人做好兑付安排，廷停止金融服务工作做出具体安排，确保取缔工作平稳有序。各省整治办要协调地方政府相关部门全面落实源头维稳措施，积极预防、全力化解、妥善处置风险，守住不发生系统性金融风险的底线，维护社会稳定。

3. 协同配合。对于实际经营场所与注册地分离的互联网平台，由注册地省级整治办负责组织验收，实际经营所在地省级整治办应积极配合、提供支持。

4. 信息公示。验收工作开展过程中，各省整治办应通过省金融办（局）官方网站及时公布辖内验收合格的机构、完成整改且承诺不再从事互联网资管业务的机构、取缔类机构名单，并动态更新，帮助公众有效识别风险。

5. 定期报告。请各省整治办自 2018 年 4 月起，每月月底前向我办报送当月验收工作进展情况。

第八部分
互联网金融广告

- 互联网金融广告

- 广告法

第一章　制度规定

中华人民共和国广告法（节选）

（主席令第 22 号）

第三条　广告应当真实、合法，以健康的表现形式表达广告内容，符合社会主义精神文明建设和弘扬中华民族优秀传统文化的要求。

第四条　广告不得含有虚假或者引人误解的内容，不得欺骗、误导消费者。

广告主应当对广告内容的真实性负责。

第五条　广告主、广告经营者、广告发布者从事广告活动，应当遵守法律、法规，诚实信用，公平竞争。

第八条　广告中对商品的性能、功能、产地、用途、质量、成分、价格、生产者、有效期限、允诺等或者对服务的内容、提供者、形式、质量、价格、允诺等有表示的，应当准确、清楚、明白。

广告中表明推销的商品或者服务附带赠送的，应当明示所附带赠送商品或者服务的品种、规格、数量、期限和方式。

法律、行政法规规定广告中应当明示的内容，应当显著、清晰表示。

第九条　广告不得有下列情形：

（一）使用或者变相使用中华人民共和国的国旗、国歌、国徽，军旗、军歌、军徽；

（二）使用或者变相使用国家机关、国家机关工作人员的名义或者形象；

（三）使用"国家级""最高级""最佳"等用语；

（四）损害国家的尊严或者利益，泄露国家秘密；

（五）妨碍社会安定，损害社会公共利益；

（六）危害人身、财产安全，泄露个人隐私；

（七）妨碍社会公共秩序或者违背社会良好风尚；

（八）含有淫秽、色情、赌博、迷信、恐怖、暴力的内容；

（九）含有民族、种族、宗教、性别歧视的内容；

（十）妨碍环境、自然资源或者文化遗产保护；

（十一）法律、行政法规规定禁止的其他情形。

第十一条 广告内容涉及的事项需要取得行政许可的，应当与许可的内容相符合。

广告使用数据、统计资料、调查结果、文摘、引用语等引证内容的，应当真实、准确，并表明出处。引证内容有适用范围和有效期限的，应当明确表示。

第十三条 广告不得贬低其他生产经营者的商品或者服务。

第十四条 广告应当具有可识别性，能够使消费者辨明其为广告。大众传播媒介不得以新闻报道形式变相发布广告。通过大众传播媒介发布的广告应当显著标明"广告"，与其他非广告信息相区别，不得使消费者产生误解。

第二十五条 招商等有投资回报预期的商品或者服务广告，应当对可能存在的风险以及风险责任承担有合理提示或者警示，并不得含有下列内容：

（一）对未来效果、收益或者与其相关的情况作出保证性承诺，明示或者暗示保本、无风险或者保收益等，国家另有规定的除外；

（二）利用学术机构、行业协会、专业人士、受益者的名义或者形象作推荐、证明。

第二十八条　广告以虚假或者引人误解的内容欺骗、误导消费者的，构成虚假广告。

广告有下列情形之一的，为虚假广告：

（一）商品或者服务不存在的；

（二）商品的性能、功能、产地、用途、质量、规格、成分、价格、生产者、有效期限、销售状况、曾获荣誉等信息，或者服务的内容、提供者、形式、质量、价格、销售状况、曾获荣誉等信息，以及与商品或者服务有关的允诺等信息与实际情况不符，对购买行为有实质性影响的；

（三）使用虚构、伪造或者无法验证的科研成果、统计资料、调查结果、文摘、引用语等信息作证明材料的；

（四）虚构使用商品或者接受服务的效果的；

（五）以虚假或者引人误解的内容欺骗、误导消费者的其他情形。

第三十八条　广告代言人在广告中对商品、服务作推荐、证明，应当依据事实，符合本法和有关法律、行政法规规定，并不得为其未使用过的商品或者未接受过的服务作推荐、证明。

不得利用不满十周岁的未成年人作为广告代言人。

对在虚假广告中作推荐、证明受到行政处罚未满三年的自然人、法人或者其他组织，不得利用其作为广告代言人。

第四十三条　任何单位或者个人未经当事人同意或者请求，不得向其住宅、交通工具等发送广告，也不得以电子信息方式向其发送广告。

以电子信息方式发送广告的，应当明示发送者的真实身份和联系方式，并向接收者提供拒绝继续接收的方式。

第四十四条　利用互联网从事广告活动，适用本法的各项规定。

利用互联网发布、发送广告，不得影响用户正常使用网络。在互联网页面以弹出等形式发布的广告，应当显著标明关闭标志，确保一键关闭。

第五十五条　违反本法规定，发布虚假广告的，由工商行政管理部门责令停止发布广告，责令广告主在相应范围内消除影响，处广告费用三倍以上五倍以下的罚款，广告费用无法计算或者明显偏低的，处二十万元以上一百万元以下的罚款；两年内有三次以上违法行为或者有其他严重情节的，处广告费用五倍以上十倍以下的罚款，广告费用无法计算或者明显偏低的，处一百万元以上二百万元以下的罚款，可以吊销营业执照，并由广告审查机关撤销广告审查批准文件、一年内不受理其广告审查申请。

广告经营者、广告发布者明知或者应知广告虚假仍设计、制作、代理、发布的，由工商行政管理部门没收广告费用，并处广告费用三倍以上五倍以下的罚款，广告费用无法计算或者明显偏低的，处二十万元以上一百万元以下的罚款；两年内有三次以上违法行为或者有其他严重情节的，处广告费用五倍以上十倍以下的罚款，广告费用无法计算或者明显偏低的，处一百万元以上二百万元以下的罚款，并可以由有关部门暂停广告发布业务、吊销营业执照、吊销广告发布登记证件。

广告主、广告经营者、广告发布者有本条第一款、第三款规定行为，构成犯罪的，依法追究刑事责任。

第五十六条　违反本法规定，发布虚假广告，欺骗、误导消费者，使购买商品或者接受服务的消费者的合法权益受到损害的，由广告主依法承担民事责任。广告经营者、广告发布者不能提供广告主的真实名称、地址和有效联系方式的，消费者可以要求广告经营者、广告发布者先行赔偿。

关系消费者生命健康的商品或者服务的虚假广告，造成消费者损害的，其广告经营者、广告发布者、广告代言人应当与广告主承担连带责任。

前款规定以外的商品或者服务的虚假广告，造成消费者损害的，其广告经营者、广告发布者、广告代言人，明知或者应知广告虚假仍设计、制作、代理、发布或者作推荐、证明的，应当与广告主承担连带责任。

第五十七条　有下列行为之一的，由工商行政管理部门责令停止发布广告，对广告主处二十万元以上一百万元以下的罚款，情节严重的，并可以吊销营业执照，由广告审查机关撤销广告审查批准文件、一年内不受理其广告审查申请；对广告经营者、广告发布者，由工商行政管理部门没收广告费用，处二十万元以上一百万元以下的罚款，情节严重的，并可以吊销营业执照、吊销广告发布登记证件：

（一）发布有本法第九条、第十条规定的禁止情形的广告的；

第五十八条　有下列行为之一的，由工商行政管理部门责令停止发布广告，责令广告主在相应范围内消除影响，处广告费用一倍以上三倍以下的罚款，广告费用无法计算或者明显偏低的，处十万元以上二十万元以下的罚款；情节严重的，处广告费用三倍以上五倍以下的罚款，广告费用无法计算或者明显偏低的，处二十万元以上一百万元以下的罚款，可以吊销营业执照，并由广告审查机关撤销广告审查批准文件、一年内不受理其广告审查申请：

（七）违反本法第二十五条规定发布招商等有投资回报预期的商品或者服务广告的；

（十）违反本法第三十八条第二款规定，利用不满十周岁的未成年人作为广告代言人的；

（十一）违反本法第三十八条第三款规定，利用自然人、法人或者其他组织作为广告代言人的；

广告经营者、广告发布者明知或者应知有本条第一款规定违法行为仍设计、制作、代理、发布的，由工商行政管理部门没收广告费用，并处广告费用一倍以上三倍以下的罚款，广告费用无法计算或者明显偏低的，处十万元以上二十万元以下的罚款；情节严重的，处广告费用三倍以上五倍以下的罚款，广告费用无法计算或者明显偏低的，处二十万元以上一百万元以下的罚款，并可以由有关部门暂停广告发布业务、吊销营业执照、吊销广告发布登记证件。

第五十九条　有下列行为之一的，由工商行政管理部门责令停止发布广告，对广告主处十万元以下的罚款：

（一）广告内容违反本法第八条规定的；

（二）广告引证内容违反本法第十一条规定的；

（四）违反本法第十三条规定，广告贬低其他生产经营者的商品或者服务的。

广告经营者、广告发布者明知或者应知有前款规定违法行为仍设计、制作、代理、发布的，由工商行政管理部门处十万元以下的罚款。

广告违反本法第十四条规定，不具有可识别性的，或者违反本法第十九条规定，变相发布医疗、药品、医疗器械、保健食品广告的，由工商行政管理部门责令改正，对广告发布者处十万元以下的罚款。

第六十三条　违反本法第四十三条规定发送广告的，由有关部门责令停止违法行为，对广告主处五千元以上三万元以下的罚款。

违反本法第四十四条第二款规定，利用互联网发布广告，未显著标明关闭标志，确保一键关闭的，由工商行政管理部门责令改正，对广告主处五千元以上三万元以下的罚款。

第六十七条　有本法规定的违法行为的，由工商行政管理部门记入信用档案，并依照有关法律、行政法规规定予以公示。

第七十条　因发布虚假广告，或者有其他本法规定的违法行为，被吊销营业执照的公司、企业的法定代表人，对违法行为负有个人责任的，自该公司、企业被吊销营业执照之日起三年内不得担任公司、企业的董事、监事、高级管理人员。

互联网广告管理暂行办法

（2016 年 7 月 4 日国家工商行政管理总局令第 87 号公布）

第一条 为了规范互联网广告活动，保护消费者的合法权益，促进互联网广告业的健康发展，维护公平竞争的市场经济秩序，根据《中华人民共和国广告法》（以下简称广告法）等法律、行政法规，制定本办法。

第二条 利用互联网从事广告活动，适用广告法和本办法的规定。

第三条 本办法所称互联网广告，是指通过网站、网页、互联网应用程序等互联网媒介，以文字、图片、音频、视频或者其他形式，直接或者间接地推销商品或者服务的商业广告。

前款所称互联网广告包括：

（一）推销商品或者服务的含有链接的文字、图片或者视频等形式的广告；

（二）推销商品或者服务的电子邮件广告；

（三）推销商品或者服务的付费搜索广告；

（四）推销商品或者服务的商业性展示中的广告，法律、法规和规章规定经营者应当向消费者提供的信息的展示依照其规定；

（五）其他通过互联网媒介推销商品或者服务的商业广告。

第四条 鼓励和支持广告行业组织依照法律、法规、规章和章程的规定，制定行业规范，加强行业自律，促进行业发展，引导会员依法从事互联网广告活动，推动互联网广告行业诚信建设。

第五条 法律、行政法规规定禁止生产、销售的商品或者提供的服务，以及禁止发布广告的商品或者服务，任何单位或者个人不得在互联网上设计、制作、代理、发布广告。

禁止利用互联网发布处方药和烟草的广告。

第六条 医疗、药品、特殊医学用途配方食品、医疗器械、农药、兽药、保健食品广告等法律、行政法规规定须经广告审查机关进行审查的特殊商品或者服务的广告，未经审查，不得发布。

第七条 互联网广告应当具有可识别性，显著标明"广告"，使消费者能够辨明其为广告。

付费搜索广告应当与自然搜索结果明显区分。

第八条 利用互联网发布、发送广告，不得影响用户正常使用网络。在互联网页面以弹出等形式发布的广告，应当显著标明关闭标志，确保一键关闭。

不得以欺骗方式诱使用户点击广告内容。

未经允许，不得在用户发送的电子邮件中附加广告或者广告链接。

第九条 互联网广告主、广告经营者、广告发布者之间在互联网广告活动中应当依法订立书面合同。

第十条 互联网广告主应当对广告内容的真实性负责。

广告主发布互联网广告需具备的主体身份、行政许可、引证内容等证明文件，应当真实、合法、有效。

广告主可以通过自设网站或者拥有合法使用权的互联网媒介自行发布广告，也可以委托互联网广告经营者、广告发布者发布广告。

互联网广告主委托互联网广告经营者、广告发布者发布广告，修改广告内容时，应当以书面形式或者其他可以被确认的方式通知为其提供服务的互联网广告经营者、广告发布者。

第十一条 为广告主或者广告经营者推送或者展示互联网广告，并能够核对广告内容、决定广告发布的自然人、法人或者其他组织，是互联网广告的发布者。

第十二条 互联网广告发布者、广告经营者应当按照国家有关规定建立、健全互联网广告业务的承接登记、审核、档案管理制度；审核查验并登记广告主的名称、地址和有效联系方式等主体身份信息，建立登记档案并定期核实更新。

互联网广告发布者、广告经营者应当查验有关证明文件，核对广告内容，对内容不符或者证明文件不全的广告，不得设计、制作、代理、发布。

互联网广告发布者、广告经营者应当配备熟悉广告法规的广告审查人员；有条件的还应当设立专门机构，负责互联网广告的审查。

第十三条 互联网广告可以以程序化购买广告的方式，通过广告需求方平台、媒介方平台以及广告信息交换平台等所提供的信息整合、数据分析等服务进行有针对性地发布。

通过程序化购买广告方式发布的互联网广告，广告需求方平台经营者应当清晰标明广告来源。

第十四条 广告需求方平台是指整合广告主需求，为广告主提供发布服务的广告主服务平台。广告需求方平台的经营者是互联网广告发布者、广告经营者。

媒介方平台是指整合媒介方资源，为媒介所有者或者管理者提供程序化的广告分配和筛选的媒介服务平台。

广告信息交换平台是提供数据交换、分析匹配、交易结算等服务的数据处理平台。

第十五条 广告需求方平台经营者、媒介方平台经营者、广告信息交换平台经营者以及媒介方平台的成员，在订立互联网广告合同时，应当查验合同相对方的主体身份证明文件、真实名称、地址和有效联系方式等信息，建立登记档案并定期核实更新。

媒介方平台经营者、广告信息交换平台经营者以及媒介方平台成员，对其明知或者应知的违法广告，应当采取删除、屏蔽、断开链接等技术措施和管理措施，予以制止。

第十六条 互联网广告活动中不得有下列行为：

（一）提供或者利用应用程序、硬件等对他人正当经营的广告采取拦截、过滤、覆盖、快进等限制措施；

（二）利用网络通路、网络设备、应用程序等破坏正常广告数据传输，篡改或者遮挡他人正当经营的广告，擅自加载广告；

（三）利用虚假的统计数据、传播效果或者互联网媒介价值，诱导错误报价，谋取不正当利益或者损害他人利益。

第十七条 未参与互联网广告经营活动，仅为互联网广告提供信息服务的互联网信息服务提供者，对其明知或者应知利用其信息服务发布违法广告的，应当予以制止。

第十八条 对互联网广告违法行为实施行政处罚，由广告发布者所在地工商行政管理部门管辖。广告发布者所在地工商行政管理部门管辖异地广告主、广告经营者有困难的，可以将广告主、广告经营者的违法情况移交广告主、广告经营者所在地工商行政管理部门处理。

广告主所在地、广告经营者所在地工商行政管理部门先行发现违法线索或者收到投诉、举报的，也可以进行管辖。

对广告主自行发布的违法广告实施行政处罚，由广告主所在地工商行政管理部门管辖。

第十九条 工商行政管理部门在查处违法广告时，可以行使下列职权：

（一）对涉嫌从事违法广告活动的场所实施现场检查；

（二）询问涉嫌违法的有关当事人，对有关单位或者个人进行调查；

（三）要求涉嫌违法当事人限期提供有关证明文件；

（四）查阅、复制与涉嫌违法广告有关的合同、票据、账簿、广告作品和互联网广告后台数据，采用截屏、页面另存、拍照等方法确认互联网广告内容；

（五）责令暂停发布可能造成严重后果的涉嫌违法广告。

工商行政管理部门依法行使前款规定的职权时，当事人应当协助、配合，不得拒绝、阻挠或者隐瞒真实情况。

第二十条　工商行政管理部门对互联网广告的技术监测记录资料，可以作为对违法的互联网广告实施行政处罚或者采取行政措施的电子数据证据。

第二十一条　违反本办法第五条第一款规定，利用互联网广告推销禁止生产、销售的产品或者提供的服务，或者禁止发布广告的商品或者服务的，依照广告法第五十七条第五项的规定予以处罚；违反第二款的规定，利用互联网发布处方药、烟草广告的，依照《广告法》第五十七条第二项、第四项的规定予以处罚。

第二十二条　违反本办法第六条规定，未经审查发布广告的，依照《广告法》第五十八条第一款第十四项的规定予以处罚。

第二十三条　互联网广告违反本办法第七条规定，不具有可识别性的，依照《广告法》第五十九条第三款的规定予以处罚。

第二十四条　违反本办法第八条第一款规定，利用互联网发布广告，未显著标明关闭标志并确保一键关闭的，依照《广告法》第六十三条第二款的规定进行处罚；违反第二款、第三款规定，以欺骗方式诱使用户点击广告内容的，或者未经允许，在用户发送的电子邮件中附加广告或者广告链接的，责令改正，处1万元以上3万元以下的罚款。

第二十五条　违反本办法第十二条第一款、第二款规定，互联网广告发布者、广告经营者未按照国家有关规定建立、健全广告业务管理制度的，或者未对广告内容进行核对的，依照《广告法》第六十一条第一款的规定予以处罚。

第二十六条　有下列情形之一的，责令改正，处 1 万元以上 3 万元以下的罚款：

（一）广告需求方平台经营者违反本办法第十三条第二款规定，通过程序化购买方式发布的广告未标明来源的；

（二）媒介方平台经营者、广告信息交换平台经营者以及媒介方平台成员，违反本办法第十五条第一款、第二款规定，未履行相关义务的。

第二十七条　违反本办法第十七条规定，互联网信息服务提供者明知或者应知互联网广告活动违法不予制止的，依照《广告法》第六十四条规定予以处罚。

第二十八条　工商行政管理部门依照广告法和本办法规定所做出的行政处罚决定，应当通过企业信用信息公示系统依法向社会公示。

第二十九条　本办法自 2016 年 9 月 1 日起施行。

中华人民共和国反不正当竞争法（节选）

（2017 年修订）（主席令第 77 号）

第八条 经营者不得对其商品的性能、功能、质量、销售状况、用户评价、曾获荣誉等作虚假或者引人误解的商业宣传，欺骗、误导消费者。

经营者不得通过组织虚假交易等方式，帮助其他经营者进行虚假或者引人误解的商业宣传。

第二十条 经营者违反本法第八条规定对其商品作虚假或者引人误解的商业宣传，或者通过组织虚假交易等方式帮助其他经营者进行虚假或者引人误解的商业宣传的，由监督检查部门责令停止违法行为，处二十万元以上一百万元以下的罚款；情节严重的，处一百万元以上二百万元以下的罚款，可以吊销营业执照。

经营者违反本法第八条规定，属于发布虚假广告的，依照《中华人民共和国广告法》的规定处罚。

中华人民共和国刑法（节选）

（主席令第 83 号）

第二百二十二条 【虚假广告罪】广告主、广告经营者、广告发布者违反国家规定，利用广告对商品或者服务作虚假宣传，情节严重的，处二年以下有期徒刑或者拘役，并处或者单处罚金。

开展互联网金融广告及以投资理财名义
从事金融活动风险专项整治工作实施方案

（工商办字〔2010〕61号）

为贯彻落实党中央、国务院决策部署，发挥工商部门职能作用，积极配合相关部门防范和打击金融违法行为，切实维护市场经济秩序，根据《关于促进互联网金融健康发展的指导意见》（以下简称《指导意见》）和《互联网金融风险专项整治工作实施方案》，制定本方案。

一、工作目标和原则

（一）工作目标

认真落实"谁审批、谁监管，谁主管、谁监管"的要求，规范互联网金融广告及以投资理财名义从事金融活动的行为，防范化解潜在风险隐患。以专项整治为契机，推动长效机制建设，努力实现规范与发展并重、创新和风险防范并举，为互联网金融健康发展创造良好的市场环境。

（二）工作原则

高度重视，加强协作。各有关部门、各省级人民政府要高度重视此次专项整治工作，加强组织领导，完善工作机制，推动信息共享，形成工作合力，共同做好各项工作。

依法履职，稳妥推进。贯彻落实《指导意见》《互联网金融风险专项整治工作实施方案》和本方案明确的原则和要求，按照有关法律法规和规章制度规定，依法整治、合规处理。

突出重点，着眼长远。坚持问题导向，集中力量对当前存在的突出问题开展重点整治，有效打击违法违规行为，确保取得实效。及时总结工作经验，建立和完善长效机制。

二、清理整治互联网金融广告

（一）依法加强涉及互联网金融的广告监测监管，加强沟通协调，就广告中涉及的金融机构、金融活动及有关金融产品和金融服务的真实性、合法性等问题，通报金融管理部门进行甄别处理。对公安机关认定涉嫌经济犯罪以及有关职能部门认为已经构成或者涉嫌构成非法集资活动的，工商部门依法责令停止发布广告，各有关部门依法、依职责进行查处，严厉打击发布虚假违法广告行为。

（二）金融管理部门会同有关部门抓紧制定金融广告发布的市场准入清单，明确发布广告的金融及类金融机构是否具有合法合规的金融业务资格、可以从事何种具体金融业务等。研究制定禁止发布的负面清单和依法设立金融广告发布事前审查制度。对利用传统媒介和形式设计、制作发布虚假违法金融广告或类金融广告的，各有关部门依法严厉查处。

对涉嫌从事非法金融活动的或不符合有关法律、法规和规章要求的，各有关部门依法、依职责责令停止相关广告发布活动。

（三）突出重点网站。各有关部门要对大型门户类网站、搜索引擎类网站、财经金融类网站、房地产类网站以及 P2P 网络交易平台、网络基金销售平台、网络消费金融平台、网络借贷平台、股权众筹融资平台、网络金融产品销售平台等金融、类金融企业自设网站发布的广告进行重点整治。

（四）突出重点行为。互联网金融广告应当依法合规、真实可信，不得含有以下内容：

一是违反广告法相关规定，对金融产品或服务未合理提示或警示可能存在的风险以及承担风险责任的。

二是对未来效果、收益或者与其相关情况作出保证性承诺，明示或者暗示保本、无风险或者保收益的。

三是夸大或者片面宣传金融服务或者金融产品，在未提供客观证据的情况下，对过往业绩作虚假或夸大表述的。

四是利用学术机构、行业协会、专业人士、受益者的名义或者形象作推荐、证明的。

五是对投资理财类产品的收益、安全性等情况进行虚假宣传，欺骗和误导消费者的。

六是未经有关部门许可，以投资理财、投资咨询、贷款中介、信用担保、典当等名义发布的吸收存款、信用贷款内容的广告或与许可内容不相符的。

七是引用不真实、不准确数据和资料的。

八是宣传国家有关法律法规和行业主管部门明令禁止的违法活动内容的。

九是宣传提供突破住房信贷政策的金融产品，加大购房杠杆的。

（五）加强宣传引导。各有关部门、各省级人民政府要以宣传贯彻广告法等法律法规为重点，开展形式多样的宣传宣讲与学习培训，引导广告经营者、广告发布者增强广告制作、审查的金融知识和法律意识。按照国家有关规定，建立、健全广告业务的承接登记、审核、档案管理制度，严格按照广告法要求查验有关证明文件，核对广告内容，对内容不符或者证明文件不全的广告不得制作和发布。广告行业组织应当依照法律法规和章程的规定，制定行业规范，加强行业自律，引导会员依法从事广告活动，推动行业诚信建设。

三、排查整治以投资理财名义从事金融活动行为

（一）依托全国企业信用信息公示系统，加强工商登记注册信息互联互通和部门监管互动。在部委层面，实现工商总局与有关金融管理部

门、公安部门全国企业登记注册信息的互联互通；在省级层面，实现全省工商登记信息与当地金融管理部门、公安部门互联互通。

（二）金融管理部门与工商部门结合登记信息和有关方面信息进行综合研判，在此基础上提出分类处置方案。

（三）对经金融管理部门认定为未经许可从事金融活动并且情节严重的企业，工商部门根据金融管理部门的认定意见，依法吊销营业执照。

（四）工商部门在企业信用信息公示系统中公示无证支付机构情况，将失联企业列入经营异常名录；会同人民银行对与无证机构开展支付业务的商户进行公示。

（五）工商部门对于被吊销营业执照企业的法定代表人依法予以三年任职资格限制，不得担任其他企业的法定代表人、董事、监事、高级管理人员。

（六）对于被认定为未经许可从事金融活动的企业法定代表人和股东，工商部门要进一步汇集其在其他企业任职和投资的信息并实施延伸监管，及时发现控制风险。对于在多个从事非法集资活动企业有投资的股东，工商部门要汇集有关信息，并将其未来投资的企业作为重点抽查对象。充分发挥组织协调作用，最大限度汇集各方面信息，充分运用大数据手段提高研判效率，并及时协调案件认定和查处过程中出现的问题，提高部门协同水平。

（七）非金融机构以及不从事金融活动的企业，在注册名称和经营范围中，原则上不使用"交易所""交易中心""金融""资产管理""理财""基金""基金管理""投资管理""财富管理""股权投资基金""网贷""网络借贷""P2P""股权众筹""互联网保险""支付"等字样。凡在名称和经营范围中选择使用上述字样的企业，工商部门将相关企业注册信息（包括存量企业信息）及时告知金融管理部门，金融管理部门、工商部门对相关企业予以持续关注，并将相关企业列入重点监管对象，加强协调沟通，及时发现识别企业擅自从事金融活动的风险，视情采取整治措施。

四、时间进度

专项整治时间为 2016 年 4 月至 2017 年 1 月，共分为四个阶段：

（一）方案制定阶段

根据《互联网金融风险专项整治工作实施方案》总体部署，结合工商部门职能特点和法律法规具体规定，制定落实整治任务的具体方案、办法和意见。此项工作于 2016 年 4 月底前完成。

（二）动员摸底阶段

各地工商部门按照设定的条件进行检索，摸清本地区涉及互联网金融企业（网站）的相关底数，提供给相关领域牵头部门。向网站开办者、网络广告经营者宣传国家有关法律法规规定，要求各类网站自查清理发布的广告及信息，认真审查链接网站的主体资格及网页上的广告和信息内容，不得为未经许可或备案的网站以及不具有业务资质的网站提供链接服务，不得为金融虚假违法广告以及含有虚假信息的网站（网页）提供链接服务；网络广告经营者不得为非法网站投放广告、提供广告代理服务。此项工作于 2016 年 7 月底前完成。

（三）清理整治阶段

各地区有关部门按照职责分工，对有关企业和网站自查整改后仍存在的问题进行治理，依法查处违法情节严重、性质恶劣的案件，严厉惩治违法责任主体，公开曝光典型案件，震慑违法行为。各地工商部门严格按照本方案规定的任务做好信息报送、协同监管工作。此项工作于 2016 年 11 月底前完成。

（四）评估总结阶段

各省级人民政府对本地区开展集中整治工作情况进行自查和总结，

及时解决存在的问题和薄弱环节，巩固专项整治成果，形成整治报告送工商总局。工商总局汇总形成总体报告，报送互联网金融风险专项整治工作领导小组办公室。同时，完善制度建设，推动建立常态化工作机制。此项工作于 2017 年 1 月底前完成。

最高人民法院关于审理非法集资
刑事案件具体应用法律若干问题的解释（节选）

（法释〔2010〕18号）

第八条 广告经营者、广告发布者违反国家规定，利用广告为非法集资活动相关的商品或者服务作虚假宣传，具有下列情形之一的，依照《刑法》第二百二十二条的规定，以虚假广告罪定罪处罚：

（一）违法所得数额在10万元以上的；

（二）造成严重危害后果或者恶劣社会影响的；

（三）二年内利用广告作虚假宣传，受过行政处罚二次以上的；

（四）其他情节严重的情形。

明知他人从事欺诈发行股票、债券，非法吸收公众存款，擅自发行股票、债券，集资诈骗或者组织、领导传销活动等集资犯罪活动，为其提供广告等宣传的，以相关犯罪的共犯论处。

第二章　相关案例

上海某某金融信息服务
有限公司虚假宣传行政处罚案

【案情简介】

上海某某金融信息服务有限公司（以下简称当事人）受上海某房地产有限公司委托，以"P2B"的形式为该房地产公司的房地产项目吸引个人投资。当事人印刷的宣传单上宣称，其吸引的投资都用于上海某旧城改造项目，该项目"可以申请获得上海市市级财政划拨的旧改专项资金"，"本项目用地面积15 900平方米"，"上海某房地产有限公司股权债权质押""项目公司将某地块房地产权证抵押给某某公司（当事人）作为担保"等。实际上，该项目用地面积为13 000平方米，且质押、担保的宣传内容并不存在；另外，由于该项目属于"毛地出让"地块，也不可能申请获得上海市市级财政划拨的旧改专项资金。

【法律分析】

当事人捏造、虚构项目事实进行广告宣传，其行为违反了《中华人民共和国反不正当竞争法》第九条第一款"经营者不得利用广告或者其他方法，对商品的质量、制作成分、性能、用途、生产者、有效期限、产地等作引人误解的虚假宣传"的规定，构成虚假宣传行为。

【判决结果】

责令停止违法行为，消除影响；罚款壹拾捌万元整。

【相关法条】

《中华人民共和国反不正当竞争法》（2017 年修订）

第八条　经营者不得对其商品的性能、功能、质量、销售状况、用户评价、曾获荣誉等作虚假或者引人误解的商业宣传，欺骗、误导消费者。

经营者不得通过组织虚假交易等方式，帮助其他经营者进行虚假或者引人误解的商业宣传。

温州某某互联网金融信息服务
股份有限公司违法广告行政处罚案

【案情简介】

温州某某互联网金融信息服务股份有限公司（以下简称当事人），于 2015 年 4 月 3 日登记注册，2016 年 1 月正式对外经营。当事人的主要经营项目为民间融资信息服务。

2016 年 1 月至 2016 年 10 月 21 日期间，当事人在网站对外开放和微信公众号开通以后，在网站和微信公众号中发布了含有"政府背景""政府准公共服务平台发起""在当地人民政府金融办公室的支持下，由民间借贷中心为主发起，同时牵手当地多家优质小额贷款公司、资金互助会等机构共同推动筹建的一家互联网金融借贷平台""提供本息 100%担保""年化收益率 8% ~ 12%""年化收益率 15%"等内容的广告，系含有禁止情形的广告。

当事人在网站上发布了含有"低门槛让您体验最'亲民'的投资理财""您最放心的诚信投资理财平台""您最好的投资理财伙伴""给您最舒适的理财体验""时下最值得期待的投资理财平台"等内容的广告，系含有禁止情形的广告。

当事人在网站的合作伙伴条目的超链接中，使用了当地人民政府的网站链接，但实际与当地人民政府不存在合作伙伴的关系，系虚假广告。此外，当事人在公司大厅入口处设立的易拉宝（广告立牌）上有"本息100% 保障"的字样，公司的广告宣传单上有"金融办监管唯一平台；优势保障：政府背景"的字样，系含有禁止情形的广告。

【法律分析】

1. 当事人实际与当地人民政府不存在任何合作关系，却在网站的合作伙伴条目的超链接中，使用了当地人民政府的网站链接，已违反《中华人民共和国广告法》第四条第一款"广告不得含有虚假或者引人误解的内容，不得欺骗、误导消费者"之规定，属于发布虚假广告的行为。

2. 当事人发布了含有"政府背景""政府准公共服务平台发起"等内容的广告的行为，已违反《中华人民共和国广告法》第九条第（二）项"广告不得有下列情形：（二）使用或者变相使用国家机关、国家机关工作人员的名义或者形象"之规定，属于发布有禁止情形的广告的行为"。

3. 当事人发布了含有"最""100%""唯一"等内容的广告的行为，已违反了《中华人民共和国广告法》第九条第（三）项"广告不得有下列情形：（三）使用'国家级''最高级''最佳'等用语"之规定，属于发布有禁止情形的广告的行为。

4. 当事人发布了含有"提供本息100%担保""年化收益率8%～12%""年化收益率15%"等内容的广告的行为，已违反了《中华人民共和国广告法》第二十五条第（一）项"招商等有投资回报预期的商品或者服务广告，应当对可能存在的风险以及风险责任承担有合理提示或者警示，并不得含有下列内容：（一）对未来效果、收益或者与其相关的情况作出保证性承诺，明示或者暗示保本、无风险或者保收益等，国家另有规定的除外"之规定，属于发布有禁止情形的广告的行为。"

【判决结果】

鉴于当事人的行为造成的危害后果轻微，且案发后主动提供广告费用的支出凭证，积极配合对其违法行为进行查处，应对当事人予以从轻行政处罚。根据《中华人民共和国广告法》第五十五条第一款"违反本法规定，发布虚假广告的，由工商行政管理部门责令停止发布广告，责令广告主在相应范围内消除影响，处广告费用三倍以上五倍以下的罚款，广告费用无法计算或者明显偏低的，处二十万元以上一百万元以下的罚款；两年内有三次以上违法行为或者有其他严重情节的，处广告费用五倍以上十倍以下的罚款，广告费用无法计算或者明显偏低的，处一百万元以上二百万元以下的罚款，可以吊销营业执照，并由广告审查机关撤销广告审查批准文件、一年内不受理其广告审查申请。……"、第五十七条第（一）项"有下列行为之一的，由工商行政管理部门责令停止发布广告，对广告主处二十万元以上一百万元以下的罚款，情节严重的，并可以吊销营业执照，由广告审查机关撤销广告审查批准文件、一年内不受理其广告审查申请；对广告经营者、广告发布者，由工商行政管理部门没收广告费用，处二十万元以上一百万元以下的罚款，情节严重的，并可以吊销营业执照、吊销广告发布登记证件：（一）发布有本法第九条、第十条规定的禁止情形的广告的；……"以及第五十八条第一款第（七）项"有下列行为之一的，由工商行政管理部门责令停止发布广告，责令广告主在相应范围内消除影响，处广告费用一倍以上三倍以下的罚款，广告费用无法计算或者明显偏低的，处十万元以上二十万元以下的罚款；情节严重的，处广告费用三倍以上五倍以下的罚款，广告费用无法计算或明显偏低的，处二十万元以上一百万元以下的罚款，可以吊销营业执照，并由广告审查机关撤销广告审查批准文件、一年内不受理其广告审查申请：……（七）违反本法第二十五条规定发布招商等有投资回报预期的商品或者服务广告的；……"之规定，本局建议对当事人温州财道互联网金融信息服务股份有限公司作如下处罚：

1. 责令当事人停止发布广告，并在相应范围内消除影响；

2. 处罚款 200 000 元，上缴财政。

【相关法条】

《中华人民共和国广告法》

第五十五条 　**第一款** 　违反本法规定，发布虚假广告的，由工商行政管理部门责令停止发布广告，责令广告主在相应范围内消除影响，处广告费用三倍以上五倍以下的罚款，广告费用无法计算或者明显偏低的，处二十万元以上一百万元以下的罚款；两年内有三次以上违法行为或者有其他严重情节的，处广告费用五倍以上十倍以下的罚款，广告费用无法计算或者明显偏低的，处一百万元以上二百万元以下的罚款，可以吊销营业执照，并由广告审查机关撤销广告审查批准文件、一年内不受理其广告审查申请。

第五十七条 　**第一项** 　有下列行为之一的，由工商行政管理部门责令停止发布广告，对广告主处二十万元以上一百万元以下的罚款，情节严重的，并可以吊销营业执照，由广告审查机关撤销广告审查批准文件、一年内不受理其广告审查申请；对广告经营者、广告发布者，由工商行政管理部门没收广告费用，处二十万元以上一百万元以下的罚款，情节严重的，并可以吊销营业执照、吊销广告发布登记证件：

（一）发布有本法第九条、第十条规定的禁止情形的广告的；

第五十八条 　**第一款** 　**第（七）项** 有下列行为之一的，由工商行政管理部门责令停止发布广告，责令广告主在相应范围内消除影响，处广告费用一倍以上三倍以下的罚款，广告费用无法计算或者明显偏低的，处十万元以上二十万元以下的罚款；情节严重的，处广告费用三倍以上五倍以下的罚款，广告费用无法计算或者明显偏低的，处二十万元以上一百万元以下的罚款，可以吊销营业执照，并由广告审查机关撤销广告审查批准文件、一年内不受理其广告审查申请：……（七）违反本法第二十五条规定发布招商等有投资回报预期的商品或者服务广告的。

某某保险集团股份有限公司诉
上海某某金融信息服务有限公司不正当竞争纠纷

【案情简介】

原告某某保险集团股份有限公司于 1996 年 9 月 9 日成立，注册资本 272 919.707 万元，经营范围为投资设立保险企业；管理投资控股企业；经中国保监会批准的保险业务及其他业务等。

被告上海某某金融信息服务有限公司于 2002 年 7 月 9 日成立，注册资本 8 000 万元，经营范围为金融信息服务（金融业务除外），接受金融机构委托从事金融信息技术外包、金融业务流程外包、金融知识流程外包、商务信息咨询、财务咨询等。

2008 年 8 月 14 日，原告经核准注册了第 4428673 号商标，核定服务项目（第 36 类）：保险统计；保险经纪；保险；健康保险；人寿保险；金融贷款等。注册有效期限自 2008 年 8 月 14 日至 2018 年 8 月 13 日止。原告的《某某保险 20 周年特别纪念版 1996—2016》宣传册中均有使用涉案标识的内容。

2016 年 3 月 22 日，在上海市某公证处公证员倪某、公证人员陈某某的监督下，原告的委托代理人谷某某使用该公证处已接入互联网的电脑，进行如下主要操作：（1）打开空白浏览页面，输入网址，进入上海某某集团主页，网页显示"某某金融"图文标识。（2）点击网页左侧"合作企业"链接，页面显示若干企业名称的图文标识，其中第 4 行第 1 个为涉案的图文标识。网页底部显示"某某金融"图文标识以及"版权所有：上海某某集团沪 ICP 备：15 × × ×276 − 2"等信息。上海市某区公证处出具了公证书。

2016 年 10 月 24 日，在上海市某公证处公证员潘某某、公证人员段某某的监督下，原告的委托代理人谷某某使用该公证处已接入互联网的电脑，进行如下主要操作：（1）打开 360 安全浏览器 8.1，进入工信部网站（网址：www. miitbeian. gov. cn）进行网站备案查询。在网站名称框中输入"上海某某金融信息服务有限公司"，显示以该公司为主办单位的网站有两个，网站首页网址分别是"www. sh＊＊＊. com"以及"www. wan＊＊＊. com"。（2）点击网址"www. wan＊＊＊. com"，进入上海某某集团主页，网页显示"某某金融"图文标识。网页下方"合作伙伴"栏目中显示若干企业名称的图文标识，其中第 1 个为涉案的图文标识。网页底部显示"版权所有：上海某某金融信息服务有限公司"等信息。上海市某区公证处出具了公证书。

2016 年 11 月 29 日，上海市某区市场监督管理局向被告出具了行政处罚决定书，认定"被告自 2016 年 3 月 1 日开始在其官方网站上宣传 17 家合作企业……经核实，上述 17 家企业中仅 2 家为当事人合作企业，其余 15 家企业（包括原告在内）与被告均无合作关系。"据此，上海市某区市场监督管理局依据《中华人民共和国反不正当竞争法》第九条第一款及第二十四条第一款之规定，作出对被告处以罚款 8 万元的行政处罚。

【法律分析】

本案的争议焦点在于：被告的行为是否构成虚假宣传；如果构成，被告应当承担的具体民事责任。

根据我国《反不正当竞争法》第二条规定，不正当竞争是指经营者违反本法规定，损害其他经营者的合法权益，扰乱社会经济秩序的行为。经营者是指从事商品经营或者营利性服务的法人、其他经济组织和个人。反不正当竞争法的立法目的在于维护社会主义市场经济秩序，鼓励和保护公平竞争，制止不正当竞争行为，保护经营者和消费者正当、合法的权益。经营者之间是否具有同业竞争关系并不是构成不正当竞争的先决条件，只要经营者违反了公认的商业道德，以不正当手段获取竞争优势，损害其他经营者或消费者的合法权益，就有可能构成不正当竞争。

1. 关于原告主张的虚假宣传。涉案标识属于原告的注册商标，被告对此亦无异议，故原告对其享有合法的民事权益。《反不正当竞争法》第九条规定，经营者不得利用广告或者其他方法，对商品的质量、制作成分、性能、用途、生产者、有效期限、产地等作引人误解的虚假宣传。根据已经查明的事实，被告在其经营的2个网站（网址分别是"www.sh＊＊＊.com"以及"www.wan＊＊＊.com"）的"合作企业"或"合作伙伴"页面中，利用原告在行业中的知名度，将与其不存在合作关系的某某人寿标识列入其中，足以使公众误认为其与原告存在合作关系，从而增加了被告在同行业中的竞争优势，构成虚假宣传。

2. 关于被告应承担的具体民事责任。本院认为，被告的行为已构成对原告的不正当竞争，应当停止实施虚假宣传行为。虽然原告确认被告已经将涉案标识从其经营的上述2个网站上撤下，但其认为被告可能还在实施相关的虚假宣传行为，因此仍坚持该项诉请。本院认为，原告已确认被告将涉案标识从其经营的网站上撤下，因此在原告未举证证明被告还在其他经营的网站上作涉案的虚假宣传的前提下，本院认为涉案的侵权行为已经停止，故无须再判决被告停止虚假宣传的行为。因此对原告的该项诉请不予支持。关于赔偿金额方面，原告未举证证明因被告虚假宣传行为而导致的损失以及被告因此行为而产生的获利，原告的损失及被告的获利均无法确定，故本院根据以下因素酌情确定赔偿金额：被告在本案中实施的具体虚假宣传行为的内容、持续时间；被告的主观过错程度较大；被告的经营规模小于原告；被告的虚假宣传对原告所造成的影响。同时本院也考虑到，被告的上述行为虽然可以为其带来一定的竞争优势和交易机会，但保险理财类产品购买价格较高，客户对产品品牌的关注度也相对较高，最终的交易是否成功受多种因素影响等。因此原告主张的诉请金额过高，本院予以调整，酌定支持为 8 万元。合理开支部分，虽然原告未提交其主张公证费的发票原件，但考虑到本案的主要证据，即公证书的确系原告申请相关公证处出具，必然会产生相应的公证费，而原告主张公证费 4 000 元的请求尚属合理，故本院予以支持。

【判决结果】

依照《中华人民共和国侵权责任法》第十五条第一款第六项、《中华人民共和国反不正当竞争法》第九条第一款、第二十条、《中华人民共和国民事诉讼法》第一百四十四条、《最高人民法院关于审理不正当竞争民事案件应用法律若干问题的解释》第十七条第一款的规定，判决如下：

一、被告上海某某金融信息服务有限公司应于本判决生效之日起十日内赔偿原告某某保险集团股份有限公司经济损失及合理开支共计人民币 84 000 元；

二、驳回原告某某保险集团股份有限公司其余诉讼请求。

如果未按本判决指定的期间履行给付义务，应当依照《中华人民共和国民事诉讼法》第二百五十三条的规定，加倍支付迟延履行期间的债务利息。

案件受理费人民币 2 380 元，由原告某某保险集团股份有限公司负担 230 元，由被告上海某某金融信息服务有限公司负担 2 150 元。

如不服本判决，可在判决书送达之日起十五日内，向本院递交上诉状，并按对方当事人或者代表人的人数提出副本，上诉于上海知识产权法院。

【相关法条】

一、《中华人民共和国侵权责任法》

第十五条 承担侵权责任的方式主要有：

（一）停止侵害；

（二）排除妨碍；

（三）消除危险；

（四）返还财产；

（五）恢复原状；

（六）赔偿损失；

（七）赔礼道歉；

（八）消除影响、恢复名誉。

以上承担侵权责任的方式，可以单独适用，也可以合并适用。

二、《中华人民共和国反不正当竞争法》（2017 年修订）

第八条 经营者不得对其商品的性能、功能、质量、销售状况、用户评价、曾获荣誉等作虚假或者引人误解的商业宣传，欺骗、误导消费者。

经营者不得通过组织虚假交易等方式，帮助其他经营者进行虚假或者引人误解的商业宣传。

第十七条 经营者违反本法规定，给他人造成损害的，应当依法承担民事责任。

经营者的合法权益受到不正当竞争行为损害的，可以向人民法院提起诉讼。

因不正当竞争行为受到损害的经营者的赔偿数额，按照其因被侵权所受到的实际损失确定；实际损失难以计算的，按照侵权人因侵权所获得的利益确定。赔偿数额还应当包括经营者为制止侵权行为所支付的合理开支。

经营者违反本法第六条、第九条规定，权利人因被侵权所受到的实际损失、侵权人因侵权所获得的利益难以确定的，由人民法院根据侵权行为的情节判决给予权利人三百万元以下的赔偿。三、《最高人民法院关于审理不正当竞争民事案件应用法律若干问题的解释》（法释〔2007〕2 号）

第十七条　第一款　确定反不正当竞争法第十条规定的侵犯商业秘密行为的损害赔偿额，可以参照确定侵犯专利权的损害赔偿额的方法进行；确定反不正当竞争法第五条、第九条、第十四条规定的不正当竞争行为的损害赔偿额，可以参照确定侵犯注册商标专用权的损害赔偿额的方法进行。

（本章由京东金融提供支持）

第九部分
行业自律公约

互联网金融逾期债务催收自律公约（试行）

第一章　总　则

第一条　为规范互联网金融逾期债务催收行为，保护债权人、债务人、相关当事人及互联网金融从业机构（以下简称从业机构）合法权益，促进互联网金融行业健康发展，根据《关于促进互联网金融健康发展的指导意见》《互联网金融风险专项整治工作实施方案》《网络借贷信息中介机构业务活动管理暂行办法》及《关于规范整顿"现金贷"业务的通知》提出的总体要求和监管原则，依据《中华人民共和国刑法》《中华人民共和国治安管理处罚法》《中华人民共和国民法总则》《中华人民共和国侵权责任法》《中华人民共和国网络安全法》等相关法律法规，制定本公约。

第二条　互联网金融逾期债务催收是指通过互联网借贷行为形成债权债务关系后，债务人未按照合同约定履行还款义务，出现债务逾期或违约时，为引导债务人履行债务清偿责任所开展的催告提醒服务。

第三条　互联网金融逾期债务催收的基本原则是遵纪守法、规范审慎、保护隐私、严格自律。从业机构开展债务催收业务时应自觉维护社会和谐稳定，不得违背法律法规和公序良俗。

第四条　如因不当债务催收导致债务人及相关当事人合法权益受到侵害，从业机构应承担相应责任。

第五条　互联网金融逾期债务催收应严格遵守国家相关法律规定，对于以利息、违约金和各种费用形式对债务人收取的综合资金成本超出国家相关法律规定的，不得对超出部分进行催收。

第六条 从业机构应依法合规向国家金融信用信息基础数据库和中国互联网金融协会信用信息共享平台报送债务逾期、违约及催收相关信息，防范多头借贷、过度借贷。从业机构应主动配合各相关部门建立失信债务人信息公开、联合惩戒等制度，使得失信者一处失信、处处受限。

第二章 内控管理

第七条 从业机构应建立健全债务催收内控管理制度，包括但不限于业务管理、人员管理、信息管理、外包管理及投诉处理制度等。

第八条 从业机构应建立催收业务系统，该系统应有效支撑债务催收过程管理和债务催收行为管理。从业机构所开展的催收活动应在系统内进行记录，相关数据应保存5年以上。

第九条 从业机构应指定一名高级管理人员负责管理债务催收工作，并组建专业的债务催收团队。从业机构应加强对债务催收团队的管理，定期开展催收业务知识及合规操作培训，对违规人员给予处罚，并保留违规记录。

第十条 从业机构应切实保护债权人、债务人及相关当事人隐私，不得非法泄露个人信息，不得采用非法手段或通过非法途径获取个人信息。

第十一条 从业机构实施债务催收外包，应建立完善的外包管理制度，审慎选用外包机构，明确划分经济法律责任，持续关注催收外包机构的财务状况、业务流程、人员管理、投诉情况等，确保外包机构遵守本公约要求，如因外包管理不力，造成损害债权人、债务人及相关当事人合法权益的，从业机构应承担相应责任。

第十二条 从业机构应提前告知债务人可能采取的债务催收方式及投诉渠道，在官方网站披露催收方式，并建立有效的债务催收投诉处理机制，认真记录并处理客户投诉意见，并结合投诉意见优化债务催收的流程和行为。

第三章　行为规范

第十三条　债务催收对象应符合法律法规有关要求，不得骚扰无关人员。

第十四条　从业机构无法与债务人取得联系时，为恢复与债务人联系，方可与债务人事先约定的联系人进行联系。

第十五条　在开展债务催收时，催收人员应第一时间表明所代表机构的名称，现场催收时应主动出示相关证件及借款资料。

第十六条　催收人员在与债务人及相关当事人沟通时，应使用文明礼貌用语，不得采用恐吓、威胁、辱骂以及违反公序良俗的语言或行为胁迫债务人及相关当事人。

第十七条　催收人员应在恰当时间开展债务催收活动，不得频繁致电骚扰债务人及其他人员。

第十八条　催收人员不得向债务人外的其他人员透露债务人负债、逾期、违约等个人信息，法律法规另行规定的情形除外。

第十九条　从业机构应当指定收款渠道，催收人员不得使用其他渠道或方式收取债务人及相关当事人的还款，也不得以催收名义非法收取额外费用。

第二十条　现场催收人员着装须文明得体，不得违背公序良俗，不得穿着误导性服装。

第二十一条　现场催收应全程录音或录像。现场催收人员应主动告知债务人及相关当事人录音或录像行为。

第二十二条　现场催收人员不得殴打、伤害债务人及其他人员，不得非法限制债务人及其他人员人身自由，不得非法侵入他人住宅或非法搜查他人身体。

第二十三条 现场催收人员不得抢掠或破坏债务人及其他人员财物。

第二十四条 现场催收人员如与债务人及相关当事人发生冲突，应主动报警。

第二十五条 催收人员不得诱导或逼迫债务人通过新增借贷或非法途径筹集资金偿还逾期债务。

第二十六条 催收人员不得冒用行政部门、司法机关以及其他任何机构或个人的名义开展催收。

第四章　公约执行及违约处理

第二十七条 如发现从业机构存在违法、违规以及违反本公约的行为，可通过中国互联网金融协会（以下简称协会）建设的中国互联网金融举报信息平台（https：//jubao. nifa. org. cn）、相关监管机构投诉电话或邮件系统进行举报。协会将视情节轻重将违法违规线索分别移交至司法机关、金融监管部门、通信管理部门、市场管理部门进行查处。

第二十八条 从业机构违反本公约，经查证属实的，协会将责令其整改，并采取警示约谈、发警示函、公开通报批评、强制培训教育、公开谴责等自律管理措施。

第二十九条 因不当债务催收导致债务人或相关当事人合法权益受到侵害时，受害人可采取司法诉讼手段维护自身权益。如发现从业机构催收行为涉嫌违法犯罪，应及时向公安机关报案。

第五章　附　则

第三十条 本公约由中国互联网金融协会负责解释。

第三十一条 本公约自发布之日起施行。存在违反本公约要求情形的，应在本公约发布之后立即进行整改，整改期不超过3个月。

互联网金融从业机构营销和宣传活动自律公约
（试行）

第一章 总 则

第一条 为强化互联网金融从业机构的营销和宣传活动自律，维护市场秩序，保障互联网金融消费者合法权益，促进行业健康发展，中国互联网金融协会（以下简称"协会"）依据《中华人民共和国反不正当竞争法》、《中华人民共和国消费者权益保护法》、《中华人民共和国广告法》、《互联网广告管理暂行办法》、《国务院办公厅关于加强金融消费者权益保护工作的指导意见》等相关法律法规规定，制定本公约。

第二条 本公约适用于互联网金融从业机构（以下简称"从业机构"）通过一定媒介和形式直接或者间接地推介自身品牌、推销自己所经营的互联网金融产品、服务等营销和宣传活动，法律法规另有规定的除外。

第三条 本公约所称的互联网金融从业机构营销和宣传活动自律，是指从业机构在遵守法律规定、遵循政策引导、符合监管要求、践行社会主义核心价值观的基础上，以行业应有的营销和宣传行为规范或活动准则为标准，进行营销和宣传活动的自我约束和自我管理。

第四条 从业机构应当自觉接受各级金融管理部门、广告主管部门的监管和指导，开展合法合规的营销和宣传活动。

第五条 从业机构应当加强合规文化建设，严格遵循涉及营销和宣传活动的各项法律法规和政策，并自觉履行本公约。从业机构不得故意通过员工个人的自媒体、网络社交媒体账户等开展营销和宣传活动的形式，规避法律法规、本公约等对从业机构的要求。

第六条 协会负责本公约的制定、修改、发布和实施。

协会为推行依照本公约所确定的行业自律规范，可设计和使用由文字、图形、字母、数字、三维标志和颜色等构成的标识，以及上述要素的组合构成的特定标识。从业机构依照本公约开展营销和宣传活动时可使用该特定标识。

第七条 从业机构在营销和宣传活动中应当遵循以下原则：

（一）合法合规；

（二）诚实信用；

（三）公序良俗。

第八条 从业机构应当建立健全涉及营销和宣传工作的内控制度，明确对营销和宣传活动的形式和内容，实施报告、审核、监测、检查的流程，有效控制合规风险、法律风险、声誉风险。

第九条 从业机构应当明确相关部门、相关人员及高级管理层在营销和宣传方面的职责，明确内部分工与协作机制。

第十条 从业机构应当对员工开展涉及营销和宣传工作的培训教育，提高员工的合规意识。

第十一条 从业机构应当主动配合协会根据有关部门依法授权或者依照本公约规定，所开展的针对营销和宣传的监测工作，不得故意利用线下营销逃避监测。

第十二条 从业机构应定期开展互联网金融消费者教育活动，帮助互联网金融消费者树立风险防范、风险自担意识。

第二章 营销和宣传内容准则

第十三条 从业机构应当仅限于针对自身依法可开展的业务进行营销和宣传活动，并确保所营销和宣传的内容与依法可开展的业务范围、内容相符。从业机构不得在营销、宣传活动中利用监管部门对互联网金融业务的许可或者备案等事实，为其产品和服务提供增信保证，误导互联网金融消费者。

第十四条　从业机构开展营销和宣传活动应当适度，所引用的数据和资料应当真实准确，不得以虚假或引人误解的内容进行宣传。

第十五条　从业机构在开展营销和宣传活动前，应当评估营销、宣传活动与自身可能承担的合同义务之间的关系，制定适当的工作方案，妥善处理营销、宣传活动与相关工作之间的衔接问题，保护互联网金融消费者合法权益。

从业机构应避免使用绝对化用语，避免使用"保本"、"无风险"、"保收益"等用语或近义词误导互联网金融消费者，不得对投资理财类产品的收益、安全性等情况进行虚假或误导表述，不得对有投资回报预期的产品及服务的未来效果、收益或者与其相关的情况作出保证性承诺，法律法规、监管政策另有规定或符合与该业务有不可分离的内在属性的除外。

第十六条　从业机构开展营销和宣传活动时，应将向借款人收取的综合资金成本统一折算为年化形式，全面、公开披露各项贷款条件以及逾期处理等信息，向互联网金融消费者提示相关风险。

从业机构不得以任何宣传和营销活动的方式诱致借款人过度举债，致使借款人陷入债务陷阱。

第十七条　从业机构开展有投资回报预期的宣传和营销活动，不得利用学术机构、行业协会、专业人士、受益者的名义或者形象作推荐、证明。

第十八条　从业机构不得假借互联网金融消费者名义进行虚假宣传，或者利用未使用过互联网金融产品或未接受过互联网金融服务的自然人、法人或其他组织作为营销和宣传活动代言人。

第三章　营销和宣传行为规范

第十九条　从业机构在营销和宣传活动中使用图片、音频、视频、字体、表情包等的，应当遵守有关知识产权保护的规定，未经授权不得擅自使用与他人相同或近似的商标、图片、字号、宣传册页等。

第二十条　从业机构在营销和宣传过程中如需使用个人信息的，应当符合法律法规和监管政策，严格遵守与个人信息主体之间合同约定。

从业机构如需将第三方提供的个人信息用于营销和宣传活动的，应确保第三方采集、保存和提供信息的行为合法合规，确保自身使用相关数据的行为合法合规，不违背第三方与个人信息主体之间合同约定。

第二十一条　从业机构应当在营销和宣传活动中提示金融产品、服务的风险，引导互联网金融消费者谨慎交易。

第二十二条　从业机构与第三方合作开展营销和宣传活动的，应依法订立合同，明确双方在设计、制作、发布广告及其他相关工作中的责任，并督促第三方履约，确保法律法规和本公约的要求得到有效实施。

第二十三条　从业机构应当维护和推动公平的市场秩序，不得以捏造、散布虚伪事实等手段恶意诋毁竞争对手，不得损害竞争对手商誉，不得通过缺乏有效依据的乱评比、乱排序等方式实施不正当竞争行为，不得有违良好社会风尚开展营销和宣传活动。

第二十四条　从业机构应当尊重互联网金融消费者的选择权和知情权。

从业机构不得影响他人正常使用互联网，不得以欺骗方式诱使用户点击广告内容，如需在互联网页面以弹出等形式发布广告的，应当显著标明关闭标志，确保一键关闭。

第二十五条　从业机构不得假借公益组织、公益活动的名义进行虚假宣传，或刻意误导互联网金融消费者对互联网金融产品或服务的性质产生重大误解。

第四章　自律管理机制

第二十六条　协会依据《中国互联网金融协会章程》、《中国互联网金融协会会员自律公约》等规定，研究制定行业标准和规则；监测涉嫌违规或不当的营销和宣传活动；监督从业机构执行本公约的情况并对违约行为进行认定；组织开展涉及互联网金融消费者权益保护的宣传活动。

第二十七条　从业机构应当接受协会依照本公约开展的自律管理，并配合调查，提供证据材料，澄清事实。

第二十八条　从业机构违反本公约，造成不良影响，经查证属实的，协会可责令其整改，并采取警示约谈、发警示函、强制培训、业内通报、公开谴责等自律惩戒措施。

第五章　附　　则

第二十九条　本公约所称"营销"包括但不限于推销产品和服务等经营活动。

第三十条　本公约由协会负责解释。

第三十一条　协会可结合实际情况对本公约进行修订或补充。

第三十二条　本公约经协会常务理事会审议通过后实施。